वन-तुलसी की गन्ध

वन-तुलसी की गन्ध

फणीश्वरनाथ रेणु

संकलन एवं सम्पादन
भारत यायावर

राजकमल प्रकाशन

ISBN : 978-81-267-1447-6

मूल्य : ₹395

पहला संस्करण : 1984
छठा संस्करण : 2020

प्रकाशक : राजकमल प्रकाशन प्रा. लि.
1-बी, नेताजी सुभाष मार्ग, दरियागंज
नई दिल्ली-110 002

शाखाएँ : अशोक राजपथ, साइंस कॉलेज के सामने, पटना-800 006
पहली मंजिल, दरबारी बिल्डिंग, महात्मा गांधी मार्ग, इलाहाबाद-211 001
36 ए, शेक्सपियर सरणी, कोलकाता-700 017

वेबसाइट : www.rajkamalprakashan.com
ई-मेल : info@rajkamalprakashan.com

मुद्रक : बी.के. ऑफसेट
नवीन शाहदरा, दिल्ली-110 032

VAN TULSI KI GANDH
Sketches and Memoirs by Fanishwar Nath Renu
Collected and Edited by Bharat Yayawar

त्रिलोचन-शमशेर-नागार्जुन
के
योग्य
जिनके बारे में
रेणु ने एक अजीब (?)
समीकरण तैयार किया था :

'वह क्या चीज़ है जिसे त्रिलोचन में जोड़ दें तो वह शमशेर हो जाता है और ऐसी क्या चीज़ है जिसे त्रिलोचन से घटा दिया जाये तो वह नागार्जुन हो जाता है...'

सम्पादकीय

'क्या लिखता है ? स्केच !!'

मेरे किसी प्रकाशित स्केच को पढ़कर भिमल मामा ने गाँव के पुस्तकालय में, 'पठनागार' में—खूब रस लेकर बातें की थीं—'हिस्ट्री, स्टोरी, नॉवेल, ड्रामा, खण्ड-अखण्ड काव्य—सब सुना, तब सुना रिपोर्टाचारज ! और, अब यह स्केच ! स्केच !! रेखा-चित्र, शब्द-चित्र !! ···क्या अर्थ ? परिभाषा बताओ !'

और रेणु भिमल मामा को 'स्केच' की परिभाषा नहीं बतला पाते हैं। बिना परिभाषा के वे स्केच लिखते जा रहे हैं।···एक दिन भिमल मामा नन्दलाल बसु का एक स्केच ले आते हैं—जिसका शीर्षक है—'पड़ोसी।'

भिमल मामा कहते हैं—'स्पष्ट देख लो, विषय छोड़कर 'विषयान्तर' में गया है। विषय है—पड़ोसी ! जो, दो लड़नेवाले मुर्गे हैं। 'विषयान्तर' ये हैं चूज़े, यह बहँगीवाला···। सूखी झिंगुनी का स्पंज देखा है न ? ···वैसा ही रेखाओं से बेकार इधर-उधर काम किया है। मगर 'विषय' को जाननेवाला ही 'विषयान्तर' से अपने विषय को स्पष्ट करता है !'

और, रेणु को भिमल मामा की बातों में 'गन्ध लगी—वन-तुलसी की तरह ! ···वन-तुलसी की गन्ध ज़रा···कड़वी भी होती है।'

उपर्युक्त सन्दर्भ मैंने रेणु की स्केच लिखने की प्रक्रिया को स्पष्ट करने के लिए रेखांकित किया है। रेणु स्केच लिखते वक्त बार-बार 'विषयान्तर' हो जाते हैं और विषयान्तर होकर ही अपनी बात को स्पष्ट करते हैं। यही कारण है कि त्रिलोचन पर 'स्केच' लिखते वक्त वे अपने गाँव के कबिराहा बाबा के बारे में विस्तार से बताते हैं। दरअसल, वे त्रिलोचन में कबीर का व्यक्तित्व देखते हैं और उनकी परम्परा में···। जैनेन्द्र पर स्केच लिखते वक्त देवदास-पार्वती और कवि शमशेर बहादुर सिंह का ज़िक्र; अश्क के सन्दर्भ में भिमल मामा का; अज्ञेय के सन्दर्भ में मनोज बसु, सजनीकान्त दास; ताराशंकर आदि का जिक्र; हंग्री जेनेरेशन के कवियों पर लिखते वक्त 'कुमारसम्भवम्' की पंक्तियों का उद्धरण—ये सभी 'विषयान्तर' हैं, किन्तु, रेणु इन्हीं विषयान्तरों के द्वारा अपने विषय को स्पष्ट करते हैं। कहा जा सकता है कि ये 'विषयान्तर' ही रेणु के स्केचों की कुंजी हैं।

इस संग्रह का पहला स्केच 'विषयान्तर' इस तरह एक दृष्टि से भिमल मामा का स्केच होते हुए भी, उनके स्केच-विधा के रूप-रचाव, वस्तु-विन्यास या बनावट के बारे में रेणु की स्थापना है। अतः इस स्केच को, इस संग्रह की भूमिका के रूप

में भी देखा जा सकता है। इसके पहले खण्ड में यशपाल, अज्ञेय, अश्क, जैनेन्द्र, उग्र, काम और त्रिलोचन पर लिखे स्केच हैं। ये सभी रेणु से वरिष्ठ हिन्दी के लेखक हैं। दूसरे खण्ड में बालकृष्ण 'सम', सुहैल अजीमाबादी, रवीन्द्रनाथ ठाकुर, हंग्री जेनेरेशन के कवियों एवं सतीनाथ भादुड़ी पर लिखे स्केच हैं। ये क्रमशः नेपाली, उर्दू एवं बंगला के लेखक हैं। तीसरे खण्ड में उन स्केचों को रखा गया है, जो साधारण पात्रों पर लिखे गये हैं। साथ ही इसी खण्ड में रेणु की पहली कहानी के 'बट बाबा' भी उपस्थित हैं—जटाजूट लटकाये··· 'योगी वृक्ष'—ठीक रेणु की तरह—'एक महान् महीरुह'··· ऋषितुल्य, विराट्···

इन स्केचों के लेखक रेणु कहीं पाठकराम हैं, तो कहीं रामपाठक और कहीं दासानुदास। ये स्केच-लेखक के तीन रूप हैं। यानी, कहीं पाठक होने की हैसियत मात्र है, कहीं विशिष्ट पाठक होने की और कहीं अतिशय विनम्र, श्रद्धा से झुके दासों के भी अनुदास होने की। रेणु, इन स्केचों में, यही कारण है कि, अत्यधिक सहज, विनम्र और भोलेपन के साथ उपस्थित होते हैं। कहीं बड़बोलापन नहीं—व्यर्थ उड़ान नही। अपनी विद्वत्ता का आतंक प्रदर्शित करने का भाव नहीं।

रेणु के इन स्केचों में उनका गाँव भी है, सानोआमाँ (छोटी माँ) नेपाल भी और बंगला का एक बड़ा परिदृश्य भी। रेणु के जीवन से परिचित लोग जानते हैं कि रेणु हिन्दी के अलावा नेपाली और बंगला भी, हिन्दी की तरह ही बोल-लिख लेते थे। पर उन्होंने नेपाली और बंगला में लिखा बहुत ही कम, पर पढ़ा पूरा था। साथ ही रेणु उर्दू साहित्य से भी गहरा लगाव रखते थे। बालकृष्ण 'सम', सुहैल अजीमाबादी, रवीन्द्रनाथ, हंग्री जेनेरेशन के कवियों एवं भादुड़ीजी पर लिखे स्केच इसके प्रमाण हैं।

रेणु के इन स्केचों में उनके अपने व्यक्तिगत ढेर सारे संस्मरण हैं, जिनसे उनके व्यक्तित्व पर प्रकाश पड़ता है एवं कई जगह उन्होंने अपनी विचारधारा को भी खुलकर इन स्केचों के माध्यम से प्रस्तुत किया है। इस तरह इन स्केचों का महत्त्व और भी बढ़ जाता है।

रेणु के इन स्केचों के संकलन में डॉ. चन्द्रेश्वर कर्ण, डॉ. नन्दकिशोर नवल, डॉ. पूर्णेन्दु मुखोपाध्याय, श्री समीर राय चौधरी, रामवचन राय एवं श्री शिवेन्द्र नारायण के सहयोग एवं प्रेरणा के प्रति आभार। सतीनाथ भादुड़ी पर लिखे स्केच के अनुवाद में कवि अमल सेनगुप्त से मिली सहायता को भी नहीं भुला सकता। आदरणीय शीला सन्धूजी एवं सत्प्रकाशजी ने इस कृति के प्रकाशन हेतु जो अपार रुचि दिखलायी—उनके प्रति भी आभार। और, मित्रवर सत्येन्द्र कुमार के प्रति भी, जो न होते साथ, तो यहाँ तक शायद न आ पाता!

और, अन्त में एक निवेदन—इन स्केचों में 'वन-तुलसी की गन्ध' जो इतस्ततः बिखरी हुई है, उसे सिर्फ पाठकों तक पहुँचाने का काम मैंने किया है। रेणु अगर जीवित होते, तो इन्हें पुस्तक-रूप में छपवाते भी या नहीं—या छपवाते, तो स्केचों का यह संग्रह किस रूप में होता, नहीं कहा जा सकता।

12.2.'84
कदमा, हजारीबाग (बिहार)

भारत यायावर

क्रम

विषयान्तर

नान्हू चौकीदार—मेरे गाँव का चौकीदार है। बचपन से ही देख रहा हूँ, उसकी याद आते ही मन के पर्दे पर एक सिलहुट छवि उतर आती है—गाढ़े लाल रंग की छाया!!···सरकारी नीली वर्दी और पगड़ी ही इस 'कम्पलीमेन्टरी कला' का कारण है—पिछले साल मेरे चित्रकार बन्धु ने बताया।···'कम्पलीमेन्टरी कलर' इम्प्रेशनिस्टों का आविष्कार है। फिर उसने 'कम्पलीमेन्टरी कलर' के बारे में समझाते हुए कहा था—किसी भी पत्र-पत्रिका में लाल रंग के मोटे अक्षर या ब्लॉक को देर तक देखने के बाद—सफेद दीवार पर नजर डालने से अक्षर अथवा ब्लॉक की हरी छाया दिखायी पड़ेगी।···एकदम विरोधी रंग!···चित्रकार मित्र ने मुझे एक भारी भ्रम से निकाल लिया! पिछले साल तक इसे मैं कोई 'अलौकिक व्यापार' मानता था!···नीली वर्दी का 'कम्पलीमेन्टरी कलर'—लाल रंग का नान्हू चौकीदार!

नान्हू की देह—उस नीली वर्दी के अन्दर-ही-अन्दर—इतनी जर्जर हो चुकी है, हाल में मालूम हुआ। 'ढोला कुम्मर' गीत-कथा गाते समय जब वह हाँफने लगा, तब समझा···मेरे लोक-गीतों का यह जीवन्त रेकॉर्ड अब जवाब दे रहा है।···इसके गीतों की 'टेप रेकॉर्ड' करवाने की बहुत दिनों से बात चल रही है—यानी मेरे मन में! और, एक स्केच करने की लालसा है; एक स्केच लिखने की इच्छा है।

सामने एक हल्का प्रकाश दे दूँ इस सिलहुट छवि पर! नान्हू की ऊँची किन्तु भोथरी नोक पर प्रकाश का एक हल्का 'परस'!···घनी, किन्तु छोटी मूँछों की आड़ में टूटी; उखड़ी दन्त-पंक्तियाँ···कलेसर का 'नड़हा कुआँ' देखा है न? टूटी हुई ईंटों पर तरह-तरह के जंगल-झाड़ पैदा हो गये हैं···!! मगर यही उसकी सजीव मुस्कुराहट की मुद्रा है!! मूँछों के उस पार से झाँकती हुई हँसी···लगता है, अभी-अभी उसने घुघली-घटवार की गीत-कथा गाकर समाप्त की है।

ऋणी हूँ मैं इस बूढ़े चौकीदार नान्हू ततमा का।···कुमर बिजैभान, लोरिक,

सलेस, घुघली-घटवार और होरिलसिंह के अलावा निलहे साहबों-मेमों की अनेक कहानियाँ उसने मुझे सुनायी हैं।···मोबर्ली साहेब, एन्थैनी साहेब, मकफरसन साहेब की···! अपनी भरी जवानी में वह रहिकपुर कोठी के विलियम साहब के यहाँ काम करता था !···सैकड़ों कहानियाँ नाच की, मगरमच्छ के शिकार की, साहेब-मेम की लड़ाई···बेहयाई की भी !!···नान्हू का एक स्केच लिखना है। उसकी एक तस्वीर लेनी है और···!

'स्केच !···स्केच !!'—जब कभी स्केच लिखने बैठता हूँ—भिमल मामा की याद आ हाजिर होती है—'क्या लिखता है ? स्केच !!'

मेरे किसी प्रकाशित स्केच को पढ़कर भिमल मामा ने गाँव के पुस्तकालय में, 'पठनागार' में—खूब रस लेकर बातें की थीं—'हिस्ट्री, स्टोरी, नॉवेल, ड्रामा, खण्ड-अखण्ड काव्य—सब सुना; तब सुना रिपोर्टाचारज ! और, अब यह स्केच ! स्केच !! रेखा-चित्र, शब्द-चित्र !!···क्या अर्थ ? परिभाषा बताओ !'

भिमल मामा के चेहरे पर भी रोशनी डाल दूँ ?···क्योंकि भिमल मामा से पहले ही परिचय करा देना अच्छा है। स्केच लिखनेवाली कला का मूलमन्त्र मैंने उन्हीं से प्राप्त किया है।···आज भी वे स्केच का नाम सुनकर चिढ़ते हैं; भड़कते हैं और समय पड़ने पर 'युद्धमदेहि' कहकर ललकारते भी हैं—'नो ! नो ! नहीं, नहीं !! भिमल को राजा अकबर मत समझो कि बीरबल ने बीच 'परपट मैदान' पर परिस्तान दिखा दिया !···साबित करो !' आदि-आदि।

भिमल मामा—सारे परानपुर के मामा ! मेरा घर-गाँव परानपुर···इसलिए मेरे भी मामा।···ग्रामवासी योगी हैं। तीस साल पहले पत्नी मुई, मुकदमेबाजी में परिवार की सम्पत्ति समाप्त की। दोनों बड़े भाई तो हिम्मत से गृहस्थी में लगे रहे—किन्तु तीस साल की उम्र में ही भिमल मामा बगैर मूड़ मुड़ाये संन्यासी हो गये।···असमय में ही सब बाल झड़ गये। कहते हैं, लगातार आठ वर्षों तक, उन्होंने अपनी मैट्रिक-फेल विद्या-बुद्धि से बहुत किस्म के उद्योग किये, धन्धे फैलाये, मगर हाथ कुछ न आया।···पिछले बीस साल से उनके सम्बन्ध में और उनके दिमाग के बारे में तरह-तरह की फुलझड़ी कहानियाँ सुनी-सुनायी जाती हैं। गाँव के हर टोले के लोग, कुछ-न-कुछ, जानते हैं उनके बारे में।

—इन्दरजाल पढ़ते-पढ़ते पगला गये मामू।

—न-न, झूठी बात। लग्गो बात। असल बात यह है कि 'मैटरी' में तीन बार लगातार फेल करने के बाद उनकी स्त्री ने···।

—धत्त् ! सब बे-बात की बात। आदमी बड़ा काबिल है। जरा 'सनकाहा' है। ज्यादा काबिल होने से ऐसा ही होता है। सच्ची बात मुँह पर कहता है, इसलिए किसी से पटती नहीं।

—महामूर्ख है।—पागल है।—कुकाठ है, आदमी नहीं।

साठ की उम्र है।···हिसाब लगाकर देखा गया है, पिछले बीस साल में गाँव

से 'पढ़ुआ' लोगों के सात-आठ दल निकले। हर दल में एक-न-एक काबिल लड़का निकला। किन्तु भिमल मामा से किसी काबिल की पटरी नहीं बैठी।···भिमल-कृत 'भानुमती पेटिका' के तीन सौ तेरासी प्रश्नों के उत्तर की बात तो दूर, उनकी एक पेटेन्ट पंक्ति—'होल्डिंग डाँग ओ सब्जीवाला' का सही अर्थ कोई नहीं बता सका। रामायण की तीन चौपाइयों का शंका-समाधान किसी से न हो सका।··· तो क्या किया ? तो 'कोच्छ' नहीं किया।

गाँव के पुस्तकालय में पठनागार है, जिसे कभी-कभी 'गप्प-घर' बना दिया जाता है।···छुट्टियों में स्कूल-कॉलेज के विद्यार्थी गाँव आते हैं। नाटक-ड्रामा का प्रोग्राम बनाते हैं, मिटिंग करते हैं अथवा सभी अपने-अपने कॉलेज की उन लड़कियों की कहानी बारी-बारी से कहते-सुनते हैं—जो हिम्मत बाँधकर, कमर कसकर उनके साथ—एक साथ पढ़ने के लिए कॉलेज में उतर पड़ी हैं। भिमल माना 'पठनागार' के एक कोने में बैठकर किसी बासी पत्रिका में डूबे रहते हैं। श्रवण-शक्ति को हीन करने के लिए जेब से 'देव-कपास' निकालकर कान में डाल लेते हैं।···बोलते कम हैं, मगर दौरे के दिनों में अनवरत 'बुदुर-बुदुर' करते रहते हैं। राह चलते लोगों से प्रश्न करते हैं; परिभाषा माँगते हैं और पच्चीस भाषाओं में सलाम करते हैं—'अंग्रेजी में गुड मॉनिंग, चाइनिज़ में चुंग चा, फ्रेन्च में लॉ तों, पश्तू में अकरम-बकरम'···आदि-आदि।···जाहिर है, दौरे के दिनों में पुस्तकालय और 'पठनागार' में उनका प्रवेश निषिद्ध घोषित कर दिया है।··इस मामले में भिमल मामा बहुत सभ्य हैं। बक-बक करते, खड़ाऊँ खटखटाते, आसमान में हवाई जहाज उड़ानेवाले चालक को रामायण की पंक्तियाँ सुनाते भिमल मामा ज्यों ही पुस्तकालय के अहाते में प्रवेश करते हैं—पुस्तकालयाध्यक्ष एक कार्ड-बोर्ड की तख्ती—जिस पर कुछ लिखा होता है—लेकर खड़ा हो जाता है—पुस्तकालय में आज आपका प्रवेश अनावश्यक है।···आपकी कोई प्रिय पत्रिका 'पठनागार' में नहीं।

'नो पत्रिका ? देन नो एडमिशन। पत्रिका नहीं तो प्रवेश भी नहीं।'—कह-कर वे पास के पेड़ के नीचे जा जमते।

किसी बात को बगैर परिभाषा के यदि गाँव में चलाना चाहेगा कोई, तो उसे भिमल मामा चलने नहीं दे सकते।···'धूल किसी और की आँखों में झोंकना। भिमल ने हिन्दू पंच, मतवाला, बलिदान अंक, चाँद का फाँसी अंक पढ़ा है।··· लिख तो ले कोई 'लाल चिट्ठी' की तरह किताब ? चन्द्रकान्ता के बाद कोई उपन्यास निकला ही नहीं, उपन्यास की गलत परिभाषा भिमल को मत समझाओ !'

फिर, परिभाषा देने से ही पिण्ड नहीं छूटने को। वह परिभाषा यदि उनकी बुद्धि में नहीं बैठी तो—ले बलैया !

सब कोई माने; माने—माने सुरुज-चनवाँ;
तबहूँ न माने रामाँ—हमर भिमल ममवाँ !

उपर्युक्त गीत की रचना हुए दस साल हो रहे हैं। गाँव के लड़कों ने इसे गा-

गाकर पुराना कर दिया है, तो क्या, बात सोलहों आने सच है।···याद है, रिपोरटाचारज की परिभाषा को भी लेकर भिमल मामा भड़के थे, किन्तु मैंने उन्हें समय पर समझा दिया था। कम शब्दों में, थोड़े से कठिन वाक्यों में, पाँच बार 'आप तो समझते ही हैं, आप तो पुराने पाठक हैं'—आदि को बैठा दिया। मामा खुश हो गये—'लिखो! लिखो! चलेगा!···मैं समझ गया, ह्वाट इज़ योर रिपोरटाचारज!'

पिछले दस साल में पन्द्रह बार लोगों ने समझा—भिमल मामा से मेरी अब ठनी। दो-तीन बार स्वयं मेरी स्थिति डाँवाडोल हो गयी थी। एक बार निश्चय भी कर लिया था—लड़कर मुक्ति ले लूँ। बकबक-झकझक से छुट्टी मिले। क्योंकि एक बार झगड़ा कर लेने के बाद भिमल मामा से 'प्रत्यक्ष वार्ता' का सौभाग्य नहीं प्राप्त होता। और, 'प्रत्यक्ष' बैठकर 'अप्रत्यक्ष वार्ता' करने की कला लोगों ने उन्हीं से सीखी है। इसे सभी मानते हैं।

प्रयागचन्द की आदत है कि अपने मन के समाचार अथवा लेखक के 'लेखांश' को वह जोर-जोर से पढ़ता है। पौलिटिकल साइन्स में एम. ए. की परीक्षा देकर आया, तो भिमल मामा से लड़ाई हो गयी। भिमल मामा ने अधिकारपूर्ण लहजे में पूछा था, "पौलिटिक्स पढ़कर क्या करोगे, प्रयाग?···बगैर पौलिटिक्स पढ़े ही तुम्हारे बाबूजी ने घर-घर में 'पार्टी-पौलिटिक्स' की लत्ती लगा दी है, जो फूल-फल रही है।···"

प्रयागचन्द ने धमकी दी थी, "युवक-सभा की अगली बैठक में सर्वसम्मति से प्रस्ताव पास करके 'कांके'* न भेजा तो कहना?"

इसलिए, प्रयागचन्द जब जोर-जोर से पढ़ता है, तब भिमल मामा अपनी प्रिय बासी पत्रिका से निकलकर, एक बार चारों ओर देख लेते हैं; फिर दीवार की ओर देखकर जरा खाँसते हैं और जोर से बोल उठते हैं—'सान्ती से! सान्ती से!'

परमा, शिवमंगल, मनोहर अथवा अन्य सदस्य उनकी 'शान्तिवाणी' का कभी 'केयर' नहीं करते हैं। प्रयाग, किन्तु, कठोर जवाब दे देता है—'चिन्तन करनेवाले कान में रूई ले सकते हैं।'

इस जवाब से भिमल मामा जरा भी विचलित नहीं होते। पुनः अपनी प्रिय पुरानी बासी पत्रिका में डूब जाते हैं।···उनका कथन है, 'अप्रत्यक्ष वार्ता' में बात दुहराई नहीं जाती!

हिसाब करके यह भी देखा गया है कि भिमल मामा हर दो-ढाई महीने के अन्तर पर एक पूरा पखवारा 'पगलैट' बने रहते हैं। उन दिनों उनकी बातों का कोई बुरा नहीं मानता, उनके सवालों का कोई जवाब नहीं देता। हिन्दी, उर्दू,

1 राँची के निकट का वह स्थान, जहाँ पागलों की चिकित्सा होती है।

अँगरेजी, बंगला, राजस्थानी आदि की खिचड़ी करके जो भाषा बोलते हैं—उसका प्रयोग अखिल भारतीय पैमाने पर करके सफलता प्राप्त की जा सकती है; किन्तु गाँव में तो प्रलापवाणी के सिवा उसका और कोई महत्त्व नहीं। शब्दों, चीजों और नामों की परिभाषा पूछते हैं अथवा किसी सामयिक राजनीतिक समाचार पर लोगों की राय बटोरते चलते हैं—'कैन यू से ह्वाट पाकिस्तान वांट्स? कह सकते हो तुम कि क्या पाकिस्तान चाहता है? नो, नो! यू डोन्ट नो, आई नो—बट नॉट टेल। तुम जानते नहीं, मैं जानता, पर नहीं कहूँ!'

बिना अनुवाद के एक पद नहीं बोलेंगे! अनुवाद तो आपने सुन ही लिया। अनुवाद पर भिमल मामा की अपनी पक्की राय है।

···सो, 'स्केच' शब्द की परिभाषा दिये बगैर मैं स्केच लिख रहा था, लिखता जा रहा था। भिमल मामा कैसे बर्दाश्त करें? 'पठनागार' में कड़ककर बोले थे—'आस्क हिम दि परिभाषा ऑफ स्केच, एण्ड हि विल प्रोड्यूस चूड़ा एण्ड अमावट, वन एण्ड हाफ सियर···(अब आप अनुवाद कर ही सकते हैं! 'डेढ़ सेर चूड़ा अमावट' तो नहीं··?)

हमेशा की तरह जब उन्हें 'स्केच' की परिभाषा समझाने की चेष्टा की तो गर्दन हिलाते हुए बोले—'नो-नो! आइ एम नॉट किंग अकबर···।'

मानो, लड़ने की पूरी तैयारी कर चुके थे। मामा बोले—'सुनो जित्तन! शब्द-चित्र, रेखा-चित्र अथवा···जो भी कहो, लेकिन, मैं नहीं मानता। चित्र, चित्र है और लेख, लेख! अक्षरों द्वारा, शब्दों द्वारा तुम चित्र प्रस्तुत करोगे?··· बड़ा जगदीशचन्दरा बासु समझने लगे हो खुद को। क्या समझ लिया है? सभी राजा अकबर है कि दिखा दिया परिस्तान!'

तीन महीने तक वे शिवजी के 'बसहा' की तरह गर्दन हिलाकर अस्वीकार करते रहे।···प्रश्न मैं क्यों उठाने लगा? मुझे देखते ही खुद-ब-खुद वे स्केच पर अपनी राय देने लगते थे—'नो जित्तन, नो! परिभाषा साफ नहीं करोगे, स्केच पढ़ाओगे भिमल को? नो, नो!'

एक दिन हठात् मेरे घर आये। बैठे; फिर अपनी चादर के नीचे से एक पुरानी बंगला-पत्रिका निकालकर उलटने लगे। एक पृष्ठ खोलकर मेरे सामने रखते हुए बोले, "ह्वाट्स दिस? है यह क्या?"

"स्केच है। नन्दलाल बसु का!"

'स्केच' का नाम है—पड़ोसी। गाँव की गली का एक कोना है; कुछ औरतें एक साथ बैठकर हुक्का पी रही हैं; एक मर्द 'बँहगी' में कुछ लटकाकर जा रहा है; दो मुर्गे लड़ रहे हैं; छोटे-छोटे 'चूजे' गेंद की तरह 'रॉल' कर रहे हैं।···एक कुत्ता घूरे पर लेटा है। स्केच को गौर से देखने लगा। भिमल मामा ने, अचानक उत्तेजित होकर कहा—'इसे तुम शब्दों द्वारा प्रस्तुत करोगे?···खेल समझा है? ···देखो जित्तन! बात समझो!···देखनेवाले की नजर में चित्र एक ही बार समा जाता है। है न? लेकिन, पढ़ते समय तो पंक्ति-पंक्ति पकड़कर घूमना पड़ेगा

पाठकों को। खण्ड-खण्ड से तब टोटल, तब ग्रेण्ड टोटल।···किसको है इतना धीरज ?···कौन समझेगा ?'

समझनेवालों की कमी नहीं होगी, अथवा इसी टाइप के किसी जवाब से लड़ाई मोल ली जा सकती थी। किन्तु, मैं जरा चौंक गया। भिमल मामा की बात में सच्चाई की मुझे गन्ध लगी—वन-तुलसी की तरह !···वन-तुलसी की गन्ध जरा···कड़वी भी होती है।

दर्शक की सुविधा ? पाठक की असुविधा ?···कितना सच ?

मुझे गुमसुम देख मामा का उत्साह बढ़ता ही गया—और तब वे 'अनवरत' बोलने लगे—'···और दिस आर्टिस्ट दि ग्रेट नन्दो लालो को पूछो जाकर। इसे 'प्रयूस' (प्रोड्यूस और प्रस्तुत को मिलाकर भिमल मामा का शब्द) करने में हाउ-मच मण्ड-लेबर करना पड़ा है···स्पष्ट देख लो, विषय छोड़कर 'विषयान्तर' में गया है। विषय है—पड़ोसी। जो, दो लड़नेवाले मुर्गे हैं। 'विषयान्तर' हैं ये चूजे, यह बँहगीवाला···। सूखी झिंगुनी का सांज देखा है न ?···वैसी ही रेखाओं से बेकार इधर-उधर काम किया है। मगर 'विषय' को जाननेवाला ही विषयान्तर से अपने विषय को स्पष्ट करता है ! जित्तन, आई से, मैं कहता हूँ—यू काण्ट डू··· भाषा द्वारा···?'

भिमल मामा बकते-झकते चले गये, तो मैंने फिर एक बार उस 'स्केच' को देखा—लड़ते हुए मुर्गों की आवाज स्पष्ट सुनायी पड़ी !···गली की गन्ध नाक में समा गयी, मुर्गों की 'झटपटाहट' से उड़नेवाली धूल के साथ···!

···शब्द ! नन्दलाल बसु के पास शब्द नहीं हैं, मेरे पास शब्द हैं।···उनके लड़ते हुए मुर्गों की आवाज मैं सुन सका। शब्द-शिल्पी क्या शब्दों द्वारा इसे और स्पष्ट नहीं कर सकेगा ?

फिर उसी दिन से मेरे शब्द-चित्रों में, स्केचों में, कहानियों में मुर्गे बोलने लगे; मोटर के हॉर्न, गाड़ी की सीटी, ढोलक के ताल-शब्द उतरने लगे।··· कहीं इसकी अधिकता से कान की झिल्ली बन्द हो सकती है, यह सब अनुभवों से जान रहा हूँ।···न-न ! पाठकों की असुविधा मैं जानता हूँ, समझने की चेष्टा करता हूँ। अपनी आदतों की अच्छाई-बुराई से सतर्क हूँ; क्योंकि स्वयं एक पाठक हूँ।··· पढ़नेवाले का धैर्य ?···

भिमल मामा स्केच तो नहीं पढ़ते, कहानियाँ मेरी खोजकर अवश्य पढ़ लेते हैं—साल में एकाध यदि कहीं निकलती है।···भिमल मामा बासी पत्रिका ही पढ़ते हैं। दैनिक समाचार-पत्र के बारे में उनका कहना है—'दैनिक खबर मत पढ़। ···जैसा वह है, वैसा मैं हूँ। जो तुम्हारे गाँव की खबर, वही संसार का समाचार। ···गाँव की पार्टी-बन्दी में फरीक अव्वल एक मूरख-गँवार आदमी है, दूसरा सम्भवतः जाहिल। गाँव के झगड़े में जैसी बेवकूफी-भरी बातें; संसार के झगड़नेवालों के नेताओं की बातें मिलाकर देखो।···मिलाकर देखा; एकदम सही।'

भिमल मामा को मन-ही-मन प्रणाम किया ! गाँव के अन्य लड़कों से उनका

झगड़ा जारी ही रहे, इसी की चेष्टा करता रहा। क्योंकि मुझे भय हुआ, भिमल मामा दूसरों को भी मूल मन्त्र दे देंगे।

···भिमल मामा-साइकिल्स (चक्र) में एक-डेढ़ सौ कहानियाँ हैं। मैं सिर्फ स्केचवाली कहानी सुना रहा हूँ। नान्हू चौकीदार का स्केच तो आज होने से रहा। विषयान्तर हो ही गया है तो और दो कड़ी।···मोटी रेखाओं में काम कर दूँ—आपको सुविधा होगी।

नयी प्रयोगवादी कहानी लिखते पाँच-सात साल हो रहे, चार साल पहले एक दिन भिमल मामा आये और बोले—'वाह! वाह! गूड-गूड-भेरी गूड! गूड-बेटर-बेस्ट! ···अच्छा, बहुत अच्छा! सुन्दर—बेहतर—सर्वश्रेष्ठ! ···खूब लिखा—'मोरंग बनिजरवा।' हू-ब-हू, एक्जैक्ट!'

मुझे स्मरण हुआ, भिमल मामा-साइकिल्स में मोरंग (नेपाल) की लदनीवाली कहानी भी है।···वही, एक बार उन्होंने सोचा कि स्वावलम्बी होने के लिए गाड़ी की बहलमानी क्या, लाट साहब की दीवानी क्या, सब बराबर।···घर से पूँजी लेकर, गाड़ी-बैल लेकर निकले। मोरंग से धान और लकडी लाकर प्रौफिट करने लगे।···लम्बी कहानी है।

'समझे जित्तन! ठीक तुम्हारा कहानी का झबू गाड़ीवान की तरह हम भी मोरंग की तराई में, गाँवों में घूमा है।···साखू पेड़ के नीचे, धूनी जलाकर 'बसेड़ा' किया है।···बाघ को कनस्तर बजाकर भड़काया है···एकदम एक्जैक्ट? मोरंगिया जोंक तुमने कहाँ देखा, जित्तन? साला! ठीक पत्तों के नोक पर आकर लकपकाता रहता है···।'

समझ गया—कहानी ठीक उतरी है—सही! ···भिमल मामा को मन-ही-मन प्रणाम किया। वे पुरुष द्वारा लिखी कहानी को पुलिंग कहते हैं; कहानी तो लेखिका की होती ही है।

एक-एक शब्द के लिए झगड़नेवाले भिमल मामा ने बहुत-से शब्दों की रचना की है। उनके साथ उनके शब्दों में बातें करने से वे बहुत खुश होते हैं।···फिर, गलती से यदि कभी गलत निकला, बस भिमल मामा उठकर खड़ाऊँ खटखटाते—ठीक नाक की सीध···।

···दुखान्त नहीं, दुखदायेण्ड। सुखान्त नहीं, सुखदाता। टेलीग्राम को तार कहिए, वे नहीं कहेंगे—ट्रा। हाँ, टेलीग्राम को 'ट्रा'। इसकी वैज्ञानिकता सुनियेगा?

आपको एक दूसरे शब्द की कहानी बताऊँ। मेरे जिले में 'कामत' का प्रचलन खूब है। कभी 'कामत' शब्द की जाति, धर्म, नस्ल पर ध्यान नहीं दिया। लिखना पड़ा, लिख दिया—मोहनपुर कामत पर कोई कामती स्थिर होकर नहीं रहे, फिर भी एक सौ मन धान हुआ।···आपने नहीं समझा? घर से दूर, दूसरे गाँव में जमीन खरीदकर खेती करने के लिए जो घर बनाया जाता है, उसे 'कामत' कहते

हैं। फॉर्म कह लीजिए।···कामत की एक खास विशेषता है कि वहाँ स्त्री के साथ आप नहीं रह सकते। घर का कोई 'समांग' भी कमतिया हो, तो भी नहीं।··· फिर एक-एक किसान के पास दर्जनों 'कामत'।

तो भिमल मामा ने प्रश्न उपस्थित किया एक दिन, " 'कामत' की परिभाषा? उत्पत्ति?"

मैंने कहा, "सम्भवतः यह उर्दू शब्द है। हमारे इलाक़े में मुसलमान जमींदारों के कई 'कामत' थे।"

"उँह! रौंग! ग़लत! सही अर्थ मैं जानता हूँ। एक महीने का समय देता हूँ। पटना जाते हो, लिख भेजना पण्डितों से बूझकर। देखूँ, सही अर्थ बता सकता है या नहीं।"

पटने आकर भूल गया। एक कार्ड मिला भिमल मामा का—'ह्वाट्स कामत?'

उर्दू के एक मशहूर कथाकार से पूछा। बोले—'यह तो अरबी का शब्द है अकामत। इसका अर्थ है—रहने की जगह। इसी से कामत हुआ है।'···भिमल मामा को कार्ड लिख दिया।

दूसरे दिन एक पाली जाननेवाले मित्र ने कहा—' 'कामन्ती' का अर्थ पाली में होता है—खेती की रखवाली करनेवाला। इसी से कामन्त हुआ होगा।'··· भिमल मामा को दूसरा कार्ड लिख दिया।···दो महीने के बाद घर गया तो भिमल मामा हँसते हुए मिले—'बोथ रौंग। दोनों गलत। न अकामत, न कामन्त। सही शब्द है—कामान्त। पुराकाल में, बड़े गृहस्थ के परिवार में किसी व्यक्ति को यदि किसी कारणवश स्त्री-वियोग सहना पड़ा, तो वह अपने 'काम' का अन्त कर देता था। परिवारवाले गाँव से बाहर उसके लिए 'कामान्त' बनवा देते थे। वहीं रहकर वह खेती-बारी देखता था! ऐसे कामान्तियों द्वारा लगायी हुई फसल···।'

स्केच की बात कहूँ। एक महीना पहले की घटना है। भिमल मामा आकस्मिक ढंग से एक दिन लापता रहे! मालूम हुआ कि बीमार हैं तो और भी आश्चर्य हुआ! कभी तो उन्हें बीमार होते नहीं देखा गया।···तीन दिनों तक जब घर से नहीं निकले, तो गाँव के लड़कों ने समझा कि भिमल मामा क्या चीज हैं।··· प्रयाग, शिवमंगल, मनोहर आदि पूछने गये थे। भिमल मामा की पड़ोस की मौसी ने कहा—'पगलवा तो बीमार है, बबुआ!'···भिमल मामा अपनी झोंपड़ी के अन्दर से ही बोले—'नो एडमिशन पेरिपड मेडिटेशन।'···शिवमंगल कहता है, बोले—'मेडिटेशन'। मनोहर कहता है—'नहीं-नहीं', मामा बोले—'मेडिसिन।'

दूसरे पहर, मैं गया। बन्द दरवाजे पर हल्की थपकी दी। दरवाजा खुल गया। देखा, भिमल मामा शीर्षासन करने की तैयारी में लगे हैं, "क्या है मामा? क्या समाचार?"

"आओ जित्तन! मैं तुम्हें बुलानेवाला था।···गूड, गूड, वेरी गूड! गूड-

बेटर-बेस्ट।···सर्वश्रेष्ठ ! ···तुम्हारा कहानी पढ़ा। पढ़ा ही नहीं। बड़ा जुल्म किया तुम्हारा कहानी।···आई विल ईट फीस। मैं खाऊँगा माछ।···नॉट मीट। नहीं, मांस।"

"एं ? क्या बात है ?"

भिमल मामा कण्ठीधारी वैष्णव तो नहीं थे—किन्तु 'मांस-मछली' शब्द का उच्चारण भी नहीं करते थे। और, अचानक···

"पूछता, क्या बात है ? तुम्हारा कहानी जादू डाला। उसमें एक मछली मारनेवाला की बात है।···डिस्ट्रिक्ट बोर्ड पुल के नीचे, काली कोसी में मैं भी 'बँड़सी' लेकर मछली मारता था।···एकदम एक्जैक्ट···।"—भिमल मामा ने अपने 'छिट्टे' (बुकसेल्फ) से पत्रिका निकाली—'चाँद-सितारे'। अपने जिले की मासिक पत्रिका है 'चाँद-सितारे'।···इस अंक में मेरी 'माछ का झोल' प्रकाशित हुई थी।···बाहर की किसी पत्रिका में इसलिए भी नहीं दिया कि मछली की बात थी।···

भिमल मामा ने जरा उत्तेजित होकर कहा, "मैं वैष्णव नहीं। आत्मा नहीं माँगता था, नहीं खाता था। तुम्हारा कहानी पढ़ने के बाद—मेरा आत्मा डोला है। मैं सपने में मांगुर मछली देखता हूँ, पकड़ता हूँ।···खाता हूँ। मैं मछली खाऊँगा। मैं कल से 'बँड़सी' की लग्गी लेकर डिस्ट्रिक्ट बोर्ड पुल के नीचे जाकर बैठूंगा···अहा ! क्या बताऊँ।···एक्जैक्ट, उसी तरह ! सेवार से भरी काली कोसी, करमी के खिले हुए असंख्य फूल, पानी में गोता मारकर मछली पकड़नेवाली चिड़िया—माछ लोकनी ! ···टिटही की आवाज···बगुले का ध्यान ! एक्जैक्ट ! —पानी में तैरती हुई मछलियाँ ! ···मछलियाँ !"

तीस साल का वैष्णव मेरे कारण फिर से पथभ्रष्ट होने जा रहा है।···गाँव के लड़के पागल हो जायेंगे; जब भिमल मामा बँड़सी की लग्गी लेकर निकलेंगे। ···फिर आदत लगी तो पुस्तकालय, वाचनालय का सपना भी न देखेंगे।··· जब भिमल मामा ही नहीं आये वाचनालय में तो···क्या बैठेगा कोई एक क्षण पुस्तकालय के अहाते में। ···सब दोष मुझे मिलेगा।

मैं घबरा गया। भिमल मामा ने मुझे दिखाया,उन्होंने इन तीन दिनों में सब-कुछ तैयार कर लिया है। बँड़सी की जेरी कैसी होनी चाहिए, मुझे समझाने लगे ! ···'चाँद-सितारे' के सम्पादक पर गुस्सा हो आया। 'माछ का झोल' एक छोटा स्केच था। सम्पादकजी ने कुछ लिखा ही नहीं। भिमल मामा पढ़ गये, इसी से। विषय-सूची में देखा, लिखा था—माछ का झोल (स्केच)। तुरत, मेरे मुँह से निकल पड़ा, "मामा ! यह तो स्केच है। आप कैसे पढ़ गये ?"

"धत् ! ···झूठी बात ! स्केच नहीं, कहानी है।"

"देखिए, क्या लिखा है विषय-सूची में।"

"गेट आउट ! जाओ बाहर। क्रिमिनल, फौजदार ! ···तुमने मुझे मछली खिला दिया धोखे में।···यू···यू···वेट ! ठहरो !"

जीवन में पहली बार देखा—भिंमल मामा को आक्रमण करने की चेष्टा करते। मैं उठ खड़ा हुआ तो वे चुप हुए। फिर बोले, "जित्तन, डोण्ट··· डोण्ट!"

मैं चुपचाप चला आया। भिंमल मामा रो पड़े थे!!

भिंमल मामा से मेरी लड़ाई है। अब अप्रत्यक्ष वार्ता होती है। मैंने उनसे सन्धि करने की सैकड़ों बार चेष्टा की, पर बेकार!

कल गाँव से समरेन्द्र आया है। कह रहा था—भिंमल मामा अब आक्रमण करने लगे हैं। अपनी भाषा भूलकर अब सीधे ग्राम्य शब्दों में गाली देते हैं।··· दरोगा साहब तीन बार आये हैं।

समरेन्द्र ने यह भी बताया कि दौरा के पहले भिंमल मामा ने समरेन्द्र की नयी कविता सुनकर कहा था—

हतो तुलसूरबीन्द्र छन्द रटि के
अब समरेन्द्र करे-हरफन्द-डटि के

मैं अपने को दोषी समझता हूँ। भिंमल मामा की आत्मा को मैंने ही 'चलाय-मान' कर दिया।···देवता! मुझे क्षमा करें।···दोष, थोड़ा 'चाँद-सितारे' के सम्पादक के सिर थोपकर भी मुक्ति नहीं।

और, भिंमल मामा के नाम की भी कहानी है। नाम—विजयमल्ल सिंह। 'सिंह को मामा ने सन् उन्नीस सौ बीस में ही उड़ा दिया। लिखने लगे—व्ही. मल्ल, म. म.। चूँकि, भिंमल कृत 'भानुमति पेटिका' के सभी प्रश्नों का उत्तर कोई नहीं दे सकता, इसलिए, उन्होंने महोमहापाध्याय जोड़ना शुरू किया। संक्षेप में—म. म.। बाद में नाम हुआ—भिंमल मामा। वे किसी के मामा नहीं, और न···!

···नान्हू चौकीदार का स्केच आज नहीं हो सका!

५

[अवन्तिका/जनवरी, 1956]

पाठकराम को शब्द चाहिए

यशपाल

हम चार मित्र मिल-जुलकर एक कहानी सुन रहे थे। पाँचवाँ साथी कहानी पढ़कर सुना रहा था, 'ज्ञानदान'। कहानी समाप्त हुई! हम पाँचों के चेहरों पर तरह-तरह की मुस्कुराहटें खेलने लगीं। मेरे मुँह से निकला, "बहुत सुन्दर!"

दूसरे ने कहा, "कौन कहता है कि यशपाल यथार्थवादी है? दिस मॉरब्रिड क्यूरियौसिटी एबाउट सेक्स!···यशपाल न्यूरॉटिक लेखक है!"

तीसरा साथी, जो कहानी के शेषांक में सो गया था, पूछ बैठा, "अन्त में क्या हुआ?"

चौथे ने जवाब दिया, "आटे की तरह देह को गूँधने लगा!"

पाँचवें ने कहा, "मुझे अचरज हो रहा है कि इस कहानी का प्लाट यशपाल को कहाँ से मिला? यह तो···यह तो···अपने यहाँ घटी एक वास्तविक कहानी से मिलती-जुलती है!"

पहले ही कह दूँ, हम पाँचों एक ही राजनीतिक पार्टी के सदस्य थे, और किसान-सम्मेलन के कलरवपूर्ण प्रतिनिधि कैम्प में, न जाने क्यों, साहित्य-चर्चा छेड़ बैठे थे। शायद, आस-पास में सोये-लेटे, जगे-अधजगे प्रतिनिधियों को हम यह बतला देना चाहते थे कि इस किसान-सम्मेलन के हम बुद्धिजीवी प्रतिनिधि हैं।

हठात् एक छठे (अबुद्धिजीवी!) साथी ने बेरहमी से बहस का मुँह मोड़ दिया। बोला, "यशपाल तो,···क्या कहते हैं···सुर्खा है! आप लोग रिएक्शनरियों की तारीफ़ में पार्टी का कीमती समय बर्बाद करते हैं?"

वह क्रुद्ध अरणा-भैंसे की तरह सींग तानकर खड़ा हो गया।···उसकी समझ में यह बात नहीं आ रही थी कि कुछ लोग कम्युनिस्टों द्वारा रचित साहित्य ही क्यों पढ़ते हैं? पढ़ते हैं तो पढ़ा करें, खुलकर चर्चा और तारीफ क्यों करते हैं? उनके इस आचरण से पार्टी का बहुत बड़ा अहित हो रहा है।···वह इस बार यह 'सवाल' पेश करेगा। इस 'इसू' पर 'हायकमान' के साथियों की रूलिंग चाहिए, आदि-आदि।

सवाल पेश करनेवाला साथी बहुत उत्तेजित स्वर में बोल रहा था।··· उसको इस तरह बोलने का हक हासिल था। वह हमारे प्रान्त के कई किसान-आन्दोलनों का सफल संचालक था; उसकी तस्वीर, उसके चुनौती-भरे बयानों के साथ, पार्टी पत्रिका में कई बार छप चुकी थी। पार्टी के प्रत्येक सम्मेलन में, 'उठ मेहनतकश अब होश में आ / हाथ में झण्डा लाल उठा', गीत की पहली कड़ी वही गाया करता। सो, उसके 'अहम सवाल' पर आस-पास सोये-जगे-अधजगे साथियों के कान खड़े हुए।

"अयँ! कम्युनिस्टों की किताब पढ़ता है? अयँ! कौन है? तारीफ़ भी करता है?"

काशी विद्यापीठ के एक टटके शास्त्री साथी ने तुतलाकर कहा, "नः-नः, यशपाल कम्युनिस्ट नहीं। मैं जानता हूँ अच्छी तरह।···कम्युनिस्ट लोग उससे नाराज रहते हैं।"

"आप कुछ नहीं जानते। वह प्रच्छन्न···"

"हो भी कम्युनिस्ट, तो क्या हुआ?"

"आपने 'दिव्या' पढ़ी है?"

"क्या धरा है 'दिव्या' में? भगवतीचरण वर्मा की 'चित्रलेखा' प्रकाशित होने के बाद हिन्दी के लेखकों के मन में राजनर्तकी ही नाच रही है, बस!"

"अरे हाँ, दादा कामरेड को बारे, यशपाल नाकि बोला है जे शरत बाबू को 'पथेरदाबी' को जवाब है!···एँ? तबे ओ बाछाधर निश्चयई कम्युनिस्ट!"

आस-पास के तम्बुओं में तुरत यह अफवाह उड़कर फैल गयी कि सम्मेलन में गड़बड़ी मचाने के लिए बनारस से कुछ कम्युनिस्ट आये हैं।···पैम्फलेट के बण्डल पकड़े गये हैं!

जब किसान-सम्मेलन के स्वयंसेवकों ने अपने जत्था-कमाण्डर के एक 'कड़ियल कमान' पर हमारे तम्बू को घेर लिया तो हम पाँचों बुद्धिजीवियों की बुद्धि एक ही साथ ठिकाने पर लौटी। हम समझ गये, अभी यशपाल-साहित्य पर बहस जारी रखना बुद्धिमानी का काम नहीं।···तीसरा साथी, जो कहानी के शेषांक में सो गया था, बड़ा प्रत्युत्पन्नमति निकला। उसने आगे बढ़कर अपनी पार्टी और पार्टी के नेताओं के नाम लेकर कई 'जिन्दाबाद' के नारे लगाये।

फिर बात हँसी की 'हुर्री' में उड़ गयी। जत्था-कमाण्डर ने इस खुशी में दो-चार 'मुर्दाबाद' के गरम नारे लगवाये। स्वयंसेवकों की टुकड़ी मार्च करती हुई 'नेता-निवास' की ओर चली गयी। किन्तु, बात उड़ नहीं गयी थी रात की।

सुबह नेता-निवास में बात फिर खुली रात की ही।···ज्ञानदान, यशपाल··· क्रान्तिकारी··· कथाकार···सोशलिस्ट, कम्युनिस्ट···आर्टिस्ट···फेलोट्रेवलर··· प्रगतिशील···क्रान्तिकारी कथाकार···वात्स्यायन···रायवादी···मानवतावादी ···मानवेन्द्रराय बीमार हैं···यशपाल···दादा कामरेड···कम्युनिस्ट!···

एक बड़े किसान-नेता के संग-संग डोलनेवाले साथी ने घुमा-फिराकर प्रगति-

वादी आन्दोलन, जन नाट्य संघ आदि के बारे में, खुफिया पुलिस की भाषा और लहजे में जिरह करना शुरू किया तो, हम पाँचों एक ही साथ चिढ़ गये।

हम सीधे बड़े नेता के कैम्प में गये।···नेताजी 'शेविंग सेट' लेकर बैठ गये, हमारी बात सुनने को। झोली से यशपाल की किताब निकालकर, सामने रखते हुए मैंने विनम्रता से कहा, "इस किताब का 'गेटअप' ही सिर्फ लाल है। हँसिया-हथौड़ा की छाप कहीं नहीं, जबकि अपनी पार्टी की हर छोटी-मोटी पुस्तक और पर्चे पर हँसिया-हथौड़ा अनिवार्य रूप से अंकित रहता है।···और-तो-और, अपनी पार्टी का झण्डा भी वही है, जो कम्युनिस्टों का। हम भी कम्युनिस्ट मेनिफेस्टो···"

नेता ने मुझे शान्त कर दिया, बीच में ही। उनकी मुस्कराहट देखकर दुख दूर हुआ। दाढ़ी में साबुन लगाते हुए उन्होंने कुछ ऐसी मुद्रा बनायी, जिसका अर्थ हमने समझ लिया—मूर्खों की बात पर इतना आँख-कान नहीं देना चाहिए। उन्होंने हमारे लिए चाय लाने को कहा। फिर बनारस की बातें करने लगे। बार-बार रुस्तम सैटिन और मानू दीदी की चर्चा की।···एक-डेढ़ साल पहले तक, वामपन्थी एकता के जमाने में बनारस पहुँचकर रुस्तम वगैरह से मिले बगैर लौटते समय, नेता का जी कचोटता रहता था।···अब तो कोई सवाल ही नहीं पैदा होता। हम एक-दूसरे के दुश्मन नम्बर एक हैं।···लेकिन, नेता ने जोर देकर कहा, "मैं जानता हूँ यशपाल कम्युनिस्ट नहीं।···मुश्किल तो यह है कि वह अपने को एक संस्था मानता है। आचार्यजी या अलगू राय क्या करें ?···भाई लोगों ने, उसकी दुलत्ती खाकर भी, उसको अपने अस्तबल में रखने का फैसला कर लिया है।"

उपसंहार में रात की बात का भेद उन्होंने खोला तो हम सभी ठठाकर हँस पड़े। उन्होंने चुपके-से मद्धम आवाज़ में कहा, "वह 'ज्ञानदान' कहानी जो है न, वही है रात की सारी गड़बड़ी की जड़ में। कहानी सुनकर उसने (अहम सवाल पेश करनेवाले ने)समझा कि···बात यह है कि अभी तक वह एट्टी परसेन्ट आर्य-समाजी ही है। 'ज्ञानदान' कहानी के कथासार से उसके एक पूज्य के सम्बन्ध में फैली हुई कहानी की बातें मिलती-जुलती हैं। एट्टी परसेन्ट।···यही कारण है कि वह इतना तिलमिला रहा था।"

सुना, उस दिन कार्य-समिति में बहुत देर तक पार्टी-लिटरेचर, प्रकाशक तथा लेखक-कवियों से सम्पर्क-स्थापन पर विचार-विमर्श किया गया। उसी दिन, शाम को, बड़े नेता के संग-संग डोलनेवाले साथी ने शुभ समाचार सुनाया कि मुझे तथा मेरे अन्य चार मित्रों को, जो किसी-न-किसी रूप में विद्यार्थी थे, अब परिपक्व बुद्धिवाला साथी मान लिया गया है। किन्तु, अपरिपक्व बुद्धिवाले नये साथियों पर इतर साहित्य का प्रभाव न पड़ने पाये, इसकी जिम्मेदारी भी हम-जैसे चैतन्य-साथियों पर है।···जिन्दाबाद !

और फिर, उसी शाम को, न जाने कैसे, यशपाल की चर्चा छिड़ गयी। मेरा विश्वास आज भी दृढ़ है कि चर्चा, लखनऊ से आये हुए उस पत्रकार साथी ने अपना मन 'खलास' करने के लिए ही शुरू की थी। उसने यशपाल के क्रान्तिकारी

जीवन-काल के तीन-चार फूहड़ चुटकुले सुनाये। प्रसिद्ध इतिहासकारों की साक्षी देकर उन्होंने दो-चार भेद की बातें भी बतलायीं। अन्त में उन्होंने अपनी आँखों-देखी बातें सुनायीं कि किस तरह 'ठर्रा' पीकर वह धुत था···कि किस तरह उन्होंने कहा था कि, 'क्यों यशपालजी! विप्लव हो रहा है?···हें-हें-हें-हें!'

याद है, हमें सिगरेट पिला-पिलाकर उन्होंने गप्प जमाने की भरपूर चेष्टा की। लेकिन, जब उन्होंने, लगे हाथ, हिन्दी के हर लेखक-कवि का चुटकुला सुनाना शुरू किया तो हमें आपस में मैथिली और भोजपुरी में 'गुफ्तगू' करने की आवश्यकता हुई। भोजपुरी साथी ने कहा, "घेरले बा!" मैथिली में टिप का बन्द लगाया गया, 'चौगिर्दा!'

उस रात हम पाँच मित्रों में से एक ने सपने में देखा कि यशपाल अपनी पार्टी में आ गये हैं।···पार्टी के एक पुराने क्रान्तिकारी नेता के साथ···एक्शन की स्कीम बना रहे हैं!

इन सारी बातों के बावजूद, यशपाल मेरे मन में जहाँ बैठा था, वहीं प्रतिष्ठित रहा। स्वप्नद्रष्टा साथी का सपना सच निकले या झूठ, यशपाल अपनी जगह पर रहेगा।

यशपाल नाम लेते ही, आज भी, मेरी आँखों के सामने हिन्दी तथा बंगला के दैनिक, साप्ताहिक तथा मासिक पत्रों के पन्ने बिखर जाते हैं···'प्रताप'···'सैनिक'···'हिन्दू' 'पंच'···'आनन्द बाजार पत्रिका'···'रंगपुर समाचार'···'चाँद'···फिर, पिताजी की एक मुख-मुद्रा और उनकी दुख-भरी दबी बोली गूँज जाती, "आरे-रे! सिर्फ, एक इंच के लिए···लाट साहब का डब्बा बच गया!"

यशपाल···यशपाल!

भगतसिंह आदि की फाँसी के बाद, हमारे इलाके में बहुत-से गीत मशहूर हुए। एक गीत की कड़ी याद नहीं, भावार्थ यह था कि ओ भारत माता! तू कितना बलिदान चाहती है, भगतसिंह, सुखदेव, राजगुरु आदि की मुण्डमाल पहनकर भी तुम्हारा कलेजा ठण्डा नहीं हुआ? ले, कितना बलिदान तू चाहती है! अभी भी यशपाल···आदि बाकी हैं!

यह गीत मुझे बड़ा प्रिय लगता; क्योंकि इसकी एक कड़ी में भारत माँ के लाल···काल···रक्त का थाल और मुण्डमाल के साथ यशपाल का अच्छा ताल-मेल बैठाया गया था।···राष्ट्रीय कीर्तन में यह गीत खूब जमता था। लाल-काल-थाल-पाल आदि शब्दों पर ढोल बजानेवाला 'तमंचा मार' ताल बजाता था, याने ढोलक पर पिस्तौल की आवाज़ निकालने की सफल चेष्टा करता था।···

हिन्दी का यह कथाकार यशपाल वही यशपाल है, यही मेरे लिए बहुत है।···वह किसी अन्य भाषा में भी लिख सकता था। वह सोशलिस्ट, कम्युनिस्ट, कांग्रेसी, कुछ भी हो, साम्प्रदायिक दंगे तो नहीं करवा रहा अपनी लौह-लेखिनी से। 'विप्लव' के बदले वह किसी 'धर्म का बिगुल' भी निकाल सकता था!···

उस सम्मेलन के बाद, बारह-तेरह वर्षों तक, उस राजनीतिक पार्टी का सदस्य

रहा। इस बीच अनेक, अखिल भारतीय और प्रान्तीय सम्मेलनों में शरीक हुआ, लेकिन यशपाल के प्रति मेरी श्रद्धा में तिल-भर की कमी नहीं आयी। उसकी अधिकांश कहानियाँ मुझे अच्छी लगीं। उसके राजनीतिक निबन्धों को मैंने पढ़ा ही नहीं (चक्कर क्लब के सिवा!)।

लेकिन हर सम्मेलन के अवसर पर, प्रत्येक सम्मेलन के प्रतिनिधि-कैम्प में उस किसान-सम्मेलन की याद अवश्य आयी।···'ज्ञानदान'···यशपाल··· अहम सवाल···क्यों यशपालजी! विप्लव हो रहा है?···हें-हें-हें-हें!

राजनीति से अलग-विलग होने के बाद, करीब, तीन-चार वर्षों के बाद, एक महासम्मेलन में सम्मिलित होने का सुअवसर मिला।···

थोड़ी देर के लिए यशपाल को छोड़कर इस सम्मेलन की संक्षिप्त कथा कह लेने दीजिए।···हम उस समय प्रयाग जाकर रहने लगे थे।

एशियाई लेखक-सम्मेलन का पर्चा आया।···पहला पर्चा!

दस-बारह दिनों तक एक दल ने (साहित्यकारों का) हर काफ़े और होटल की टेबुलों पर इस सम्मेलन के पर्चे की चर्चा छेड़ी।···इस पर्चे की प्रतिक्रियाओं का संकलन और अध्ययन किया। विचार-विमर्श किया। उत्साह प्रकट किया।

दूसरा दल (लेखकों का ही!) हर काफ़े और होटल की टेबुलों पर चुपचाप बैठा रहा। पर्चे की बात, सम्मेलन की चर्चा करने पर महान् आश्चर्य प्रकट करते हुए कोई यह भी पूछ बैठता, 'अच्छा, एशियाई लेखक-सम्मेलन हो रहा है! कहाँ?'

इस उत्साह और उदासीनता के मिले-जुले वातावरण में, यह दासानुदास लेखक पाँच बार उत्साहित होता, तो सात बार उदास होता दिन में!

दासानुदास को लगा, महासम्मेलन के होते-होते बहुत सारे अहम् सवाल पेश होंगे और अन्ततः यह सम्मेलन होकर भी नहीं होगा। नहीं तो प्रयाग से पूर्णिया सिर्फ़ चार दिन के लिए नहीं जाता। घर पहुँचा ही था कि लतिकाजी का टेलीग्राम मिला, 'दिल्ली जाना है, शीघ्र लौटो।'

दिल्ली जाना है! दिल्ली···दूर नहीं अब!

शीघ्र लौटकर सुना, एशियाई लेखक-सम्मेलन में भाग लेनेवाले प्रतिनिधियों में मेरा नाम भी है। प्रयाग से दो लिस्ट भेजी गयी हैं, मेरा नाम दोनों लिस्टों में है···अर्थात् दोनों लिस्ट···अर्थात् दोनों दल के लोग सम्मेलन में जायेंगे।

नाम लिस्ट में नहीं होता, फिर भी मैं सम्मेलन देखने (दिल्ली देखने!) के लिए अवश्य जाता। सबसे बड़ी खुशी की बात यह थी कि सम्मेलन दोनों दलों की राजी-खुशी से हो रहा था। अन्ततः सम्मेलन हो रहा है।···जिन्दाबाद!

पहली बार दिल्ली जा रहा हूँ! प्रथम दर्शन!

इलाहाबाद स्टेशन पर मुझे एक बार फिर उस किसान-सम्मेलन की याद

आयी।···यशपालजी मिलेंगे···आयेंगे? पता नहीं।··नाम दोनों लिस्टों में है। अच्छा है। बुरा है!···है तो है!···दिल्ली करीब होती जा रही है, क्रमशः।···'परिमल' सदल-बल इसी गाड़ी से जा रहा है।

हम अश्क-परिवार के साथ सफर कर रहे हैं। मैंने एक बार, जोर से, मन में सोचा, यशपालजी आयेंगे तो?···इसके बाद, कुछ देर तक यशपालजी की चर्चा होती रही।···'माण्टो—मेरा दुश्मन'···'नया पथ'··भैरव ने कहा···समर्पण की भाषा··यशपाल की नाराजगी का कारण बताते हैं अश्कजी। मैं अपनी ही खुशी में भूला-भूला, फूला-फूला हूँ।···एशियाई लेखक-सम्मेलन देखने जा रहा हूँ! दिल्ली! हिन्दी के एक बड़े कथाकार के साथ यात्रा कर रहा हूँ! एशिया-भर के लेखकों को निकट से देख-सुन सकूँगा; भारत की विभिन्न भाषाओं के सभी अंचल के लेखकों से मिलूँगा।···मेरा सौभाग्य!···पता नहीं, अश्कजी का नाम दोनों लिस्टों में है या एक ही में? दोनों लिस्टों में होना चाहिए इनको भी।

नामधाम सब ठीक था।···कार्ड, माने प्रवेश-पत्र, ही खो गया।···विशाल विज्ञान-भवन में मैं खो गया।

एक काउण्टर पर खड़ा, अपने खोये हुए कार्ड के बदले दूसरा कार्ड बनवा रहा था।···लेखकों का जमघट, चारों ओर! छोटी-बड़ी टोलियाँ, यहाँ-वहाँ खड़ी हैं। परिचित-अपरिचित।···परिचय, कर-मर्दन, फिर, अल्प-सम्भाषण। आज भारतीय लेखकों की सभा बैठेगी, सुबह-सुबह।···श्रीगणेश!

"क्षमा कीजिए···आप रेणुजी हैं न? मेरा नाम यशपाल है!"

क्षण-भर के लिए मैं गूँगा हो गया। आठ-नौ वर्ष की उम्र से जिसका नाम सुन रहा था, उसके सामने मेरे दोनों हाथ स्वयं ही जुड़ गये। हाथ मिलाते हुए यशपालजी ने पीछे खड़ी प्रकाशवतीजी से परिचय करवाया, "यही हैं रेणु!"

नया कार्ड बन गया था।

यशपालजी ने एक ओर देखते हुए कहा, "इधर कॉरिडोर में लोग कहाँ जा रहे हैं? मेरा खयाल है, उधर कैण्टीन-वैण्टीन तरह की कोई व्यवस्था है।··देखा जाये?"

उधर कैण्टीन ही था—विशाल विज्ञान-भवन के अनुरूप ही। लोग जल्दी-जल्दी चाय-कॉफ़ी पी रहे थे।···भारतीय लेखकों का प्रथम अधिवेशन शीघ्र ही शुरू होनेवाला है!···टेबल खोजकर हम बैठे। मन का चोर बार-बार डरा; सम्मेलन-सम्बन्धी किसी···मौजूदा राजनीति पर बात नहीं करेंगे यशपालजी, चाय पिलाकर?

यशपालजी ने चाय पीते हुए चाय की ही चर्चा की।

सिगरेट ऑफर करते हुए अपने ब्रॉण्ड के लिए माफ़ी माँगकर उन्होंने तम्बाकुओं की ही चर्चा की।

मैं चुपचाप देखता रहा, चाय पीते यशपालजी को ! यशपालजी की कहानियों और उपन्यासों के पात्र-पात्राओं की भीड़ को चीरकर, रेल के इंजन-घर के कुलियों-से नीले कपड़े पहने और एक सस्ता कम्बल ओढ़े एक आदमी सामने आया।···ही विल गिव सम नाइस स्टोरी (कोई-न-कोई गप्प यह सुना ही देगा)! ···तुम्हारा मतलब मैं सैर कर रहा था ?···हरीश, शैल बाला ?

मेरी कल्पना का यशपाल सिगार पीता था, किन्तु···

भारतीय लेखकों की सभा प्रमुख हॉल में शुरू हो गयी ! प्रयाग का दूसरा दल आ पहुँचा है।

हॉल में, शुरू से ही, न-जाने क्यों, एक असन्तोषपूर्ण वातावरण घना होता जा रहा है।···हिन्दी का विभागीय प्रमुख व्यक्ति कौन है ? किसने उसको चुना ?···साहब, पहले पहुँचे हुए लोगों ने सभी सीटों पर अपना आदमी भर दिया है ! असल लोग छूट ही गये हैं, अनेक !···

यहाँ तक कि एक स्थल पर श्री हुमायूँ कबीर साहब से यह पूछा गया, 'एण्ड हू मेड यू प्रेसिडेण्ट ?'

हिन्दी के लेखक सबसे अधिक उत्तेजित थे।···हॉल में एक ओर श्री भैरवप्रसाद गुप्त की बोली गूँज रही थी। दूसरी ओर से डॉ. लक्ष्मीनारायण लाल कोई तीखा जवाब दे रहे थे, हाथ चमकाकर।···

दासानुदास ने अगल-बगल झाँकना शुरू किया।···हुआ पेश अहम सवाल ! यहाँ भी···प्रथम ग्रासे !

उलटकर देखा पीछे।···यशपालजी अपने कैमरे के 'व्यूफाइण्डर' में सामने बैठी हुई प्रकाशवतीजी की मुद्रा देख रहे थे।···कहा जा सकता है कि जब भारतीय लेखकगण अहम सवालों पर वाद-विवाद कर रहे थे तो यशपाल निर्विकार भाव से अपनी पत्नी की तस्वीर उतार रहा था !

उतने तमतमाये हुए चेहरों के बीच, बहुत थोड़ी निर्विकार मूर्तियों को देखा। उसमें एक यशपाल का चेहरा है, जिस पर तनिक उत्तेजना की रेखा भी कहीं नहीं दिखायी पड़ी—कार्यवाही के दरमियान !

[नई कहानियाँ/मई, 1960]

अज्ञेय

आज से पच्चीस-छब्बीस साल पहले 'विशाल भारत' में एक ऐसे लेखक की कहानियाँ प्रकाशित होती थीं, जो अपनी हर कथा के नायक का नाम 'सत्य' ही रखता था। सो, दूर-देहात के इस किशोर पाठक (पाठकराम!) को यह ढंग ज़रा भी पसन्द नहीं था। लेकिन न जाने क्या बात थी कि उसकी कहानी देखकर पाठक (उपरोक्त) का मन ललच जाता, ललचने लगता।···

शायद, लेखक के नाम में कोई विशेषता थी! विशेषता थी, पर इस नाम से थोड़ी कोफ्त ही होती थी। रामलीला या जात्रा में, मुँह पर मुखोस लगाकर प्रकट होनेवाले पात्रों के वास्तविक चेहरों को देखने के लिए मन जिस तरह अकुलाता था, वैसी ही अकुलाहट ऐसे नामों से होती थी।···अज्ञात, अदृश्य, अकेला, विचित्र अथवा अज्ञेय!

तब, सम्भवतः भाषा···

हाँ, भाषा में ही कोई ऐसी बात रही होगी, क्योंकि कथा के वक्तव्य या कथोपकथन का अधिकांश शब्दार्थ समझ में कभी नहीं आया। इसके बावजूद मन के परदे पर कथा का गति-चित्र कभी धुँधला होकर नहीं उभरा।

इस नक़ाबपोश विचित्र लेखक की कहानियों से पहले, 'माधुरी' के पुराने अंकों में प्रेमचन्द की कई कहानियाँ पढ़ चुका था। बुढ़िया और बन्दरवाली कहानी, कर्बला! ···कहाँ उन कहानियों की भाषा-भाव की सादगी और कहाँ यह अलख, अचल, अगम, अगोचर, अजब···अज्ञेय की भाषा, जिसके अनेक शब्दों का 'सुद्ध उचारन' भी नहीं कर पाता! और, कर्बला कथा का किशोर नायक वह गरीब, करीम, हबीब, रहीम, हमीद, या जो भी नाम रहा हो उसका, कहानी पढ़ते समय जो पाठकराम की आँखों के आगे साकार खड़ा हो गया था, फिर उसमें ही समा गया था। और, इधर अज्ञेय का यह अद्भुत नायक—सत्य! ऐसा आदमी कभी देखा नहीं! ···

उसकी एक नायिका का नाम याद है, पुष्पा! सत्य ने एक बार स्केच आँका,

बकरे का, मेमने का। फिर फाड़ दिया। उस दिन वह तास में हारता रहा। गलत पत्ते फेंकता गया।···

कुछ सोचता हुआ, सड़क पर जा रहा है सत्य! पास की दुकान से रेडियो की आवाज़ आ रही है। रेडियो से केलिफोर्नियन आड़ू का विज्ञापन प्रसारित हो रहा है। रेडियो की ध्वनि, सत्य की चिन्ताधारा को बिन्दियों द्वारा असंलग्न कर देती है। वह दुकान में घुसता है। केलिफोर्नियन आड़ू का बन्द डिब्बा खरीद लाता है। सम्भवतः सीमेन्ट पर खोलता है। खाता है, स्वाद लेकर। खाते समय भी वह कुछ सोच रहा है। खाकर खाली डिब्बा फेंक देता है···खनखनाता-लुढ़कता टिन का डिब्बा···दौड़ते हुए नंग-धड़ंग लड़के। फिर, छीना-झपटी···

सत्य की ऐसी कहानियों से पाठकराम को कोई ज्ञान-लाभ नहीं हुआ, यह कहना ग़लत होगा।···उस समय तक रेडियो-सेट को न आँख से देखा था, न कान से सुना था। 'रेडियो सीलोन' आदि के व्यापार-विभाग के जन्म से पन्द्रह-बीस साल पूर्व ही वह जान गया था कि रेडियो से विज्ञापन भी प्रचारित होते हैं।···

किन्तु कथा पढ़कर बहुत दिनों तक केलिफोर्नियन आड़ के लिए रसना रसवन्ती हो जाती।···आलू? आलूचे? आलूबुखारा? आड़ू? यह केलि-फोर्नियन आड़ू क्या चीज़ होती है? निश्चय ही कोई फल होगा!···शहर पूर्णिया जाकर, साह एण्ड कम्पनी में केलिफोर्नियन आड़ू माँगा तो सामने बैठे सज्जन का मुँह अचरज से गोल हो गया, 'देखो हे! छोकरा-टा की चाय? एँ? केलिफोर्नियाँ आलू··· ना तो···अरे, ये आड़ू क्या होता है? अनारस माने अनानास भी नेंहीं, गुजबेरी नेंहीं···तब क्या होता है ये केलिफोर्नियाँ···घोड़ार डिम?··· केलिफोर्नियाँ कहाँ है, है मालूम? देखा है नाक्शा में···जतऽसब!' इसके बाद, पाठकराम ने फिर कहीं केलिफोर्नियन आड़ू का नाम-दाम नहीं पूछा···घोड़ार डिम? और, जिस सत्य की कहानी पढ़ने के कारण उसको लांछित और लज्जित होना पड़ा था, उसी पात्र को वह प्रत्येक पत्रिका के पृष्ठों में खोजता रहा।··

ओ??···तो, जनाबआली कवित्त भी बनाते हैं! 'विशाल भारत' में ही 'सत्य' के लेखक का एक गीत छपा था। गाँव का कोई भी पाठक उन दिनों पद्य नामक चीज़ को पढ़ता नहीं था, अर्थात्, यों ही नहीं, गा-गाकर पढ़ता था।··· बिना गाये अरथ कैसे खुलेगा? अजोधा मण्डर रामायण की चौपाई गाता था। लछुमन गुरुजी हमेशा तार-स्वर में गाते रहते, 'भगवान भारतबर्स में गूजै हमारी भा-र-ती-ई-ई-ई-ई!!' पाठकराम को भी यही शिक्षा मिली थी। मन-ही-मन गुनगुनाकर चमत्कृत हुआ। गीत गुनगुनाते समय पदों से···मृदंग की ध्वनि निकलती है। दौड़कर गाँव के प्रसिद्ध पखवजिया जनकदास को बुला लाया। वह सस्वर पढ़ने लगा। अपढ़ जनकदास, मृदंग बजाकर गीत का अर्थ खोलता गया···

जागो! जागो!!
धिन्ना। धिन्ना।
जागो सखि बसन्त आ गया!

धिन्ना कत्रक तिन्ना तिरकिट ता,
धिनक-धिनक-धिन-धा।
जागो!···
धिन धा!!

कथाकार के इस गीत को, मृदंग के संगत के साथ यहाँ प्रस्तुत करने का कारण है।···बहुत दिनों के बाद देखा, इस गीत को कथाकार ने अपनी एक कहानी में टाँक दिया है। रसमादकता से मन मदिर हो गया पाठकराम का!

वसन्त आ गया। सखि जागे या न जागे···पाठकराम किशोरावस्था पारकर, गाँव से शहर आ गया। उसकी जवानी जागी और जगी रही। 1943 में नज़र-बन्द होने के बाद भागलपुर सेन्ट्रल जेल में एक दिन हाथ आयी एक जीवनी: शेखर की।

सच्चिदानन्द हीरानन्द वात्स्यायन अज्ञेय! सत्-चित् आनन्द—सत्य?

'विशाल भारत' की कहानियों के सत्य ने अपना नाम बदल लिया था, शेखर!

पाठकराम सेल में शेखर की जीवनी पढ़ता और बगल के सेल में, उसकी पार्टी की नेशनल एक्ज़क्युटिव के एक मान्य सदस्य सच्चिदानन्द हीरानन्द वात्स्यायन अज्ञेय की जीवनी सुनाते, हँसी-ठहाके के साथ। फिर भाषण देने लगते, ह्यूमेनिस्ट···मानवतावादी। हम जेल में हैं और उधर लेनिन के साथ मिलकर क्रान्ति-मसविदा बनानेवाले महान क्रान्तिकारी एम. एन. राय साहब के चेले चाँदी काट रहे हैं!···

हर जगह 'अहम् सवाल'?

पाठकराम पर इसका कोई भीतरी असर नहीं पड़ा, क्योंकि वह (नमक-हराम?) मन-ही-मन, चोरी-चोरी मानवेन्द्रनाथ राय को भी श्रद्धा और भक्ति का फूल चढ़ाया करता था। गँवई आदमी, जयजयकार करते समय, सबसे अन्त में, 'सब सन्तन की जै' कहना नहीं भूलता। 'ऑरिजिन ऑफ दि फ़ेमिली' पढ़ने के बावजूद वह एट्टी परसेन्ट सनातनी ही रहा, सब दिन।

याद है, जेल से निकलने के बाद कर्म-क्षेत्र में कहीं किसी कर्मठ कामरेड ने टोका था, "आपका वह लेखक···कौसल्यायन···सांकृत्यायन···कात्यायन···अरे वह 'शेखर एक जीवनी' का लेखक कहाँ है? है मालूम?"

···आपका लेखक? जवाब दिया, "मेरा ही नहीं, आपका भी। हमारा लेखक। हिन्दी का लेखक!"

"मारिए गोली! मेरा लेखक क्यों होगा वह? कहाँ है वह? है मालूम? 'वार' में! पूर्वी फ्रण्ट पर! जाइयेगा?"

'वार' के विशेषार्थ, साम्राज्यवादी युद्ध और जनता की लड़ाई!

सच्ची बात यह है कि इस संवाद से पाठकराम पुलकित ही हुआ था।

कामरूप कामाख्या की ओर गया है, जिधर जाना हर ग्राम-गीत में मना है। (हो मोरे राजा! पूरब मत जा!), लौटकर कब 'सत्य' या 'शेखर' की जीवनी सुनायेगा? रहस्यमय प्रदेश का जादू कब बोलेगा?

पाँच-सात साल बाद।

देश स्वतन्त्र होकर बँट चुका था। और, दानवी लीला भी समाप्त हो चुकी थी। किसी ने सुनाया, उर्दू में एक अद्‌भुत किताब लिखी गयी है, 'और इन्सान मर गया'!

"उर्दू में ही 'पेशावर एक्सप्रेस' कहानी लिखी गयी है।"

"बंगला की एक पत्रिका में प्रबोधकुमार सान्याल का उपन्यास प्रकाशित हो रहा है, धारावाहिक!"

"और हिन्दी में?"

"हिन्दी में? हाँ, हिन्दी में भी चीजें आयी हैं। फिलहाल पढ़िए यह कहानी, 'शरणार्थी'!"

पाठकराम ने अपने प्रिय मित्र प्रतुलकुमार गुहाठाकुरता उर्फ़ छानू से पूछा था, "की रे छानू? पोड़ेछिस? बुझते पेरेछो?"

पाठकराम के मित्र प्रतुल को आप रामपाठक कह सकते हैं, क्योंकि वह भी एक परम पाठक था। उसने गम्भीर होकर जवाब दिया था, "बुझे छी! ताहले, हिन्दी में भी है।" लाख चेष्टा करने पर वह अज्ञेय का सही उच्चारण नहीं कर सका था, किन्तु।···अग्‌गोंय!

अज्ञेय की कई किताबें माँगकर ले गया। उस दिन आया तो प्रसन्न था। बोला, "मैं अब नाम पुकारने में ग़लती नहीं करूँगा।"

"बोलो तो, सुनूँ!"

"मुहम्मद बक्श!!"

कई साल बाद, फिर प्रतुल ने ही एक दिन बतलाया, क्रान्तिकारी पार्टी में हिन्दी के दो लेखक थे। एक जनाब पिक्रिड एसिड धोते थे और दूसरे साहब श्रृंगार-प्रसाधन की सामग्री बनाते थे।

यशपाल, अज्ञेय!!

जयदोल, अरे यायावर रहेगा याद!

याद है! इतनी सरस यात्रा-कथा पहली बार पढ़ रहा था।···कानवाई, पूर्णिया की सड़क से नहीं गुजरेगा?···यों, सिलीगुड़ी से पूर्णिया को रास्ता जाता है, और वहाँ से कटिहार होकर फिर कहीं स्टीमर से गंगा पार की जा सकती है।···किन्तु इस सड़क की अवस्था के बारे में जो-कुछ पता चला था, उसके आधार पर यही निश्चय किया गया कि सिलीगुड़ी से ट्रेन से लदकर कलकत्ते···।

यायावर का कानवाई कलकत्ते की ओर मुड़ गया। पाठकराम का मन उदास हो गया, यायावर, पूर्णिया के तीतरों को नाम पुकारते नहीं सुन सकेगा।

दिल्ली जाना है ! दिल्ली···दूर नहीं अब !

एशियाई लेखक-सम्मेलन की प्रारम्भिक बातें फिर से नहीं दुहरा रहा। निवेदन है, पाठक उसमें, 'दिल्ली दूर नहीं अब' के बाद जोड़ लें, कृपया !

शीघ्र लौटकर सुना, अज्ञेयजी प्रयाग आये थे। इसके बाद ही दूसरा दल, जो अब तक तटस्थ और उदास था, सम्मेलन में उत्साहपूर्वक सम्मिलित होने की तैयारी करने लगा।···लिस्ट तैयार हुआ।

दिल्ली। हिन्दी के एक बड़े कथाकार के साथ यात्रा कर रहा हूँ। मेरा सौभाग्य।···

दिल्ली ! यही है दिल्ली स्टेशन ! डेल्ही ! ! अब दूर नहीं।···स्टेशन के बाहर, कुलियों को सामान दिखला रहा था···मेजबान को नमस्कार कह रहा था, भूली-खोयी चीज को खोज रहा था कि एक मीठी मुस्कुराहट के साथ सत्-चित···सज्जन सामने आये, "नमस्कार ! **मैं अज्ञेय हूँ।**"

उन्होंने मुझे चुप देखकर मेरे दिल्ली में रहने का ठौर-ठिकाना पूछा। मैं कोई जवाब दूँ कि अश्क भाईजी ने पुकारकर कहा, "अमाँ, लतिका भाभी वहाँ अकेली खड़ी कबसे पुकार रही है। और तुम इधर···"

चलते-चलते सुना, अज्ञेयजी बोले, "जिन्हें लेने के लिए कोई नहीं आये हैं, वे मेरे साथ जा रहे हैं।"

मन का जवाब मुँह में ही रख लिया। कह देता तो क्या होता, पता नहीं ! कह देता, जी हाँ ! धन्य हैं वे लोग जो आपके साथ जा रहे हैं।

विशाल भवन, विज्ञान भवन। भवन के हर कोने में लेखक। उतने लेखकों के बीच एक ही पाठक निकला, वह भी लिफ्ट ऑपरेटर जवान सरदारजी ! लिफ्ट को ऊपर उठाने और नीचे उतारने के समय भी वह लगातार एक उर्दू नाविल के पृष्ठ-पर-पृष्ठ पढ़ता जा रहा था।

पाठकराम को बड़ी प्रसन्नता हुई, पाठक सरदार को पढ़ते देखकर। लिफ्ट में देखा, अज्ञेयजी चुपचाप किसी की प्रतीक्षा कर रहे हैं। चुप रहे हम। हम एक साथ ऊपर गये।···अज्ञेयजी ने सरदारजी के नाविल का नाम पढ़ लिया था, नकाबपोश !

उतने तमतमाये हुए चेहरों के बीच, बहुत थोड़ी निर्विकार मूर्तियों को देखा। उसमें एक यशपाल का चेहरा है, दूसरा अज्ञेय का !

बाहर, एक काउण्टर पर पेशेवर फोटोग्राफरों ने, सम्मेलन की कार्यवाही तथा अकार्यवाही के समय खींची तस्वीरों की दुकान लगा दी थी। लेकिन, ढूँढ़कर थक गया, अज्ञेय की लुकी-छिपी तस्वीर भी कहीं नहीं दिखायी पड़ी।

बंगला साहित्य के प्रसिद्ध, यात्रा-कथा लिखनेवाले, मनोज बसु पर दृष्टि पड़ी। हिन्दी के यायावर की याद आयी ! 'शनिवारेर चीठी' के प्रवीण सम्पादक सजनीकान्त दास को देखकर उनकी एक कहानी की घटना आँखों के सामने फिर

से घट गयी ! किन्तु, तुरन्त ही 'हीली-बोन की बत्तखें' गर्दनें लम्बी करके उचकती हुई-सी चारों ओर जुट गयीं और 'कक्-कक्' करने लगीं। ··

'कहानियों के सत्य में उतनी व्याप्ति नहीं होती, वह एक क्षण का, एक मन:स्थिति का सत्य है, एक दौड़ती लहर का गतिचित्र। वह गतिचित्र आपको दीख जाये और देखने में आपका मन भी थोड़ी देर के लिए उलझा जाये, तो लेखक को और कुछ नहीं चाहिए।'

—**अज्ञेय**

लेखक को और कुछ नहीं चाहिए। किन्तु, पाठकराम को शब्द चाहिए। और उसने सुन रखा था कि अज्ञेय और कुछ दे दे, पर शब्द नहीं देता। नहीं देता तो पाठकराम क्या करेगा? लाठी मारकर वसूल तो नहीं कर सकता ! ···महन्त, पादरी, पुरोहित, डिक्टेटर, धूर्त, चतुर, चालाक, सब-कुछ हो सकता है वह। किन्तु इससे···उसके कथाकार को छोटा कैसे मान लिया जाये ?

हिन्दी के कई कथाकारों के भाषण हुए, अंग्रेजी में ही।···अज्ञेय जब अपना वक्तव्य पढ़ रहे थे तो गोपाल हालदार एकटक उसकी मुखमुद्रा को परखने की चेष्टा कर रहे थे।···यशपाल बोलने लगा। भाषण के बीच में न जाने क्या बोला कि सभी रूसी लेखकों ने हेडफोन से अनुवाद सुनकर एक-दूसरे की ओर देखा। उनकी आँखें चमकीं। फिर कागज़ पर जल्दी-जल्दी नोट लेने लगे।

ताराशंकर बन्दोपाध्याय ने पाठकराम से कहा था, "मैं जानता हूँ, जैनेन्द्रजी को, अज्ञेय को, यशपाल को।···आरकारो नाम मने नेई।"

नेपाली लेखकों का दल अपनी भाषा में आपस में सलाह कर रहा था, "अज्ञेयजी सितकुराकानी गर्नू पर्छ !" अज्ञेयजी से बातें करनी होंगी।··· किसलिए ? अज्ञेय इन्हें शब्द देगा ? ···दे भी सकता है, पुरोहित ठहरा !

महन्त, चक्राधिपति, पादरी, पुरोहित, डिक्टेटर, हिपोक्रेट, केलिफ़ोर्नियन आड़ू खानेवाला···अदृश्य, अलख···अकेला···लेखक···अज्ञेय !

[नई कहानियाँ/जून 1960]

अश्क

उपेन्द्रनाथ 'अश्क' का नाम हमारे गाँववालों ने पहली बार भिमल मामा के मुँह से सुना था—अज उपिन्दरनाथ अशक !

उन दिनों हमारे गाँव के पुस्तकालय में उर्दू की कोई पत्रिका नहीं आती थी। और, मामा ने उर्दू पढ़ने का व्रत ले रखा था। व्रत तो नहीं, दौरा कहिए—उर्दू दौरा !

भिमल मामा ने इसके लिए आन्दोलन छेड़ने का अल्टिमेटम दिया—क्यों नहीं आयेगी उर्दू पत्रिका? यदि कोई मेम्बर अज उपिन्दरनाथ अशक का अफसाना पढ़ना चाहे तो कहाँ पढ़ेगा? कैसे पढ़ेगा? ···मत कहो इसको सार्वजनिक पुस्तकालय ! यह 'बहू-जनिक' अर्थात् केवल 'विवाहित आनन्द' पढ़नेवालों का पुस्तकालय है अब ।

कई दिनों तक गाँव की अली-गली और हाट-घाट-बाट में अश्कजी का नाम लेकर पुस्तकालय अधिकारियों के विरुद्ध प्रचार किया था मामा ने !

किन्तु, जब अश्कजी ने हिन्दी में लिखना और छपाना शुरू किया तो मामा कैथीलिपि के प्रचार में व्यस्त थे। देवनागरी लिपि और हिन्दी भाषा से चिढ़े हुए थे। एक बार 'कर्मयोगी' अथवा किसी दूसरी पत्रिका में प्रकाशित अश्कजी की कहानी, उनकी सेवा में हमने सूचनार्थ-अवलोकनार्थ भेज दी।

मामा निहाल हो गये—तो अब, उपेन्द्रनाथ अश्क? पूरे साढ़े सात साल के बाद मामा ने देवनागिरी लिपि और हिन्दी भाषा में प्रकाशित रचना का रस ले-लेकर जोर-जोर से पाठ किया था।

फिर, अपनी बृहत् भानुमति-पेटिका, उर्फ़ 'कजकोल' में उस कथा की कुछ पंक्तियाँ नोट करते हुए कहा था—अशक नहीं, अश्क ! 'कजकोल' में दुनिया-भर की बातें संकलित हो रही थीं। साहित्य के सम्बन्ध में मामा की कई व्यक्तिगत मान्यताएँ थीं : (क) चन्द्रकान्ता के बाद भारतीय भाषा में कोई उपन्यास लिखा ही नहीं गया। (ख) अखिल भारतवर्ष में गुलाबरत्न बाजपेयी ही एकमात्र

कथाकार हैं।

किन्तु, किसी सीरीज़ में प्रकाशित उर्दू की श्रेष्ठ कहानियाँ पढ़ने के बाद, बाजपेयीजी के साथ अश्कजी का नाम नत्थी करके उन्होंने प्रसन्न-घोषणा की थी—अब दो हुए। कथाकार बाजपेयी और किस्साख्वाँ अश्क! कोच्छ नहीं, कोच्छ नहीं; ऑल वनस्पतियाँ!

'किस्साख्वाँ' अश्क को 'किस्साखाँ' होते देर नहीं लगी। आज भिमल मामा नहीं रहे, हमारे गाँव के नवीन और प्रवीण, सभी पाठक जानते हैं कि अश्कजी का ही दूसरा नाम किस्साखाँ है।

भिमल मामा-जैसा प्रेमी पाठक—अश्कजी या किसी भी लेखकजी का—दूसरा नहीं देखा। कहते हैं, जब मेरा लेखक कविता, कहानी, नाटक, एकांकी, संस्मरण, यात्रा-विवरण, व्यक्तिगत निबन्ध, आलोचना-प्रत्यालोचना सब-कुछ लिखता है, तो दूसरे लेखकों की चीज़ क्यों पढ़ें ···इतना प्यारा नाम है किसी भाषा के लेखक का?

एक दिन अपना 'कजकोल' खोलकर बोले, "कोई बताये कि किस लेखक की पंक्तियाँ हैं···बादशाओ! मैंनू तो जरलिज़म-वरलिज़म दा कोई तजरबा नेईं।···बादशाहो, कुत्ते दी मौत मरना होंदा तो एथे आवन दी की लोड़ सी! ···मैं साब नू आखिया—भई जे मेहरबानी करनी एँ तो हुन कर।···मैं कम्म सिखन दी पूरी कोशिश करांगा। जो मैं एथे कामयाब हो गया, ते साब ने मेरे नाल वादा कीता है कि मेरे लई तगमे दी सिफारिश करेगा।···बोलो किस लेखक की पंक्तियाँ हैं?"

"गुलेरी की?"

"नहीं, यशपाल की?"

"तो, जी. पी. श्रीवास्तव···"

"बेढब ब···"

"मैं बतलाऊँ—किस्साखां की!"

भिमल मामा अपने गमछे के नीचे से एक नयी किताब निकालकर बोले—एक स्रोत से फूट बह रही कब से यह—दोधारा! ···अश्क मेड ईज़ी···इसको पढ़ने के बाद अश्क-साहित्य को समझना सहज-सरल हो जायेगा।

मामा ने इस बुझौवल के विजेता बुझक्कड़ को किताब देकर कहा—'पढ़ो और बूझो कि अश्क क्या है!'

लेकिन, इस संग्रह की कई कहानियाँ तो पढ़ी हुई हैं। जैसे···यह टेबल-लैण्ड!

बिना पढ़े किसी किताब के बारे में रायजनी करने की हैसियत तुम्हारी नहीं हुई है, अभी।

देखते-ही-देखते गाँव में अश्क के प्रेमी पाठकों की संख्या एक से ग्यारह हो गयी है! उस दिन भिमल मामा की 'अश्क-विवेचन-गोष्ठी' में भिमल को जोड़कर

एक दर्जन सदस्य उपस्थित थे।

मामा ने प्रारम्भ किया—सबसे पहले एक ममतामयी महिला की शुद्ध स्वीकारोक्ति सुनिए! तो, महिला क्या लिखती है? लिखती है—मैं अभी स्नानादि से भी निवृत न हुई थी, आपका (माने, अश्कजी का!) छोटा भाई आ पहुँचा और मालूम हुआ अश्कजी को आये चार-पाँच घण्टे हो गये हैं। उनकी (माने अश्कजी की) तबिअत खराब है, ज्वर है और हॉकी खेलते हुए आँख पर गहरी चोट आ गयी है।···मैंने कहा, आप चलकर अश्कजी से कहिए कि मैं आध घण्टे में पहुँच जाऊँगी।

संक्षिप्त टीका : यह पहली ही मुलाकात की बात है और अब तक का परिचय बस चन्द पत्रों का। आगे चलकर रेखाचित्र-लेखिका लिखती है—कुछ श्रद्धावश, कुछ इसलिए कि इतनी दूर से चलकर इनसे मिलने आयी थी—मैं चुप बैठी रही। यह जानकर कि शब्दों से खेलनेवाले यह कवि महाराज हॉकी भी इस निष्ठा से खेल सकते हैं कि आँख फुड़वा लें।···इनके इस विचित्र फक्कड़पन के कारण इन्हें जानने की और भी उत्सुकता हो गयी थी।

पुनः टीका : मैं समझता हूँ, और ठीक ही समझता हूँ कि इस किताब का नाम इस वाक्य के आधार पर पड़ा है—'इतनी दूर से चलकर इनसे मिलने आयी थी।' और, अश्कजी ने भी एक कविता में लिखा है :

और मैं दरिया
चिर का चला···!

तो, यह चिर का चला दरिया, इस नारी के सम्बन्ध में क्या सोचता है, सो सुनिए—मैंने कौशल्या (रेखाचित्र-लेखिका) को देखने के पहले उसके पत्रों को देखा।···मैंने उसका पहला पत्र पाने के बाद ही उससे विवाह करने का इरादा कर लिया था। यदि कौशल्या को पत्र लिखने में, और बात सच्ची हो या झूठी, लिखी हुई पंक्तियों में हृदय की समस्त भावना भर देने की अपूर्व दक्षता प्राप्त न होती, तो हमारे जीवन के अतीव उलझे हुए तार कभी न सुलझ पाते।

अब, विवाह के प्रारम्भिक दिनों की एक घरेलू तस्वीर, श्रीमती कौशल्या अश्क के शब्दों में, देखिए—ऐसे ही एक बार जब अचानक कुछ मेहमान ज्यादा आ गये, मैंने बैठक में इन्हें बुलाकर कहा, बाकी तो सब ठीक है, पर बैंगन का भुर्ता कुछ कम है। कोई रह न जाय। कहिए तो जल्दी से दो बैंगन मँगाकर भून लूँ। बोले, तुम चिन्ता न करो, सब ठीक हो जायेगा।···जब समय पर सब खाने को बैठे, मैंने भुर्ते की प्लेट की ओर संकेत किया। इन्होंने भुर्ता उठाया और अपनी प्लेट में पर्याप्त मात्रा में डालकर बोले, 'देखो भाई, यह तरकारी इतनी ही है। लेते समय दूसरों का भी ध्यान रखिए।'

एक सदस्य कुछ बोलने को हुआ तो भिमल मामा ने बोलने ही नहीं दिया—मैं जानता हूँ कि तुम क्या कहना चाहते हो। यही न कि मैं बैंगन नहीं खाता।··· सचमुच, इस महिला, माने श्रीमती कौशल्या अश्क की 'पंक्तियों में हृदय की

समस्त भावना' भर देने की अपूर्व दक्षता प्राप्त है। क्षणिक अन्तराल के बाद मामा ने कहा—अन्तिम पंक्ति है; अब यक्ष्मा से पीड़ित पिछले एक वर्ष से पंचगनी के एकान्त में पड़े हैं।

मामा का गला भर आया। आँखों की पुतलियाँ एक-दो बार अस्वाभाविक ढंग से नाचीं। मैंने कहा—मामा, आज यहीं तक रहें।···

लगा, बारूद की ढेरी में आग की चिनगी पड़ गयी! न जाने कब से मुझ पर सुलग रहे थे—अन्दर-ही-अन्दर। फट पड़े—मैं जानता हूँ, तुम्हारे दिल में बहुत पुराना पाप समाया हुआ है। तुम लोग अश्क के अमंगल की कामना करते हो, क्योंकि वह 'हंसवादियों' के साथ लिखता-पढ़ता है। 'नया साहित्य' का एक अंक भी पुस्तकालय में रहने दिया है तुम लोगों ने? 'पक्का गाना' किसी ने देखा भी नहीं, सरसरी निगाह से भी नहीं।···क्षुद्रता की भी सीमा होती है।···बड़ी भारी रिपोर्टाचार्य लिखनेवाला समझ लिया है अपने को···तुम तो पेती-राइटर भी नहीं।···हृदयहीनो!···इतिहास साक्षी रहेगा!···

इसके बाद दो-चार ग्राम्य गालियाँ! इससे भी जी नहीं भरा तो राजनीतिक गालियाँ—मनशेविखो! सामाजिक दीमकों (सोशल डेमोक्रेट)···ट्रेटर आदि-आदि! हम समझ गये, तीन-चार दिनों तक गालियों की वर्षा होती रहेगी, निरन्तर!···उनकी गालियों का बुरा नहीं माना हमने, कभी।

तीन-चार दिनों तक अपने दो दर्जन शिष्यों को लेकर अश्क-साहित्य-प्रचार का काम शुरू किया।···अश्कजी की किताबें खरीदने का अर्थ है, एक साहित्यकार की कीमती जान की रक्षा!

एक सप्ताह के बाद आये तो अपेक्षाकृत शान्त थे। बोले—मैं तुमसे एकान्तिक बात करने आया हूँ।···प्रार्थना है, तुम शीघ्र पटना जाओ। जाँच करवाओ। तुम्हारी सूरत देखकर मैं डर गया हूँ। 'दो धारा' में छपी अश्क की तस्वीर देखी है न?

मुझे लगा, मामा ने मेरे सबसे कमजोर स्थल को छू दिया। मामा ने कहा—अश्क का नाम लेते ही तुम्हारा चेहरा पीला क्यों पड़ जाता है?

टटोलकर देखा, गत दो-तीन वर्ष से अश्क की रचनाओं को पढ़कर भी नहीं पढ़ता था। जब से मालूम हुआ कि अश्क टी. बी. का शिकार हो गया है, तभी से यह उपेक्षा, यह उदासीनता घनी होती गयी।···अश्क का नाम लेते ही मुझे अपने फेफड़ों में फलते-फूलते रोग का खयाल होता। जेल में थिकेण्डप्लुरा हुआ था। अस्पताल से रिहा होते समय प्रसिद्ध डाक्टर टी. एन. बनर्जी ने चेतावनी दी थी—दौड़-भाग नहीं! आरामकुर्सी में पड़े-पड़े जितना 'राजा-वजीर' मारो कोई बात नहीं!···वजन दिन-दिन घटता जा रहा था।

भिमल मामा के सदुपदेश को तुरन्त मन से मिटा दिया, क्योंकि···बहुत बड़ी-बड़ी बातें होने जा रही थीं।···महत्त्वाकांक्षा के सामने रोग के कीटाणु!

नेपाल में क्रान्ति का बिगुल बजा!

भारतीय स्वतन्त्रता के संग्राम में सैकड़ों नेपाली नौजवानों ने भाग लिया था। आठ साल की उम्र से ही 'नेपाल-माँ' ने अमृत पिलाकर—पाल-पोसकर बड़ा किया—उसके लिए मुझे कुछ नहीं करना है? ···करना है—ईस्टर्न कमाण्ड के 'सी-इन-सी' ने खुद पत्र लिखा है—यहाँ आकर देखो, मृत्यु कितनी प्रिय है··· कितने पिता, कितने पुत्र एक ही साथ मरने के लिए तैयार हैं। आ जाओ!···

फिर, सब भय दूर हो गया—रोग से घुल-मिलकर मरने से अच्छा है कामरेड कुलदीप की तरह मोर्चे पर मरना!

आवश्यक काम से पटना जाने का आदेश मिला। पटना आकर चार-पाँच दिन के लिए रुक जाना पड़ा।

बन्धुवर नर्मदेश्वर प्रसाद ने कहा—आज शाम को मेरे डेरे पर आइए। अश्कजी पटना आये हुए हैं। आज शाम को हम लोगों ने चाय पीने के लिए बुलाया है! विश्वमोहनजी, गोपीजी वगैरह रहेंगे।

अश्कजी काली शेरवानी और काली टोपी पहने, छड़ी घुमाते हुए आये। बातचीत शुरू हुई समाजवादी यथार्थवाद से, और समाप्त हुई 'नया साहित्य' में प्रकाशित 'पक्के गाने' के बोल पर। कहना न होगा कि बात अच्छी तरह जमी पक्के गाने के बोल पर ही। सजनी-ई-ई···ओ सजनी···ओ सजनी!

मैं सिर्फ यह पूछना चाहता था कि अब आप पूर्ण स्वस्थ हो गये हैं या नहीं।

ठीक दो महीने बाद एक दिन हठात् खून की क़ै करने लगा। रक्त थूकते समय मैं कभी टेबललैण्ड, कभी पंचगनी···अश्क···दीनानाथ···कासिम भाई का नाम लेता। उस समय ऊल-जुलूल बोलने में एक अभूतपूर्व आनन्द आता था। न जाने क्यों?

भिमल मामा पर पिछले पाँच-सात महीनों से फिर तन्त्र-मन्त्र का भूत सवार हुआ। झाड़-फूँक, टोटके-टोने से लेकर श्मशान तक जगाते फिरते।

पटना आने के समय, एक बार उलटकर अपने गाँव की ओर देखा, सब-कुछ धुँधला! भिमल मामा पर नजर पड़ी। दस-बारह दिन के बाद घर लौट रहे थे। स्टेशन पर कवच बाँध देने के बाद, बटुए से दस-दस रुपये के कई नोट और मुट्ठी-भर रेजगारी निकालकर बोले—'सोचा था, अपने बीमार लेखक अश्क को भेजूँगा। सात-आठ महीने में झाड़-फूँक में जो 'चिरागी' पैसे हुए···एक सौ एक। अश्कजी तो अब स्वस्थ हो गये···घबराना मत। तुम भी सेब-जैसे लाल-लाल गाल लेकर लौटोगे! चवन्नी, अठन्नी, दुअन्नी···सिन्दूर में सनी हुई रेजगारी!' एक बार फिर उलटकर गाँव की ओर देखा—अब धुँधला नहीं? सारा गाँव सिन्दूर में सना हुआ!

अस्पताल में जब भी मामा का पत्र मिला, अश्कजी की चर्चा उसमें जरूर होती—अश्क का नया नाटक प्रकाशित हुआ है···एक कहानी फिर छपी है।

रोगमुक्त होकर, पूर्ण स्वस्थ मन-प्राण लेकर गाँव लौटा। स्टेशन पर ही मालूम हुआ, भिमल मामा नहीं रहे! किसी लेखक का ऐसा पाठक नहीं देखा,

जिसने अपने कथाकार के पात्र की पात्रता प्रमाणित की हो।

1953-54 में दूसरी बार पटना में ही अश्कजी का दर्शन प्राप्त हुआ। वीरेन्द्र के साथ आये और पाँच मिनट ठहरे, मेरे डेरे पर। किन्तु पाँच ही मिनट में स्वास्थ्य, साहित्य और संसार के सभी प्रश्नों को हँसी-ठहाके में उड़ाकर चले गये।

उसी दिन शाम को दिल्ली से आये हुए उपन्यासकार यज्ञदत्त शर्मा के सम्मान में आयोजित चाय-पार्टी में एक अप्रिय घटना घट गयी। यज्ञदत्तजी अपने शीघ्र ही प्रकाशित होनेवाले उपन्यास में उठायी गयी समस्याओं पर बोलने लगे। बहुत अच्छी तरह बोलते जा रहे थे कि उनकी दृष्टि अश्कजी और छविनाथ पाण्डेयजी पर पड़ी, जो आपस में 'कानाफूसी' कर रहे थे। यज्ञदत्तजी क्रोध से थर-थर काँपने लगे। बोले—'अश्कजी, पहले आप लोग अपनी बातचीत समाप्त कर लीजिए, तो मैं बोलूँ।' अश्कजी के चेहरे पर एक बार क्रोध की रेखा अंकित हुई। किन्तु तुरत बिला भी गयी। चूना चाटते हुए नम्रतापूर्वक बोले—'भई, मैं तो तुम्हारे ही बारे में छविनाथजी को बतला रहा था।···तुम्हारी तारीफ ही कर रहा था।'

यज्ञदत्त फिर नहीं उठे, शायद। उस दिन की घटना की जब-जब याद आती है, एक-दो प्रश्न मेरे मन में बार-बार उठते हैं कि श्रद्धेय पाण्डेयजी और अश्क भाई साहब की कुर्सियाँ आसपास संयोगवश ही लगी होंगी···अश्कजी, अन्त तक यज्ञदत्तजी को समझाने की कोशिश करते रहे। किन्तु पाण्डेयजी एक शब्द भी नहीं बोले। सो, क्यों?

अश्क-परिवार के साथ दिल्ली जा रहा हूँ और सारी बातें याद आ रही हैं, सिलसिलेवार! कौशल्या भाभी अपने पति-पुत्र को रह-रहकर मीठी झिड़की देती हैं—नीलाभ बेटे, खिड़कियों को मत खोलो!···अश्कजी, प्लीज बी कंसिडरेट··· बेचारे अभी से बिचले बर्थ पर जाकर कैसे लेट सकते हैं? सहयात्री बेचारा कृतज्ञता-भरी आँखों से कौशल्या भाभी को देखता है और अश्कजी अपनी टेक पकड़ते हैं—लेकिन रेणु, भैरव ने तो कहा ··अश्कजी 'द्वितीय मत' अपने अनुपस्थित मित्र भैरवप्रसाद गुप्तजी के नाम से प्रकट करेंगे—लेकिन, भैरव ने तो कहा···

रात्रि-भोजन के बाद हम अपने-अपने बर्थ पर जाकर लेट गये। पिता ने सोने के पहले नारा लगाया—हे-ए-चेय-गेरेम!

सबसे ऊपरवाले बर्थ पर लेटे पुत्र ने खनखनाती हुई आवाज में प्रत्युत्तर दिया—मोंगफेली हे-ए!

कौशल्या भाभी ने एक ही साथ दोनों को धमकी दी—ऐ! क्या हो रहा है यह! और विश्वास कीजिए, इसके बाद पिता-पुत्र दोनों ने चूँ शब्द भी नहीं किया।

मुझे रात-भर नींद नहीं आयी।···यह सदाबहार लेखक! पटना में उस

बार रंगीन तबिअत के एक प्रकाशक मित्र ने कहा था—यह आदमी अज़ब-अज़ब कारोबार करता रहता है।···संकलन के लिए लेखकों से रचना उगाहने के लिए लेडी-लिटरेरी-एजेण्ट रखा है।···एक दुखी लेखक मित्र ने घण्टों बैठकर यह समझाने की चेष्टा की थी कि अश्क अवसरवादी है।···मैं अपने से पूछता हूँ—क्या मैं अवसरवादी नहीं हूँ ?··· स्वार्थी नहीं हूँ, मैं ?··· मेरा सौभाग्य कि इतने बड़े लेखक के साथ यात्रा कर रहा हूँ !

प्रथम अधिवेशन के दिन अश्कजी को कहीं चैन से बैठते नहीं देखा। वातावरण में बेचैनी थी। इसको किसी तरह शान्त करना आवश्यक था।···प्रयाग के ही एक मित्र ने कहा—तो आप समझते हैं कि अश्कजी वातावरण शान्त करने के लिए बेचैन हैं ! अहमक हैं आप !

हमारे मेज़बान ने रात्रि-भोजन के लिए यशपाल, अश्क और भगवतशरण उपाध्याय को बुलाया है। यह सुनकर कोई दूसरा प्रोग्राम हमने नहीं बनाया।

अश्क और यशपालजी में बातें होने लगीं। उपाध्यायजी बीच-बीच में बोलते थे। मुझे सुनने के सिवा और कुछ नहीं करना है। किसी पक्ष की बात पर अधिक मुस्कुराना या गर्दन हिलाना भी हमारे लिए शोभनीय नहीं। हिन्दी के दो प्रख्यात कथाकार आपस में बातें कर रहे हैं। मेरे पूर्व-जन्म का पुण्य है कि मैं उन लोगों के पास बैठकर यह सब देख-सुन रहा हूँ।···यही क्या कम है !

अश्कजी ने उपर्युक्त रात्रि भोजन के अवसर पर बातचीत की चर्चा अपने किसी वैयक्तिक निबन्ध में की है। यशपालजी भी लिख सकते हैं। मुझे बहस का विषय याद नहीं।···दो बड़े-बुजुर्ग के बतियाने के तौर-तरीके और ढंग को गौर से देखना आसान काम नहीं। रह-रहकर मेरी नज़र कौशल्याजी की कलाई पर बँधी घड़ी पर जाती। फिर; प्रकाशवतीजी की घड़ी पर।

भोजन करते समय भी दोनों एक-दूसरे से उलझे रहे। दोनों ही कलाकार, तेज-कुन्द व्यंग्य का आवश्यकतानुसार उपयोग करना जानते हैं। मैं शुरू से ही बीच-बीच में यशपाल के चेहरे को अश्कजी के दृष्टिकोण से देख लेता—बिगड़ा हुआ ईसाई अफसर !

प्रयाग में ही एक नवोदित कवि के मुँह से अश्क-निन्दा सुनकर मैंने उनसे विनयपूर्वक कहा था—कल्पना कीजिए अश्कजी प्रयाग छोड़कर और कहीं जा बसे हैं।

नवोदित कवि ने मुस्कुराकर आँखें मूँद लीं। फिर ठठाकर हँस पड़ा—बड़ा फीका हो जायेगा यहाँ का साहित्यिक समाज !

अश्क के बारे में हर तीसरे महीने कोई-न-कोई गुल खिलता है। हर बार, ठहाका मारकर हँसते हुए, किसी मित्र की पीठ पर थाप देते हुए अश्कजी कहेंगे—भाई, मुझे तो जो-कुछ कहना-करना था, कह दिया, कर दिया। अब बैठकर आनन्द ले रहा हूँ।···लोग परेशान हैं ! मुझे तो मज़ा आता है !

—बादशाओ कुत्ते दी मौत मरना होंदा ते इथे आवन दी की लोड़ सी ?···

और मैं दरिया, चिर का चला।···चपरकनाती!···नीला थोथा घोल के या दही में डाल के···इन तकियाकलामों को अश्क के मुँह से दिन-भर में एक सौ बार सुनकर भी एक बार फिर सुनने का दिल करेगा आपका। और तब अश्क फिर एक कहकहा लगाकर कहेगा——लेकिन, यार! भैरव ने तो कहा···

[नई कहानियाँ/जुलाई, 1960]

जैनेन्द्र

लोगो,
शमशेर* से डरते क्यों हो ?
वह फौलादी है;
पर देखो, कितना झुक जाने को तैयार है !
लेकिन, खबरदार !
उसकी धार के सामने न पड़ना,
वह न्याय की तरह बारीक है।
शमशेर दो बातें जानता है···
बहादुरी, और गरीबी।
जिनमें दोनों नहीं, वे क्या आदमी हैं ?

···जानते हो, शमशेर प्यार का क्या करता है ? उसे कुचल डालता है··· फिर ज़रा रो लेता है और अपने काम में लग जाता है···

शमशेर उसका उपनाम है। डकैतियों में भी, कविताओं में भी।

पहली बार जब मैं कवि शमशेर से मिला··· (शमशेर भाई, मुझे क्षमा करें, मैं जैनेन्द्रजी का ही रेखाचित्र लिख रहा हूँ !)

सो, जब मैं पहली बार कवि शमशेर से मिला तो मैं जुलैका के बारे में पूछना चाहता था।

शमशेर से मिलने के पहले, उसकी कविताओं को पढ़ चुका था। कविता पढ़ने के पहले जुलैका की याद आती है और वह नाटकीय क्षण मूर्त हो जाता है।···झपटकर जुली चबूतरे के तख़्ते पर पहुँच गयी और चिल्लायी, "और कुछ नहीं, शमशेर, और कुछ नहीं ?"

"और क्या, जुलैका ?"

* शमशेर और जुलैका—जैनेन्द्र की प्रारम्भिक लोकप्रिय कहानी 'फाँसी' के सशक्त पात्र हैं।

"और कुछ नहीं ?…मरते वक्त और कुछ नहीं ?"

"नहीं !"

"थोड़ा-सा प्यार ?"

"ज़ुलैका, क्या कहती हो ?'

"बिल्कुल ज़रा, ज़रा-सा प्यार…"

"ज़ुलैका, औपन्यासिक न बनो। इसमें कुछ नहीं है !"

यह कवि शमशेर, वह कवि शमशेर नहीं, यह कैसे मान लूँ? चलिए जैनेन्द्रजी से पूछ लिया जाये कि यह कवि शमशेर, वही कवि शमशेर है न, जिसे उन्होंने फाँसी पर… मैं जैनेन्द्रजी से मिला हूँ। मैंने कभी नहीं पूछा, क्योंकि बिना पूछे ही मैं जैनेन्द्रजी का उत्तर जानता हूँ।

इस प्रश्न के उत्तर में जैनेन्द्रजी चिन्ता करते हुए आपसे कहेंगे, "सो ही तो ! यह शमशेर वह शमशेर नहीं है, यह मेरे द्वारा कैसे कहा जा सकता है ? यह और वह के अलावा कोई भी शमशेर शमशेर है या नहीं, यह कहना कठिन है।… वैज्ञानिकों का कथन है कि बहुत-से ऐसे नक्षत्र हैं, जिनके प्रकाश को पृथ्वी तक पहुँचने में करोड़ों वर्ष लग जाते हैं। तो एक करोड़ वर्ष पूर्व जो प्रकाश किसी नक्षत्र से चला, वह हमारे पास आज पहुँचा। इस बीच, सम्भव है, वह नक्षत्र निश्चिह्न हो चुका हो। इसलिए, हम अभी जिस नक्षत्र को देख पा रहे हैं, वह इस समय सचमुच में है या नहीं, इस पर सन्देह किया जा सकता है।"

तब मैं आपसे पूछूँगा, "क्या समझा आपने ?"

मेरा विश्वास है कि हिन्दी का यह प्रिय कवि शमशेर वही है, जिसे ज़ुलैका प्यार करती थी। इसी विश्वास को लेकर जी गया। वरना पार्वती के दरवाजे पर किसी दिन सुबह को भीड़ लग जाती और बैलगाड़ी पर लदी हुई लाश को लोग हाथ में अंकित नाम से ही पहचानते।…देवदास पढ़ने के बाद ही अपने हाथ पर अपना नाम 'गोदवा' चुका था।

मेरे देवदास की पार्वती (पर्वतीय प्रदेश की) शरतचन्द्र को कभी नहीं पढ़ती। जब देखो तब जैनेन्द्र की कोई-न-कोई किताब लेकर बैठी है। देवदास जैनेन्द्र से चिढ़ा रहता। उसने इधर-उधर से सुन लिया था कि जैनेन्द्र अपनी नायिका का सब कुछ उतारकर एक ओर रखवा देता है। इसलिए, उसकी किताबों पर लिखा होता है, स्त्रियाँ और बच्चे इसे नहीं पढ़ें। और स्त्रियाँ और बच्चे ही इसके पाठक हैं या हो सकते हैं। पार्वती खिलखिलाकर हँसी थी तुम शरतचन्द्र को पढ़कर ही अधिक मूर्ख हो गये हो, यह तुमको कौन समझाये ! तुम ऋषभचरण जैन और जैनेन्द्र कुमार, एक ही व्यक्तित्व को समझते हो ? …लो, पढ़ो यह टटकी कहानी 'फाँसी' !

शमशेर से मेरा पहला परिचय पार्वती ने ही कराया। जैनेन्द्र को पढ़ने और चाहने के लिए मजबूर भी उसी ने किया।

किन्तु, विवाह के बाद, पार्वती से मिलकर बेचारा देवदास आतंकित ही हुआ

था। उसे लगा, पार्वती ने देवदास को कसकर बाँधने के लिए इतना शीघ्र विवाह कर लिया था। वह चाहती थी कि देवदास जीवन-भर बगलवाले कमरे में बैठा रहे। वह अन्दर के कमरे में ताड़ित होती रहे और मौका मिलते ही देवदास को अपनी देह खोलकर दिखलाये—देखो ये दाग! इसके बाद ही देवदास को ज्ञान हुआ। देवदास ने, अपने शरतचन्द्र को ग़लत समझकर ही, हाथ पर अपना नाम अंकित करवाया था। पार्वती ने भी अपने जैनेन्द्र को गलत समझा है···दोनों बीमार हैं।

पार्वती फिर एक बार नाम बदलकर आयी। देवदास ने भी अपना नाम बदल लिया था। वह कहने लगा, "उर्मिला, असली मैं वही हूँ। आज नहीं जानता कि तुम्हारे सामने वह सब मैं क्यों कहने बैठ गया। तुम सफलता चाहती हो, तुम रूपसी हो, युवती हो, विदुषी हो, कलावन्त हो, सब-कुछ तुम्हें मिल सकता है, लेकिन उस सबमें मेरे लिए कहीं स्थान नहीं है। माफ करना, तुम्हें मेरे दुर्भाग्य का पता नहीं है, इसी से शायद तुम्हें माफ करने में कठिनाई हो रही है, लेकिन ··"

"तो दीनू, मैं लौट जाऊँगी।···लेकिन ओह, कैसे बताऊँ कि पहले दिन ही मैंने तुम्हारी आँखों में देख लिया कि तुम इस दुनिया में अकेले, बेहद अकेले हो।··· दीनू, सच कहती हूँ वह मायाविनी मैं नहीं थीं। वह थी तो व्यंजन की भाँति तुम्हारे समक्ष परोसे जाने के लिए ही थी।"

दीनू ने उर्मिला का हाथ लेकर माथे से लगाया और कहा, "उर्मिला, भगवान से प्रार्थना है कि तुम सदा सौभाग्यवती रहो!"

और, उर्मिला को ऐसा लगा कि अगर घुँघरू होते तो वह इस समय ऐसा नाचती···ऐसा नाचती···

देवदास···पार्वती···दीनानाथ···उर्मिला···क्रमशः फेड आउट हो गये। रह जाता है शमशेर। रह जाती है जुलैका।···फाँसी के फन्दे में लटका हुआ मैं, शमशेर···पिघलकर पानी हो गयी मेरी जुलैका!

कहने का मतलब हिगेल साहब का यह है कि परस्पर-विराधा धारणाओं में ऐक्य-प्रतिष्ठा का नाम ही द्वान्द्विक पद्धति है। वाद, प्रतिवाद और संवाद।··· और मेरे कहने का मतलब 'चरम संवाद'—शमशेर!

(इन पंक्तियों को लिखते समय मुझे अपने स्तम्भ-पाठकों की चिट्ठियों की याद आती है।···अच्छा मौका हाथ लगा है आपको, किये जाइए गुणगान!··· क्यों रेणुजी, स्तवन हो रहा है? हें-हें-हें-हें-हें!···कथाकार के व्यक्तित्व की बारीकियाँ···रहन-सहन का ढंग सभी उभारिए! व्यक्तिगत रूप से गहराई तक जाकर···भीतर धँसकर रेखाचित्र लिखा जाता है।···) तो आइए! अब ज़रा भीतर धँसा जाये।

प्रश्न—आप क्यों जीते हैं?

उत्तर—जब तक मौत न आये, क्या उससे पहले ही मरना होगा?

प्रश्न—मौत नहीं तो फिर ध्येय क्या है?

उत्तर—ध्येय है मुक्ति।

प्रश्न—मुक्ति क्या ?

उत्तर—व्यापक या व्याप्त सत्ता।

प्रश्न—खुलासा समझाइए।···व्यक्त अर्थात् ज्ञात ?

उत्तर—नहीं।

प्रश्न—फिर क्या ?

उत्तर—ज्ञात सत्य का एक पहलू-भर है। ज्ञात+अज्ञात=अज्ञेय : सत्य यह सब-कुछ है।

प्रश्न—जो अज्ञात और अज्ञेय है, उस पर श्रद्धा कैसे सम्भव है ?

(मेरे पॉकेट में पड़ी हुई चिट्ठियाँ नारा बुलन्द करती हैं—नहीं चलेगी, नहीं चलेगी ! चण्डूखाने की बात यहाँ नहीं चलेगी।)

दासानुदास निवेदन करता है—यह यक्ष-युधिष्ठिर-संवाद नहीं। यह गहराई में गये हुए, भीतर धँसे हुए लोगों ने हमारे लिए सुरंग तैयार किया है। भगवान भला करें हरदयालसिंह मौनी, गजानन पोतदार और सबसे अन्त में प्रभाकर माचवे का, जिन लोगों ने मिल-जुलकर, करीब पाँच सौ प्रश्न करके जैनेन्द्र के भीतर धँसने की चेष्टा की थी।···इस सुरंग में जाकर कोई देखे कि वे कितना भीतर धँस सके हैं।

जैनेन्द्र का जीवन-दर्शन क्या है ?···दर्शन क्या है ? मैं नहीं जानता।

जैनेन्द्र ने अन्य चिन्तक साहित्यकारों की भाँति जगत् और जीवन को समझने-समझाने की चेष्टा की है—अपने ढंग से। दर्शन के मन्दिर में जिसका आना-जाना नहीं है, वह किसी साहित्यकार चिन्तक की दार्शनिक भावधारा को सरलता से कैसे बूझेगा ? बिना समझे-बूझे यदि दार्शनिक जैनेन्द्र को कोई गढ़ने लगे तो शिव गढ़ते अशिव ही गढ़ेगा।···कान्ट, स्पेन्सर, हिगेल, प्लेटो, बर्कले, लाइबॅनिज, ह्यूम, बर्गसं आदि का नाम बार-बार दुहराकर जैनेन्द्र को कितना-सा समझा-समझाया जा सकता है ?

और व्यक्तित्व-विचार ?

दासानुदास मानता है कि मनुष्य के वास्तविक चरित्र को, उसके समाज-निर्दिष्ट आचार-व्यवहार से नहीं समझा जा सकता। समाज के बहुसंख्यक लोगों के सुर-में-सुर मिलाकर वह जो राग अलापता है, इससे उसके स्वतन्त्र व्यक्तित्व का कोई आभास नहीं मिलेगा। व्यक्ति के जीवन में जो बेसुरे राग (ओवरटोन) ध्वनित होते हैं, उसी में असली मनुष्य (ऑथेण्टिक इण्डिविज्वल) की झाँकी मिलेगी। असल जैनेन्द्र को खोजने के लिए उसके बेसुरे राग को पकड़ना होगा।

दासानुदास जितना-सा पकड़ सका है, उसे ही आँकने की चेष्टा कर रहा है।

शमशेर···जुलैका···दीनानाथ···उर्मिला आदि के जीवन में यह बेसुरा राग मैंने सुना है। इसलिए उसे भूलना असम्भव है।

जब कभी दिल्ली जाता हूँ, इलाहाबाद के बाद ही मेरे डिब्बे में एक अदृश्य

व्यक्ति आकर बैठ जाता है। इटावा स्टेशन पर सजग बैठकर मुझसे पूछता है, "कहाँ जायेंगे बाबू ?" वह बार-बार कहता है कि शिकोहाबाद स्टेशन आने पर उसे अवश्य जगा दूँ। बार-बार कहता है, उसे टुण्डला उतरना है। टुण्डला स्टेशन पर वह उतर जाता है। और मैं हर यात्रा में टुण्डला स्टेशन पर भीड़ में एक भीता-चकिता स्त्री का मुँह खोजता हूँ। कभी कोई वैसी स्त्री नहीं मिलती, तो जैनेन्द्र को नहीं कोसता।

पहली बार जैनेन्द्रजी को उस समय देखा, जब वह विज्ञान-भवन के मंच से कुछ कहना चाहने के लिए माइक में कुछ बोल रहे थे। देखा, हिन्दी के लेखकों का सम्मिलित क्रोध सबसे प्रथम जैनेन्द्र पर ही बरसा।

"बैठ जाइए!..."

"किसने आपको बैठाया वहाँ ?"

"हमारे साथ अन्याय हुआ है। इस अन्याय में इस व्यक्ति का ज्यादा हाथ है!..."

"उतर जाइएं मंच से! हिन्दी के प्रतिनिधित्व करनेवाले और भी बहुत सारे लोग हैं!..."

उस दिन भी दुख हुआ था; आज भी दुख हो रहा है। जैनेन्द्रजी की वह स्थिति भूल नहीं सकता।

दूसरी बार, पटना में नलिनजी के डेरे पर अनायास दर्शन प्राप्त हुआ। बहुत देर तक सुनता रहा। 'जयवर्धन' तुरत प्रकाशित हुआ था। दासानुदास का दोषी मन बार-बार जैनेन्द्रजी की चरण-धूलि लेकर अपना पाप-क्षय करना चाहता था।...शमशेर फौलादी है, पर देखो कितना झुक जाने को तैयार है! उसी रात नलिनजी की 'पुस्तक समीक्षा' प्रसारित हुई, स्थानीय केन्द्र से। सुनकर लगा मेरा सारा दोष कट गया है। विज्ञान-भवन के उस कोलाहल में मेरी भी अस्फुट बोली का योगदान निश्चय ही रहा होगा।

जब-जब शमशेर की कविता पढ़ता हूँ, जुलैका की याद आती है।

पिछले माह शमशेर ने कवि पन्त पर एक लेख लिखा है! आपने पढ़ा है?

मैं भी शमशेर-जैसा बनना चाहता हूँ। लेकिन, प्यार मुझे कुचल डालता है, हर बार! इसमें जैनेन्द्र का क्या दोष?

'शायद यह (रेखाचित्र) धृष्टता हो। मैं मोह-मुक्त नहीं हूँ। इस दुनिया का कुछ चाहना पाप है। पर चाह से एकदम छुट्टी कहाँ! और जो लक्ष्य के अनुगत है, वह चाह कर्त्तव्य भी हो जाती है। सो जो हो, यह (रेखाचित्र) सामने आने देने का साहस मुझसे बन रहा है।'

उपर्युक्त वक्तव्य जैनेन्द्रजी का है। इसमें 'पुस्तक' की जगह कोष्ठक में 'रेखाचित्र' भरकर मैंने इसे अपनी कैफ़ीयत बना लिया है।

[नई कहानियाँ/अगस्त, 1960]

उग्र

सितम्बर, 1954 ! हिमालय होटल, काठमाण्डू, नेपाल ! उस रात को हठात् डायरी लिखने की प्रेरणा मिली। किन्तु, आधी पंक्ति···उपर्युक्त पंक्ति के बाद और कुछ नहीं लिख सका था। आज, यानी अगस्त 1960 में, उस रात की अधूरी डायरी को पूरा करने की इच्छा होती है; क्योंकि, देर से ही सही, लिखने का अवसर मिला है। अतः डायरी लिख रहा हूँ।

12 सितम्बर, 1954 !

जिस काम के लिए आया था, वह नहीं हुआ। नहीं हुआ, नहीं हुआ। सुबह नेपाल के प्रसिद्ध कवि, कथाकार, नाटककार व चित्रकार, श्री बालकृष्ण 'सम' के घर पर चाय पी। कल रात 'माँ' ('सम'-लिखित नाटक) देखा, सिंह दरबार के नाट्य-भवन में। आज उनके नये चित्रों को देखा।···'सम' धीरे-धीरे ट्रेडिशन से अलग हो रहे हैं, लीक छोड़ रहे हैं। उनकी कनिष्ठा कन्या ज्वाला द्वारा अंकित 'स्टिल लाइफ' को देखकर, बहुत देर तक विस्मय-विमूढ़ रहा। अद्भुत है यह परिवार — पिता, पुत्र, पुत्रियाँ, — सभी कलाकार ! कलाकार-परिवार— सरस्वती निवास···ज्ञानेश्वर···काठमाण्डू ! शाम को हुण्डीखेल मैदान में बैठा रहा। कहीं नहीं गया। नेपाल की राजधानी का यह विशाल पैरेड-ग्राउण्ड। काठमाण्डू की यह प्रमुख सड़क···राजपथ···जुद्ध-सड़क।···जुद्ध, शमशेर, जंग-बहादुर राणा के नाम पर। यह होटल, हिमालय होटल, जुद्ध-सड़क पर ही है।

शाम को लौटकर, सीढ़ी से ऊपर चढ़ते समय देखा, कविवर भवानी भिक्षु सिगरेट सुलगाकर रेस्तराँ से निकल रहे हैं। ऊपर पहुँचते ही मानबहादुर ने बताया, "थुपरे माँछे···" यानी बहुत सारे लोग मुझसे मिलने आये हैं। वे नीचे रेस्तराँ में बैठे हैं। कहिए तो बुला लाऊँ उन्हें।"

मैंने कहा, "पहले मेरा कमरा खोलो।"

मानबहादुर कमरा खोलकर नीचे चला गया।

आध दर्जन नौजवान ऊपर आये।

मेरा भय दूर हुआ, एक भी राजनीतिक व्यक्ति नहीं। सभी साहित्यिक हैं, साहित्य-प्रेमी—लेखक—कवि-पाठक! उन्होंने बताया, भिक्षुजी बहुत देर तक प्रतीक्षा करके चले गये···एक परिचित-से सज्जन नहीं, परिचित ही निकले और साहित्यिक गप्प शुरू हुई।

बहुत देर तक 'सुन्दरी जल' (नेपाल का प्रसिद्ध रम्य स्थान) और 'गुण-केसरी' (नेपाल का प्रसिद्ध फूल) पर रचित कविताओं पर बातें हुईं। सैकड़ों कविताएँ लिखी जा चुकी हैं। कथा-साहित्य की जब चर्चा शुरू हुई तो सबसे पीछे चुप बैठे हुए मित्र ने पूछा, 'आजकल उग्रजी कहाँ हैं? क्या लिख रहे हैं?"

मैं चुप रहा। चुप इसलिए रहा कि इन प्रश्नों के जवाब मुझे मालूम नहीं। ···कहाँ हैं उग्रजी आजकल? हैं या नहीं कहीं? पता नहीं।

उसी समय मानबहादुर चाय ले आया।

उग्रजी के बारे में पूछनेवाले मित्र ने अपनी भाषा में ही अपने आसपास बैठे हुए बन्धु से कहा, "गजब को लेखक हो यो उग्र! ···मतवाला, लापरवाह ···त्यस्को शैली लाई उग्र-शैली भदंछन! जस्ता नाम त्यस्ता गुण! उग्र!"

फिर उसी ने मुझे सूचना दी कि उग्र का 'चाकलेट' फिर प्रकाशित हुआ है। भूमिका की कुछ पंक्तियाँ भी उसने दोहरायीं, "सौदा नहीं, जुनूँ नहीं ··पढ़ें, समाज के बड़े-बूढ़े, पढ़ें पढ़ें···बस, मैं कह चुका!"

मानबहादुर चाय की प्यालियाँ बटोरने आया तो वे आपस में कुछ फुसफुसाकर हँस पड़े। पूछने पर, मेरे पूर्वपरिचित मित्र ने बताया कि कुछ ही दिन पहले, इसी होटल में, सम्भवतः इसी ब्वाय (मानबहादुर) के साथ···चाकलेटपन्थी घटना घटते-घटते रह गयी। उधर के ही (भारत के) व्यापारी सज्जन थे, काठ के व्यापारी। होटल के मालिक ने मोटी सलामी लेकर मामला 'रफा-दफा' कर दिया।

उधर के ही सज्जन? ···लाज के मारे मैं कठा गया।

कृष्णभक्त उपाध्याय! उग्रजी के बारे में पूछनेवाला नेपाली नौजवान, कृष्णभक्त उपाध्याय, पूर्वी अंचल के पहाड़ का, धनकुट्टा पहाड़ का निवासी है। नेपाल का हिल-स्टेशन—धनकुट्टा, डाक-तार तथा यातायात की सुविधाओं से बहुत दूर। यह नौजवान हिन्दी पुस्तकों का पारसल छुड़ाने के लिए हजारों फुट नीचे उतरकर, पचास माइल समतल तराई पारकर जोगबनी (भारत) जाता है। नवीनतम पुस्तकों का ऑर्डर देता है और पारसल आने तक जोगबनी में रह जाता है। हिन्दी-साहित्य की आधुनिकतम प्रवृत्तियों से परिचित है। प्रयोगवादी कविता और नकेन के बारे में प्रश्न पूछता है।···उग्रजी के बारे में इस तरह पूछ रहा था, मानो कोई अपने निकट के सम्बन्धी के सम्बन्ध में हुलसकर कुशल-क्षेम पूछ रहा है।···और मैं, हिन्दी का एक टुटपुँजिया लेखक, मुझे यह भी पता नहीं कि उग्रजी जीवित हैं या···!

नेपाली मित्रों के जाने के बाद बार-बार यह प्रतिध्वनित हुआ मन में—उधर

के ही सज्जन ! अर्थात् यह रोग भारत के द्वारा नेपाल···

भूख नहीं। जो थी सो भी खत्म हो गयी। मानबहादुर से कह दिया—'नहीं खाऊँगा।' रोशनी बुझाकर सो गया हूँ। लेकिन, नींद नहीं आ रही है।···मतवाला ··उग्र··· निराला···चन्द हसीनों के खतूत···बुधवा की बेटी···चौड़ा हुरा··· सुधारक का वह डॉक्टर···माँ को चुनरी की साध···उग्र-लिखित···उग्र-शैली, ···उग्र-प्रणाली !

मैं बार-बार एक स्मृति को मिटा देता हूँ मानस-पट पर से। लेकिन यह हर बार उभरकर सामने आती है।···स्कूल के हेडमास्टर साहब का दफ्तर—सर ! बहुत खराब बात, गन्दी बात कहता है।···क्या कहता है ?···चाकलेट कहता है। चाकलेट माने ? नहीं। मैं इस स्मृति को मिटा नहीं पाता हूँ।···कुमार ने आत्महत्या की। एक पुर्जे पर लिख गया, 'मैं एक लड़का, एक पुरुष बनकर जीना चाहता था, लेकिन मेरे गुरुओं ने···'

तोप दग गयी। इसके बाद शहर में निकलना मना है। चाकलेट की गन्ध भी मुझे लग जाये, तो सर-दर्द होने लगता है। चाकलेट, आइसक्रीम या हॉट-ड्रिंक पी लूँ, तो भेद-वमन शुरू हो जाये। जीवन में कभी एक पैसे का चाकलेट नहीं खरीदा।···लेकिन, क्यों ? क्यों ? स्वयम्भू के किण्डोल-बिहार का घण्टा इस आधी रात में क्यों घनघना उठा ?···मुझे उग्र-लिखित 'घण्टा' की याद आयी।

मतवाला-युग की दो अमर देन—निराला और उग्र। चिरस्मरणीय।··· झपकियाँ लेते हुए देखा, शहर बनारस की जमालो बुढ़िया, जिसके पास चीनी तलवार-सा चौड़ा, लम्बा छुरा है, जिससे वह साग-भाजी काटा करती है।··· पुलिस पलटन के अफसरों ने टार्च के प्रकाश में बूढ़ी जमालो को एक चौड़ा छुरा चूमते देखा।···सुधारक का यह डॉक्टर सरपट दौड़कर विधवा के दरवाजे पर जाता है। सोलहों श्रृंगार किये युवती विधवा एक दरी पर, दीवार से सटी, आँखें बन्द किये बैठी है—माफ़ करना सुन्दरी···ठुड्डी छूकर डॉक्टर बोलते-बोलते चौंका—विधवा ठण्डी थी। आत्महत्या ! काँपकर डॉक्टर गजों पीछे हट गया। क्षण-भर किंकर्तव्यविमूढ़ रहने के बाद वह भागा उस सूने घर से बाहर।···मगर गली में आकर डॉक्टर रुका। कुछ सोचकर पुनः विधवा के शव के पास आया और सारे गहने चोरों की तरह चुनकर चलता बना।···इस कहानी की अन्तिम पंक्ति के कारण ही मैं, (और मेरे कुछ मित्र) इस कहानी को सर्वश्रेष्ठ कहानियों में से एक समझता हूँ।···माँ की चुनरी की साध···आठ वर्ष की बेचारी तुलसी की साध ?—मैं कल ही अपनी बेटी के लिए लाल मखमली नेपाली चप्पल खरीद लूँगा। बाद में पैसा रहे या नहीं, कौन जाने !

क्यूरियो के ऊपर रहनेवाले गृहस्थ का कुत्ता भूँकने लगा। मुझे अपने कुत्ते की याद आयी, फिर राबर्ट की—उग्र-लिखित असली कुत्ते की भी याद आ रही है।

न जाने कब की पढ़ी हुई एक घटना, सम्भवतः शराबी की—उग्र-लिखित शराबी की—घटना ! कहार वर और वधू से भरी पालकी उठाकर अपनी

'बानी' बोलते हुए आगे बढ़े। पालकी उठते ही हीरा के पति (वर) के मन में स्त्री का मुँह देखने की बात जगी।···कहारों के कन्धों पर हल्का-सा धक्का लगा। उन्होंने अपनी बोली में कहा, 'राम दुहाई ऊँचा रे, सँभले भाई, खाला रे!' उनकी बानी ने हीरा के पति को सावधान कर दिया।···फिर कहारों को धक्का-सा लगा। उन्होंने आवाज दी, "हिल मत भैया ऊँचा रे!' मैं अपनी हँसी को रोक नहीं सका। खिलखिलाकर हँस पड़ा। बगल के कमरे में मानबहादुर सोया था। उठकर आता है और खिड़की से झाँककर देख जाता है, बौलाहा तो नहीं हो गया हूँ मैं? अर्थात् अचानक पागल तो नहीं हो गया हूँ?···

उग्र के सम्बन्ध में हजार तरह की बातें सुन चुका था। उग्र की कहानियों से प्रभावित हुआ हूँ, उग्र की शैली का प्रभाव, प्रत्यक्ष या अप्रत्यक्ष रूप से, पूरी एक पीढ़ी पर पड़ा है।···

नहीं, मुझे नींद नहीं आएगी। अब कोई क्या सोयेगा?

सामने की पहाड़ियों की ओर से सूरज इस हरी-भरी सुन्दर घाटी को झाँक रहा है।···आज पशुपतिनाथ की ओर जाऊँगा। मानबहादुर भी जायेगा।

मानबहादुर को देखकर मैं इतना लज्जित क्यों हो जाता हूँ? क्या उग्रजी कभी कम उग्र हो सकते हैं?

डायरी समाप्त!

'चाकलेट' पढ़ चुका हूँ। मैं कितने बड़े भ्रम में था कि उग्रजी को···आस्कर वाइल्ड समझता था! उग्रजी के दर्शन से दासानुदास अब तक वंचित है। लेकिन, अब कोई पूछे तो सही-सही बता सकता हूँ कि उग्रजी कहाँ हैं और क्या कर रहे हैं। और यह तो हलफ़ उठाकर कहा जा सकता है कि उग्रजी सम्पूर्ण-रूपेण जीवित हैं। यह आग शीघ्र ही बुझ जानेवाली नहीं!

अप्रिय सत्यवक्ता उग्र के हाथ में आज भी उसकी पुरानी लेखिनी है, यह हमारे लिए, हिन्दी के लिए कम सौभाग्य की बात नहीं। यों, इधर यह कहने की प्रथा हो गयी है कि सभी पुराने लेखक कुण्ठित हो गये हैं। जो हूँ सो मैं हूँ। पता नहीं, लेखक पुराना होने पर कुण्ठित कैसे हो जाता है! लेकिन, मैं जो हूँ सो, इन्हीं लोगों के पोथी-पत्तर पढ़कर हुआ हूँ। निष्ठा-भक्ति में कमी हुई कि पथराया!

[नई कहानियाँ/सितम्बर, 1960]

काम

उनको पहली बार देखकर बिना किसी से पूछे ही मैंने समझ लिया था—आप निश्चय ही बिहार के उस प्रसिद्ध 'राजघराना' के सदस्य हैं, जो जमींदारी प्रथा समाप्त होने के पहले एक 'राजनैतिक घराना' में तब्दील हो चुका है। अतः उनको देखते ही मेरी आँखों के सामने राजा की पार्टी का झण्डा लगता; कानों के पास उस पार्टी के नारे और वक्तव्य आदि गूँजने लगते।...तीन-चार साल तक ऐसा ही होता रहा।

स्पष्ट याद है : सबसे पहले उनको पटना के प्रसिद्ध जेनरल स्टोर जे. जी. कार एण्ड कम्पनी में देखा था। 'मैला आँचल' लिखने के पहले—राजनीति और पार्टी से मुक्त होकर—नेपाली कांग्रेस के लिए हिन्दी और नेपाली में 'नया कदम' साप्ताहिक पत्र निकाल रहा था। और, पटना की भयानक गर्मी के दिनों, नेपाली राजनीति पर लिखने-लिखाने के लिए रोज़ कम-से-कम पाँच बोतल 'बेक्स बीयर' खरीदने की जरूरत होती। अपने नेपाली मित्रों के साथ मैं अक्सर जे. जी. कार में जाया करता था। इसलिए 'कार कम्पनी' वाले मुझे नेपाली समझते थे। पहुँचते ही उसके सेल्समैन किसी विदेशी सिगरेट या इम्पोर्टेड सिगार या शराब के 'एराइवल' की सूचना देते। काउण्टर पर शृंगार तथा शौक की सामग्रियाँ बिखेरकर दिखलाने लगते।...ऐसे ही क्षण में एक दिन मनोहारी सुगन्ध में बसे रूमाल से उन्नत ललाट का पसीना पोंछते, महीन खादी की धोती और सिल्क का कुर्त्ता परिहित। तगड़ा शरीर और रोबीली मूँछोंवाले एक व्यक्ति ने प्रवेश किया। उनके आते ही सेल्समैन से लेकर मैनेजर तक हृदय से प्रसन्न हो गये। फिर, किताब-मैगेजिन के काउण्टर से शुरू करके, यार्डले पर्फ्यूम्स, फियाँ की डबल रोटी (ब्रान ब्रेड) अस्ट्रेलियन क्राफ्ट चीज़, मक्खन, कलम और-कलमदान वगैरह—टोकरी-भर चीजें दस-पन्द्रह मिनट में ही चटपट खरीदकर चले गये।

कई दिनों के बाद, 'प्रिन्स होटल' में देखा। उनके पहुँचते ही बेयरा से लेकर मालिक तारक बाबू तक प्रसन्न, चंचल और तत्पर हो उठे। और, यहाँ भी—

दस-ग्यारह व्यक्तियों के लिए शानदार 'डिनर' के प्रमुख और विशेष 'आइटेम' लिखवाकर, एडवान्स देकर, तीन-चार किस्म की छेने और खोये की मिठाइयों की हाँड़ी और पैकेट बँधवाकर और दो प्लेट फिश-फ्राई चखकर, मुँह पोंछते हुए वे दस-पन्द्रह मिनट में ही चले गये। नहीं, चले नहीं गये; लौटकर एक 'आइटेम' और भी लिखवा गये—'तारक बाबू! अरे, पापड़ भी लिख लीजिए।···खाना अंग्रेजी ढंग का हो या बंगला किस्म का—पापड़ एकदम आवश्यक···तुरत डकार करवा देता है!!'

तीसरी दफा—बाँकीपुर जंकशन स्टेशन के 'केलनर' में। आधे-दर्जन से अधिक व्यक्तियों के साथ हड़बड़ाते हुए पहुँचे। उनसे आर्डर लेकर तुरत तामील करने के लिए बेयरा बेचैन हो गया—टोस्ट भी,···केक भी···अरे, सैण्डविचेज़ दे सकोगे?···और पोच? चार पौट चाय! गाड़ी खुलने में दस-पन्द्रह मिनट की ही देर है।

और, यहाँ भी सब-कुछ दस-पन्द्रह मिनट में सम्पन्न करके तुरत ही खुलने-वाली किसी गाड़ी के कम्पार्टमेण्ट की ओर लपकते चले गये।

मैंने इस दर्म्यान कभी भी किसी से उनका परिचय नहीं जानना चाहा। इसकी जरूरत नहीं समझी। क्योंकि मैं अपने जानते उनका परिचय पा चुका था। कहना नहीं होगा कि उनको हर बार देखकर, थोड़ी देर के लिए, बिहार की राज-नैतिक सरगर्मी की नयी खबरें, वक्तव्य और भाषण के स्वर गूँजने लगते थे।

नेपाली कांग्रेस के साप्ताहिक पत्र का प्रकाशन बन्द हुआ और राजनीति से इस आखिरी सम्बन्ध को भी तोड़कर 'मैला आँचल' लिखना शुरू किया। लेखन के साथ प्रकाशन की व्यवस्था में व्यस्त रहा किन्तु, इस बीच—दो-ढाई वर्षों तक—कार कम्पनी, प्रिन्स या पिण्टू होटल, ह्वीलर बुक स्टॉल, खादी इम्पोरियम वैगरह के सिवा किसी साहित्यिक समारोह में उनको कभी नहीं देखा। असल में, उन दिनों पटना की किसी साहित्यिक गोष्ठी, सभा या सम्मेलन से मेरा परिचय और सम्बन्ध दूर का भी नहीं था।

'मैला आँचल' के प्रकाशन के एक साल बाद—'परती : परिकथा' लिखने के लिए पटना छोड़कर इलाहाबाद चला गया। साल-भर तक किताब की लिखाई और छपाई होती रही। राजकमल प्रकाशन के तत्कालीन डायरेक्टर श्री ओंप्रकाश ने 'परती : परिकथा' का प्रकाशन-समारोह पहले दिल्ली और फिर पटना में अभूतपूर्व रीति से करने का निश्चय कर लिया था। उस दिन दिल्ली के सभी प्रमुख हिन्दी-अंग्रेजी पत्रों के प्रथम पृष्ठ पर, दाहिनी ओर 'बॉक्स' में एक विशेष विज्ञापन प्रकाशित करवाया गया था—"आज प्रातः दस बजे से बारह बजे तक राजकमल प्रकाशन, फैज बाजार की दुकान में पुस्तक 'परती : परिकथा' खरीदने-वाले को लेखक से साक्षात्कार, परिचय और पुस्तक पर उनके हस्ताक्षर पाने का अवसर···।'

शाम को एक प्रसिद्ध होटल के पूरे 'विंग' में दिल्ली के प्रायः सभी प्रमुख

साहित्यकार चाय-पान के लिए एकत्र हुए थे। बैण्ड बजे थे। भाषण हुए थे और शिवदानसिंह चौहान ने पुस्तक के सम्बन्ध में एक लम्बा निबन्ध-पाठ किया था।

दिल्ली में यह सब सम्मानपूर्वक सम्पन्न हो गया। किन्तु, पटना के लिए जब तारीख तय होने लगी तो मैंने ओंप्रकाशजी से हार्दिक अनुरोध तथा अनुनय किया था—'दिल्ली में प्रकाशन-समारोह हो गया। अब फिर क्या ?···इलाहाबाद की तरह पटना को भी छोड़ दीजिए, कृपाकर।···अब छोड़िए न !' लेकिन ओंप्रकाशजी ने एक बार जब कुछ तय कर लिया तो छोड़ देने की बात सुनता कौन है ?

'मैला आँचल' की प्रसिद्धि के साथ ही, स्वभावतः पटना की साहित्यिक राजनीति में थोड़ी सरगर्मी आ गयी थी। पुस्तक के प्रशंसकों से अधिक मेरे व्यक्तित्व के विरुद्ध प्रचार करनेवालों के स्वर मुखर थे। तो, 'तामझाम' के साथ प्रकाशन-समारोह करके वैसे मित्रों की क्रोधाग्नि अथवा ईर्ष्यानिल को और भड़काना मैं उचित नहीं समझता था। किन्तु, ओंप्रकाशजी ने इसी कारण से इसको सर्वथा उचित और वाजिब कर्तव्य समझकर पटना में भी वही सब किया। यहाँ भी प्रमुख पत्रों के मुखपृष्ठ पर विशेष विज्ञापन प्रकाशित करवाये गये। मैं सुबह नौ बजे ही तैयार होकर राजकमल प्रकाशन की पटना शाखा में जा बैठा। हाँ, बैठने के पहले ओंप्रकाशजी से कह दिया था—'आप चिराग तले रोशनी देखने की उम्मीद बेकार कर रहे हैं। यह दिल्ली नहीं। यहाँ एक भी वैसा ग्राहक नहीं आयेगा। बल्कि कोई आना भी चाहेगा तो उसको पटना कॉलेज अथवा साइन्स कालेज के पास रोक दिया जायेगा। सम्भवतः पोस्टर भी चिपकाये गये हों, पर्चे भी वितरित हुए हों।'

हम दुकान पर बैठे ऐसी ही बातें कर रहे थे कि सामने एक जीप आकर रुकी और उससे उतरकर दुकान की ओर आने लगे—मेरे अनुमान के अनुसार—'राजा पार्टी' के वही···। मेरा दिल धड़का। 'परती : परिकथा' में राजा पार्टी और उसके एकमात्र नेता की थोड़ी परोक्ष चर्चा है ! सम्भवतः विरोध करनेवाली प्रतिभाओं ने कुछ उल्टा-सीधा समझा दिया है, इनको। निश्चय ही यह दुकान में आकर कड़कती आवाज में पूछेंगे—'कहाँ है वह लेखक ? कौन है वह लेखक ?' मैं ओंप्रकाशजी से सिर्फ इतना ही कह सका—'राजा कामाख्या नारायण···।'

"प्रणाम-प्रणाम !"—दुकान में प्रवेश करने से पहले ही फुटपाथ पर से ही—उन्होंने हँसकर सभी को एक सार्वजनिक अभिवादन किया। दुकान में आकर बोले, "शायद, मैं पहला ग्राहक नहीं हो सका। चला तो था मैं सुबह नौ बजे ही। लेकिन, अब क्या बतावें···क्या ? अब तक कोई ग्राहक नहीं आया ?···तब, लाइए—एक प्रति तुरन्त। पहले हस्ताक्षरवाला काम···।"

तब तक दुकान के सामने एक गाड़ी और कई रिक्शा आकर रुकीं। वे उतावले हो गये, "लाइए भाई !"—ओंप्रकाशजी ने रजिस्टर पर नाम लिखने के लिए पूछा, "आपका शुभ नाम ?"

"ओ ! रजिस्टर भी 'मेनटेन' कर रहे हैं।···नाम लिखा जाय—कानता

प्रसाद सिंह 'काम'···।"

मेरे मुँह से एक हल्की-सी चीख जैसी आवाज निकली, "आँ···य ?"

उन्होंने मेरे खुले हुए मुँह की ओर देखते हुए पूछा, "क्यों ? क्या हुआ ?"

मैं कुर्सी छोड़कर खड़ा हो गया और दोनों हाथों से उनकी हथेली पकड़कर हकलाते हुए बोला, "कामजी ! मैं आपका पाठक और प्रशंसक रेणु। आपके यात्रा-विवरण, रेखा-चित्र और रेडियो टॉक को पढ़-सुनकर, न जाने कब आपकी शैली का भक्त ··लेकिन-लेकिन क्या बताऊँ···पिछले तीन-चार साल से मैं आपको देखता रहा हूँ और आपको ··राजा पार्टी का राजा समझता रहा हूँ। ··· पता नहीं क्यों ··मैं क्या बताऊँ···। अभी मैं आपको गाड़ी से उतरते देखकर आपका वही परिचय ओंप्रकाशजी से भी दे रहा था···पूछिए न···ओ हो ! तो आप कामजी हैं !"

कामता बाबू अचरज भरी हँसी हँसते हुए बोले, "और···मैं भी पूरे दो-ढाई साल तक भारी गलत-फहमी में था। बिहार राष्ट्रभाषा परिषद् का पुरस्कार आपको जब मिला और आपकी तस्वीर छपी तो समझा था कि आप रेणुजी हैं ! ···वरना, मैं आपको नेपाल के किसी विद्रोही राणा परिवार का कोई 'जंगबहादुर शमशेर' नौजवान समझ रहा था—हा हा-हा-हा-हा···।"

इसके बाद दुकान में एक सम्मिलित ठहाका लगा, जिसे सुनकर फुटपाथ पर चलनेवाले अचानक रुक गये।

ओंप्रकाशजी से परिचित होने के बाद कामजी, उनके प्रकाशन-वितरण—छपाई-सफाई और सूझ-बूझ की प्रशंसा करते हुए बोले, "आप मेरी हार्दिक शुभ-कामनाएँ स्वीकार करें।···विदेशों में तो यह सब खूब होता है। लेकिन, अपने यहाँ—खासकर हिन्दी में—प्रकाशन-समारोह और उस दिन लेखक से परिचय और हस्ताक्षर पाने का सुअवसर···! वाह भाई, लेखक और पाठक का एक ही साथ सम्मान आपने ही पहली बार किया है। भगवान आपको सफलता दें···वाह ! !"

'परती : परिकथा' की एक प्रति हाथ में लेकर 'सादर भेंट' के लिए उपयुक्त शब्द ढूँढ रहा था कि कामजी ने ताड़ लिया। बोले, "रेणुजी ! जरा सुना जाये। मैं यहाँ किताब खरीदने के लिए आया हूँ और ग्राहक की हैसियत से आपका हस्ताक्षर प्राप्त करने आया हूँ।—भेंटवाली प्रति आप मुझे बाद में कभी दे दीजियेगा।—कृपया प्रथम ग्राहक होने के सौभाग्य से मुझे वंचित न करें।"

किताब की खरीददारी के बाद स्वल्पाहार और चाय का आयोजन देखकर कामजी ने हँसते हुए कहा, "विज्ञापन में लेकिन चाय की बात नहीं छपी थी।"

इसके बाद फिर ठहाका, जिसे सुनकर फिर फुटपाथ पर आते-जाते लोग हठात् एक क्षण के लिए रुक गये।

इसी बीच कई ग्राहक आये। कामता बाबू चाय पीते हुए कई ग्राहकों से परिचय पूछते, बातें करते, हिन्दी की किताबें खरीदकर पढ़ने के लिए बधाई देते। और साथ ही यह कहना नहीं भूलते—'लेकिन, प्रथम ग्राहक मैं हूँ—देखिए !'

करीब एक घण्टा तक बातें करते रहे। इस बीच डॉ. नर्मदेश्वर प्रसाद तथा गोपीकृष्णजी आये। सभी से कामता बाबू ने कहा, "रेणुजी मुझे राजा पार्टी का समझते थे और मैं उनको नेपाली के किसी राणा परिवार का—हा-हा-हा—लेकिन, एक अचरज की बात यह है कि आप लोग सभी हम दोनों के 'कॉमन फ्रेण्ड' रहे और इसके बावजूद ऐसी गलतफहमी ? —देखिए न, हम दोनों एक-दूसरे की रचना से परिचित ही नहीं, प्रशंसक भी थे।"

गोपीजी ने कहा, "आपने तो 'जनता' या केसरीजी द्वारा संकलित 'प्रतिनिधि कहानियों' में 'डायन कोसी' अथवा—।"

"अरे नहीं गोपी बाबू ! मैं 1946-47 से ही कलकत्ता से प्रकाशित होनेवाले साप्ताहिक पत्र 'विश्वमित्र' में इनकी कहानियाँ पढ़कर मुग्ध होता रहा हूँ ।—वट बाबा, पार्टी का भूत, पहलवान की ढोलक—मुझे कहानियों के शीर्षक भी याद हैं।" कामता बाबू ने मुझे फिर अचरज में डाल दिया।—अपनी उन कहानियों के पात्रों के नाम तक मैं भूल चुका और उनको सब याद हैं !

थोड़ी देर के बाद उन्होंने उठते हुए कहा, "अब आज्ञा माँगने के पहले एक निवेदन ! ··हाँ-हाँ, आज शाम को 'टी-पार्टी' में मैं अवश्य आऊँगा—सिन्हा लाइब्रेरी हॉल में ही न ! निमन्त्रण मुझे मिल चुका है।—निवेदन है कि कल आप लोग दोपहर का भोजन मेरे साथ करें ! —जी, होटल में नहीं। मेरे फ्लैट में—आर. ब्लॉक के फ्लैट नम्बर।···"

उनके जाने के बाद हम लोग उनकी साहित्यिक और राजनीतिक गति-विधियों की चर्चा करते रहे। वहाँ कई तथाकथित वामपन्थी लेखक भी उपस्थित थे। उन्होंने वर्ग-चेतना की बात छेड़ दी। मुझे याद है, मैंने कहा था—'भाई ! रूस और चीन और दुनिया-जहान के लेखकों की बात मैं नहीं जानता। बिहार के हिन्दी लेखकों में बेनीपुरी और राजा राधिकारमण के बाद यह तीसरा लेखक है—जिसकी अपनी शैली है। रही वर्ग-चेतना की बात। अगर आपने कामता बाबू की रचनाएँ पढ़ी होतीं तो, निश्चय ही ऐसी बात नहीं करते।'

उस दिन दोपहर को इलाहाबाद से कमलेश्वर भी आ गये थे। शाम की पार्टी में कामजी ने मेरे पास आकर धीरे से कहा, "सुना कि 'राजा निरबंसिया' के लेखक कमलेश्वरजी भी आये हुए हैं ?···मेरा तो उनसे परिचय नहीं। कल दोपहर को ···उनको भी भोजन पर बुलाना···।"

मैंने कमलेश्वर और कामता बाबू को एक-दूसरे से परिचित करवाने का रस्म अदा कर दिया। बाकी काम कामता बाबू ने स्वयं कर लिया—'राजा निरबंसिया' की तारीफ से शुरू करके कल दोपहर को भोजन करने का आग्रह तथा सामिषभोजी हैं या शाकाहारी—इसकी जानकारी तक।

दूसरे दिन दोपहर को हम कामता बाबू के आर. ब्लॉक स्थित फ्लैट में पहुँचे। ओंप्रकाशजी सुबह की गाड़ी से इलाहाबाद लौट गये थे। उनके बदले में उनके भानजे श्री दिनेश (अब लोकभारती, इलाहाबाद से सम्बद्ध) हमारे साथ थे।

कामता बाबू के छोटे फ्लैट में हिन्दी और अंग्रेजी की किताबों से ठसाठस भरी हुई कई आलमारियाँ थीं। सभी पुस्तकों पर नम्बर चिपकाये हुए थे—अर्थात् बजाप्ता कैटलॉगिग करके—विषय के अनुसार किताबें रखी गयी थीं। कामता बाबू ने एक आलमारी से अंग्रेजी की कई किताबें निकालकर दिखलाते हुए कहा —'देखिए! इन पुस्तकों पर इनके लेखकों ने प्रकाशन के दिन हस्ताक्षर किये थे।···मैंने चारगुणा अधिक दाम देकर इन्हें प्राप्त किया।'

इसके बाद उन्होंने एक रजिस्टर-बुक निकालकर हमारी ओर बढ़ाया, 'इसमें कुछ अपने विचार अथवा जो जी में आये—लिख देने की कृपा करें—आप दोनों ही।'

[**कामता स्मृति ग्रन्थ/1968**]

त्रिलोचन

त्रिलोचन से जब पहली बार दशाश्वमेध घाट की सीढ़ियों पर उतरनेवाली सड़क पर मेरा परिचय करवाया गया तो, उन्होंने 'उलाहना' भरे स्वर में व्यंग्यमयी मुस्कुराहट के साथ कहा था—'खूब मच्छड़ कटवाया है 'बँसवड़िया' में आपने···।'

'मैला आँचल' की राजपूत-टोली के शिवशक्करसिंह के 'बेपानी' होने के प्रसंग में, उनकी यह उक्ति सुनकर उस समय मुझे लगा था, त्रिलोचनजी को किसी कारणवश 'मैला आँचल' पसन्द नहीं। होटल लौटकर, बहुत देर तक सोचता रहा था—सारे उपन्यास में बस वही 'स्थल' बँसवड़िया ही क्यों याद रहा त्रिलोचन को? बाँसों का झुरमुट, अन्धकार में जुगनुओं की चमक, साँपों की बाँबियों से आती हुई रीस-भरी फुफकार और सहस्रों मशकों का एक ही साथ शत-शत दंशन···?

दूसरे दिन किसी मित्र से जब यह सुना कि, त्रिलोचनजी 'मैला आँचल' के प्रशंसकों में से हैं तो फिर उस रात को बहुत देर तक बस यही सोचता रहा कि सारी किताब में त्रिलोचनजी को वही 'स्थल' और वही 'प्रसंग' क्यों याद रहा?

और, पहली मुलाकात-बात के समय से आज तक जब भी त्रिलोचन को देखता हूँ, क्षण-भर के लिए 'भरम-जाल' में पड़ जाता हूँ : अपने गाँव के समृद्ध कबीर-पन्थी मठ पर, बचपन में ही—कबीर चौरा काशीजी से आये हुए एक 'सद्यः यौवन' कबिराहा बाबाजी को देखा था—लँगोट बाँधकर 'आसन' करते और ढाई सेर धारोष्ण दूध (भैंस का) पीते। मठ के अधिकारी भण्डारी, साधु-वैरागी जिसके बारे में बातें करते—'विदियारथीजी मोती जैसन अक्षर में बीजक लिखलन है···ई विदियारथी तो बीजक के एक-एक गो 'साखी' और 'शबद' के ऐसन-ऐसन बिलच्छन आ 'अमनियाँअरथ' अपन—'तहियायेल भाखा' में समझावे हैं कि सार 'सुन्ननिहार-सब' के 'अथि' फट जाये···।'

याद है, धूनी के पास बैठकर विद्यार्थीजी कई गृहस्थ-सेवकों को कुछ समझा रहे थे। बातचीत की कई पंक्तियाँ, अपनी 'शाब्दिक-रहस्यमयता' तथा विलक्षणता

के साथ आज तक याद हैं—कि, 'एक अण्ड ओंकार ते सब जग भया पसार' और 'ओ ररा रमा की भाँति रूरी; सब सन्तउधारिन चूँदरी···।'

सो, त्रिलोचन को देखते ही मुझे पहले उसी बाबाजी—विद्यार्थीजी की याद आ जाया करती है और ये ही पंक्तियाँ अन्तर्मन में ध्वनित होती हैं—'एक अण्ड ओंकार ते सब जग भया पसार···।'

कभी त्रिलोचनजी को अपने साथ अपने गाँव ले चलूँ तो, मेरा विश्वास है कि, परिचय करवाने की आवश्यकता नहीं होगी। बड़े-बड़े गृहस्थ गृहों की 'भक्तिमय आत्माएँ' उनके पास आकर, अपने चेहरे से 'चुनरी' हटाकर, नैनों से नैना मिलाती 'कबिराहा अन्दाज' में दोनों हाथ जोड़कर, विगलित-सी होती हुई पुकार उठेंगी—'सा-हे-ब ! बन्दगी ! !'···त्रिलोचनजी निश्चय ही अचरज में पड़ जायेंगे। मज़ा आ जायेगा ! ! अथवा, यह भी हो सकता है कि, त्रिलोचन हमारे गाँव के हर 'सतरंगी' जीव को देखते ही नाम ले-लेकर पुकार उठें और हमें ही घोर अचरज में डाल दें।···अथवा, शाम के झुरपुटे में किसी पगडण्डी को पार करते समय, किसी 'बँसवड़िया' के घुप्प अन्धकार में डूबती हुई झाड़ी की ओर दिखलाकर पूछें—'क्यों, रेणुजी, यही वह जगह है न, जहाँ···?' (सोचता हूँ और अपने से ही पूछता हूँ कि आखिर···यार ! तुम ही उस जगह की चर्चा छिड़ते ही इस तरह सर्द क्यों हो जाते हो ? तुम्हारा चेहरा रक्तहीन क्यों हो जाता है ? त्रिलोचन ने तुम्हें पकड़ा है या शिवशंकर सिंह को गाँव के लड़कों ने ??)

कई बार चाहा कि, त्रिलोचन से पूछूँ—आप कभी पूर्णिया जिला की ओर किसी भी हैसियत से, किसी कबिराहा-मठ पर गये हैं ? किन्तु पूछकर इस 'भरम' को दूर करना नहीं चाहता। इसे पाले रहना चाहता हूँ। इसलिए, जब त्रिलोचन से मिलता हूँ, हाथ जोड़कर, मन-ही-मन कहता हूँ—सा-हे-ब ! बं-द-गी ! !'

कविता मेरे लिए समझने-बूझने या समझाने का विषय नहीं, जीने का विषय है। कवि नहीं हो सका, यह कसक सदा कलेजे को सालती रहेगी। और, अगर कहीं कवि हो जाता तो, त्रिलोचन नहीं हो पाने का मलाल जीवन-भर रहता। सम्भव है, तब त्रिलोचन के एक सॉनेट की 'पैरोडी' लिखकर सहस्रलोचन नाम से प्रकाशित करवाने की हिमाकत भी कर बैठता।·· और, मैं त्रिलोचन ही क्यों होना चाहता—पन्त, नरेन्द्र, सुमन, बच्चन, महादेवी, दिनकर, नलिनविलोचन अथवा रेणु क्यों नहीं ? यह सवाल मैं अपने-आपसे बार-बार पूछता रहता हूँ।

त्रिलोचन ने अपने बारे में अपने मुँह से अपने सॉनेट में जो कुछ भी कहा है, उसके अतिरिक्त 'और कुछ' जानने-सुनने की वासना मन में कभी नहीं जगी। और न कभी मन में लगनेवाली गुदगुदी को त्रिलोचन की ग़ज़लों को गुनगुनाकर सहलाया। ग़ज़ल, काज़ी नज़रुल की भी मुझे कभी नहीं रुची-जँची। त्रिलोचन के सॉनेट के लिए ही मैं उसे 'शबद योगी' कहता हूँ। उसके कुछ सॉनेट हद-अनहद की सीमा को लाँघकर—साखी, शबद, रमैनी की कोटि के हो गये हैं। त्रिलोचन ने बहुत कम लिखा है। अर्थात् बहुत अल्प 'उत्पादन' किया है। किन्तु, मेरे लिए

त्रिलोचन का 'होना' मात्र उसकी रचनाओं से 'अधिक' है। अतएव 'सुपर मार्केट डिपार्टमेण्ट स्टोर-संस्कृति' के बटखरों से त्रिलोचन को तोलने के लिए तुले हुए लघु-गुरु आलोचकों से कभी बहस नहीं करना चाहता। बात बहककर साम्प्रदायिक युद्ध और 'जाति-संघर्ष' तक पहुँच जा सकती है। (बिहार को ही जातिवाद के लिए नाहक बदनाम क्यों किया जाता रहा है ?) और, भारत धर्मनिरपेक्ष देश है और, इस 'सुरक्षा-चैतन्य-समाज' में स्वयं को सुरक्षित रखना ही जीवन का प्रथम 'प्रिन्सिपुल' है !

यह कहना तकियाकलाम हो गया है कि, किसी व्यक्ति का उसके जीवन-काल में, सही जायजा नहीं किया जा सकता। क्या मृत्यु के बाद भी किसी व्यक्ति के जीवन का सही लेखा-जोखा करना सहज और सम्भव है ? किसी व्यक्ति के जीवन् को, विभिन्न स्तरों पर, अलग-अलग दृष्टि से देखा-परखा जा सकता है। और इस तरह देखी हुई हर तस्वीर अपने आप में सही हो सकती है। किन्तु, एक स्तर अथवा दृष्टि से देखी हुई तस्वीर, दूसरे स्तर से देखी हुई 'छवि' से भिन्न ही नहीं—एक-दूसरे को 'कन्ट्राडिक्ट' भी करती है। ऐसी अवस्था में अन्ततः कोई भी तस्वीर सही नहीं मानी जा सकती। हम ऐसी ही 'अधूरी तस्वीरों' को 'मिथक' (कूटार्थ) अथवा लोकोक्ति और किंवदन्तियों से रँगकर, महिमामण्डित करके चला देते हैं। इसलिए हर पीढ़ी का यह कर्तव्य हो जाता है कि, वह ऐसे 'चालू सत्यों' का फिर से अन्वेषण करे, फिर से इतिहास को लिखे और पुरानी गलतियों को सुधारकर 'ज्ञान' की मशाल अगली पीढ़ी के हाथ में थमा दे।···इस प्रसंग में, एक उदाहरण दूँ—स्वर्गीय शिशिर भादुड़ी के स्वर में रवीन्द्रनाथ की कविता की आवृति सुनने के बाद, स्वयं कवि के स्वर में (ग्रामोफोन रेकार्ड) उनकी कविता सुनकर कितना दुख हुआ था, यह लिखकर नहीं बता सकता। उस विराट् व्यक्तित्व के कण्ठ से निकलनेवाली आवाज-यूथिका राय अथवा कमला झरिया की आवाज़ जैसी होगी, इसकी कल्पना मैंने स्वप्न में भी नहीं की थी। बाद में, बार-बार रेकार्ड बजाकर कविता के एक-एक शब्द को उच्चरित होते हुए सुनकर—कविता की पंखड़ियों को, धीरे-धीरे खुलते देखा था—सहज ढंग से। तब, शिशिर बाबू की आवृति 'मिथ्या-सी' लगने लगी थी। किन्तु शिशिर बाबू की ध्वनियों से निर्मित रवीन्द्र की तस्वीर सम्पूर्ण सत्य नहीं तो—एकदम झूठ भी नहीं।

त्रिलोचन के साथ मैंने कभी दो-ढाई घण्टे से ज्यादा नहीं बिताये हैं। लेकिन, मन को हमेशा ऐसा लगता है (?) कि, इस व्यक्ति के साथ वर्षों दिन-रात रह चुका हूँ। इसकी छोटी-से-छोटी और बड़ी-से-बड़ी, अच्छी-बुरी आदतों को, अच्छी तरह जानता हूँ।···

उस बार, शम्भुनाथ मिश्र के घर पर त्रिलोचनजी का चिमटा गड़ा था। सुबह, जिस समय पहुँचा—करीब दस बजे त्रिलोचन के 'प्रसाद' पाने का समय था। (कबिराहा बाबाजी लोग भात को 'प्रसाद', जलपान को 'बालभोग' और नमक को 'रामरस' कहते हैं और कबिराहा गृहस्थ प्याज को 'राम लड्डू' !)

ड्राइंग रूम में ही टेब्रुल के 'कवर' को हटाकर थाली लगा दी गयी।···हमारे परिवार में, बचपन से ही बड़ों के भोजन के समय पास बैठकर 'भोजन' देखने की आदत डलवायी जाती थी। पंखा झलते हुए, पंखे से मक्खी उड़ाते हुए अथवा गिलास का पानी बदलते हुए, हम बड़ों का भोजन देखा करते। परिवार के 'सन्त-मति' कर्ता का विश्वास था कि, इससे बालक परम 'सन्तोषी' होता है और भोजन करने का सही सलीका सीखता है।—'सन्तोषी' हुआ या नहीं, कह नहीं सकता। किन्तु लोगों को भोजन करने के इतनी तरह के तरीके ढंग और आदतों को देखकर मानवचरित्र की विचित्रताओं पर मुग्ध अवश्य हुआ हूँ। इसलिए, त्रिलोचन के भोजन के समय पहुँचना अच्छा ही हुआ। सोचा, अगर वे, भोजन काल में शरीर को एक 'आइलैण्ड' यानी 'द्वीप' समझनेवाले जीव हुए तो, मैं तब तक कुछ पढ़ने का बहाना करता हुआ—बैठा रहूँगा और, यदि वे, भोजन का रस लेते हुए प्रेमियों से 'रसभरी बतियाँ' करनेवाले हुए तो फिर क्या कहने ! पापड़ टूटने की कुड़कुड़ाहट ! चटनी अथवा अचार खाकर चटखारे लेते, और हरी मिर्च को दाँत से तनिक खोंटकर 'सित्कार'···करते बातें करेंगे तो, सब कुछ एक ही साथ देखने-सुनने का मौका मिल जायेगा। (आलू का 'चोखा' सानकर तैयार करना एक 'आर्ट' है और मुझे उसी दिन पता चल गया कि शम्भूनाथ के चौके-चूल्हे तक पर 'आर्टिस्टों' का कब्जा है।)

बहरहाल, खाते-खाते बातें होती रहीं और, उनके भोजन करने के ढंग से यह जानना बाकी नहीं रहा कि, त्रिलोचन का पेट 'बुफे' नामक किसी भोज में मेरी तरह, कभी नहीं भर सकेगा।···दूसरे देशों में क्या होता है, नहीं जानता। अपने देश के कई महानगरों के महाभोजों के इस बुफे (का व्युत्पत्ति ?) में शरीक होने के समय मुझे बार-बार एहसास हुआ है—'भारत में कितनी भूख है ?' झपट्टे मारते हुए चतुर चीलों (नर-मादा) से त्रिलोचन नहीं जीत सकेंगे। उन्हें कभी भी 'चिकन' का कोई बढ़िया 'पीस' नहीं मिल सकेगा ! मुर्गी की मांसल 'रान' कभी हासिल नहीं कर सकेंगे ! ! इसलिए—'अजी माल था ! तुष्ट हूँ यहाँ'—कहने का कोई सवाल ही नहीं उठेगा। 'पहले खाना मिला करे तो कठिन नहीं है बात बनाना।'

भोजन कर चुकने के बाद त्रिलोचन अन्य आगत सज्जनों से साहित्य-विषयक बातें करने लगे। हमारे एक भाषा-शास्त्री मित्र, अपनी पत्नी द्वारा लिखित व्यक्तिगत निबन्धों की सद्यःप्रकाशित पुस्तक ले आये थे। एक निबन्ध में 'कैक्टस' की चर्चा करते हुए—उसकी पुष्पहीनता पर तरस खाकर कुछ कहा गया था। मैंने कहा—'किन्तु, कैक्टस के भी फूल होते हैं। यानी फूलनेवाले कैक्टस भी होते हैं।'···मैं कहना चाहता था—उदाहरण सामने है। अर्थात् त्रिलोचन, फूलनेवाला कैक्टस। कहा नहीं, क्योंकि इसके कुछ क्षण पूर्व ही, मुझे उनके उस सॉनेट की पंक्तियाँ याद आयी थीं—जिसमें दशाश्वमेध घाट के 'चित्र-कल्प' हैं। सो मेरे लिए तो—

दशाश्वमेध घाट पर गंगा की धारा है
तट पर जल के ऊपर ऊँचे (भवन नहीं)
त्रिलोचन खड़े हैं···।

कबीर को पढ़ते समय मेरा मन 'भाई साधो' का हो जाता है। फारसी के कवि जलालुदीन रूमी का मैंने नाम सुना ही है। अर्थात् विद्वानों के लेखों में उद्धृत उनकी कुछ पंक्तियों के भावानुवाद को पढ़कर ही रोम-रोम बजने लगते हैं। बंगाल के प्रसिद्ध बाउल-गायक लालन फकीर के गीतों को सुनते समय 'देहातीत सुख' का परस-सा पाया है और त्रिलोचन के सॉनेट पढ़ते समय यह देह-यन्त्र 'रामुरा झिं झिं' वजने लगता है और तन्मय-मन को लगता है—

वाणी से सावन फूटा ऋतुओं सहित,
भक्ति की गाँठ कस गयी भींग-भींगकर,
आत्म-व्यंजना को जगा···।
(मैंने 'आत्म-व्यंजना' ही लिखा है न ?
'आत्म-वंचना' तो नहीं ?)
···साऽ हे-ब ! बं-द-गी !

त्रिलोचन (जी) को देखते ही हर बार मेरे मन के ब्लैक बोर्ड पर, एक 'अगणितक', असाहित्यिक तथा अवैज्ञानिक प्रश्न अपने-आप लिख जाता है : 'वह कौन-सी चीज़ है, जिसे त्रिलोचन में जोड़ देने पर वह शमशेर हो जाता है और घटा देने पर नागार्जुन···?'

[स्थापना/सितम्बर, 1670]

बात उन दिनों की है

बालकृष्ण 'सम'

पिछली बरसात में अचानक एक दिन काठमाण्डू जाने को तैयार हो गया। सुबह उठा और बग़ैर किसी को कुछ कहे एरोड्राम की ओर चल पड़ा।

पूरे दस महीने तक अस्पताल की चारपायी पर लेटे रहने के बाद छुटकारा मिला तो सारी दुनिया ही बीमार नज़र आयी। चारों ओर तरह-तरह के रोगियों के झुण्ड! कहीं जी नहीं लगता था। मुक्त नेपाल की राजधानी के नये रूप को देखने की लालसा लगी हुई थी। यों तो बचपन नेपाल में ही बीता और जवानी के बहुत-से रंगीन सपने नेपाल की तराइयों में ही मैंने देखे, किन्तु जिस दिन नये नेपाल का नया सवेरा हो रहा था, उस दिन मैं बड़ी बेचैनी से मौत का इन्तज़ार कर रहा था।···और जब पिछली बरसात में काठमाण्डू से राजनीतिक जिच की तरह-तरह की खबरें आने लगीं, तब मुझे ऐसा लगा कि अब फिर मुक्त नेपाल की धरती पर पैर नहीं रख पाऊँगा। चूँकि नेपाल की मुक्ति के लिए मैंने भी चन्द कतरे खून के दिये थे, हमारे सैकड़ों दोस्तों ने अपने सुनहले अरमानों को न्योछावर किया था और हमारे बहादुर मित्र शहीद कुलदीप ने अपनी प्राणांजलि दी थी; इसीलिए अपने सुनहले सपनों को साकार रूप में देखने को जी मचल पड़ा। क्योंकि मुझे भय था कि नेपाल की तकदीर फिर राणाशाही की मुट्ठी में बन्द होने जा रही है।

'यदि कश्मीर को झीलों का शहर कहते हैं, तो काठमाण्डु को 'दरबारों' का नगर कहना अच्छा होगा। पद-पद पर, गली-गली में, एक-न-एक 'दरबार' है; दरबार की ऊँची, चहारदीवारियाँ हैं।···जब तक ये दीवारें—भूतपूर्व राणा-प्रधानमन्त्रियों के वंशधरों की बनायी हुई दीवारें—नहीं टूटतीं, नया नेपाल नहीं बन सकता।'—हवाई अड्डे से निवास-स्थान पर पहुँचते-पहुँचते मैंने यही निष्कर्ष निकाला। टैक्सी में बैठे-बैठे ही मैंने नये नेपाल को देख लिया। कुछ देखना बाकी नहीं रह गया। असल नेपाल तो इन्हीं गलियों में और सड़कों पर है। 'दरबारों' की चहारदीवारी के अन्दर 'बाबू-साहबों' (राणाओं) का नेपाल है, 'युद्ध-सड़क' के

अमेरिकन और ब्रिटिश पुस्तकालय के इर्द-गिर्द चक्कर काटनेवाले युवकों का एक-दूसरा नेपाल है, विभिन्न राजनीतिक पार्टियों के नये और चमकीले झण्डों के लिए 'पॉलिटिकल थ्योरियाँ' रटनेवालों का नेपाल कोई और है तथा उस अर्द्धनग्न, चौदह वर्ष के बालक का नेपाल है जो उसके कन्धे पर तीन मन का भारी बोझ बनकर लटक रहा है ! उसका जन्म ही हुआ है 'नेपाल' के भारी बोझ को ढोने के लिए ! ···अपने निवास-स्थान पर पहुँचते-पहुँचते मैं फिर बीमार होने लगा। हवाई जहाज में 'एयरसिकनेस बैग' का प्रबन्ध है, पर मेरे इस 'नेपाल सिकनेस' का कोई प्रबन्ध नहीं होगा ?

हर मिलनेवाले से मैं कोई नयी बात सुनना चाहता था, लेकिन बीमार मुल्क का आदमी अपनी बातों से मुझे और बीमार बना रहा था। उस समय गन्दी राजनीति अपनी चरमसीमा पर पहुँची हुई थी; भारतीय राजनीति का संक्रामक रोग नेपाल के भी विशुद्ध रक्त को सड़ा रहा था। आखिर मेरे मेजबान ने मेरे मिचलाते हुए अस्वस्थ मन को ताड़ लिया। बोला, "ज्ञानेश्वर चलोगे ?"

"ज्ञानेश्वर ? किस पार्टी का नेता है ?" मेरी आवाज में झुँझलाहट साफ थी।

"भई, ज्ञानेश्वर कोई आदमी नहीं, जगह का नाम है, जहाँ बालकृष्ण 'सम' जी रहते हैं।"

"ज्ञानेश्वर ? बालकृष्ण 'सम' ? ···मैं चलूँगा !"—मैं बिछावन पर से उछलकर फर्श पर खड़ा हो गया।

बचपन से ही बालकृष्ण 'सम' के बारे में सुना था। नेपाल के प्रसिद्ध नाटककार, उपन्यास-लेखक तथा कवि 'प्रबल गोरखा दक्षिणबाहु मे. के. बालकृष्ण शमशेर जंगबहादुर राणा !' इतने बड़े नाम के कारण नहीं। उनकी 'केकयी' शीर्षक कहानी की टक्कर की कहानी मैंने आज तक नहीं पढ़ी। मेरे इस कथन पर अति-शयोक्ति का दोष लगाया जा सकता है, लेकिन बात मैंने सच कही है। जिनकी हर किताब के दर्जनों संस्करण कुछ महीनों में ही समाप्त हो जाते हैं। ···गाड़ी में बैठे-बैठे मैंने अनुभव किया कि मेरा जी हल्का हो रहा है। मिचली धीरे-धीरे खत्म हो रही है। नेपाल की गढ़ों-भरी सड़कों पर हिचकोले खाती हुई गाड़ी भागी जा रही है। 'दरबारों' की दीवारों को देखकर पूछता जाता हूँ, "यह कौन दरबार है ?"···यह 'वसन्त-दरबार'···अमुक जंगबहादुर राणा के पोते का,··· यह 'चन्द्र दरबार' अमुक सरकार का, यह 'सूर्य दरबार'···यह 'भीम दरबार'··· और यह है 'सरस्वती दरबार' ! गाड़ी का ब्रेक कसते हुए मेरे दोस्त ने हँसकर कहा।

"सरस्वती-दरबार ? ···मगर चहारदीवारी ?" मैंने अचरज से पूछा।

"गाड़ी से उतरो भी तो ! सरस्वती का दरबार चहारदीवारी में बन्द नहीं रहता !" उसने कहा।

"क्या हम बालकृष्णजी के घर के सामने हैं ?"

मेरे इस प्रश्न का जवाब दिया सामने के प्रवेश-द्वार की लिखी हुई इन पंक्तियों ने—'तुम्हारी राह कब से देखता हूँ !'

बँगले के प्रवेश-द्वार के स्तम्भों की जगह मानो दो विशाल पुस्तकों को खड़ा कर दिया गया है ! लोहे के फाटक को देखकर मुझे हल्के और खूबसूरत जापानी पंखे की याद आ गयी।

प्रवेश-द्वार के बाद ही 'सदाबहार' फुलवारी है, जो जी खोलकर खिली रहती है—बारहो मास। मेरी आँखों को पहली बार ठण्डक नसीब हुई !

फूलों की कुंजों में उलझी हुई दृष्टि जरा उठी तो सामने के द्वार पर अटक गयी। सफेद लकड़ी के किवाड़ों पर दो विशाल नेत्र अंकित थे। मेरे दोस्त ने कहा—'इसे ज्ञान-चक्षु कहते हैं।' दरवाजे के ऊपर हिन्दी 'अंकों' वाली घड़ी ने सरगम के सुर में सुबह के सात बजे का संगीत बजा दिया। घड़ी से ऊपर काले पत्थर पर कवि के उद्‌गार—

यो कर्मवास है नाथ ! मेरे जीवन-मार्ग को,
तिमि तिर म हिंड़ नेछू स्वप्न पूरा भये पछि।
(यह कर्मवास है नाथ ! मेरे जीवन-मार्ग का,
आऊँगा तुम तक मैं स्वप्न पूरा होने के बाद।)

मेरे दोस्त ने दरवाजे को खटखटाने के लिए हाथ बढ़ाया तो मैंने जल्दी से उसके हाथ को थाम लिया। मुझे लगा कि दरवाजा खटखटाकर हम किसी का स्वप्न तोड़ने का अपराध करने जा रहे हैं। मेरे दोस्त ने दरवाजे के एक हैण्डिल को पकड़कर धीरे से अन्दर की ओर खिसकाते हुए कहा, "यह कभी बन्द नहीं रहता—रात में भी नहीं।"

"यह है ड्राइंगरूम !"

नेपाल की प्राचीन शिल्पकला की जिन टूटी-फूटी शेष निशानियों को देखकर हम ठिठक जाते थे, उनकी सर्वांगीण सुन्दरता ड्राइंगरूम में देखने को मिली। मुझे बताया गया कि लकड़ी के ये कारुकार्य भी बालकृष्ण 'सम' की ही कृतियाँ हैं ! मैं तो सिर्फ देख रहा था—बोलने को मेरे पास शब्द ही कहाँ थे ? एक छोटी-सी बच्ची ने आकर हँसते हुए कहा, "स्टुडियो में हैं !"

"स्टुडियो में ?", इस बार मैंने अपनी शंका प्रकट कर दी, "तुम मुझे किस बालकृष्ण के पास लाये हो ?" मेरे दोस्त ने इशारे से कहा, "आओ !"

स्टुडियो का पर्दा हटाकर हौले पाँव हम अन्दर दाखिल हुए। एक भव्यमूर्ति शान्तिपूर्वक एक बड़े 'केनवैस' पर कोई अजीब शैली का चित्र बना रहा है, और एक किशोरी दूसरे 'केनवैस' पर···तस्वीर को बिगाड़ तो नहीं रही ? मैंने धीरे-से अपने मित्र के कानों में कहा, "देखो, देखो, यह बच्ची तस्वीर बिगाड़ रही है।"

हमारी फुसफुसाहट ने दोनों का ध्यान भंग कर दिया। हम दोनों अपराधी की तरह खड़े रहे। और जब मैंने अपराधी नं. 1—उस किशोरी की ओर

देखा तब उसकी दृष्टि में घनीभूत रंगीन कल्पना के रंगों को स्पष्ट देख लिया। सामने के 'केनवैस' पर काठमाण्डू का प्रसिद्ध मन्दिर उस बालिका की तूलिका के स्पर्श से प्राणमय हो उठा है! हमने नेपाल की इन दोनों विभूतियों को श्रद्धापूर्वक प्रणाम किया और दबे-पाँव हम ड्राइंगरूम में वापस आये।

गृहस्वामिनी ('सम' की धर्मपत्नी) ने आह्लाद से हमारा स्वागत किया। हँसते हुए बोली—"सारा घर तो कलम, तूलिका, छेनी, रंग, तेल और लकड़ी लेकर दिन-रात मशगूल रहता है—मेहमानों को देखे तो कौन?" 'सम' की ज्येष्ठ पुत्री रश्मि राज्यलक्ष्मी (जो नेपाल रेडियो स्टेशन में सहायक डायरेक्टर के पद पर हैं) ने हमें 'प्रदर्शनी-कक्ष' दिखलाया, जिसमें सैकड़ों चित्र कलापूर्ण ढंग से सजाये हुए थे। विभिन्न शैली और विभिन्न पद्धति के चित्रों की अलग-अलग गैलरियाँ!

मैंने 'क्यूबिज़्म' शैली में अंकित गाँधीजी के तैलचित्र की तस्वीर लेने की अनुमति चाही। बाद में रश्मिजी ने हमें श्री बांगदेल (नेपाल का मशहूर कलाकार जो अभी फ्रान्स में है) द्वारा नवीन पद्धति में अंकित बालकृष्णजी के तैलचित्र तथा 'सम' द्वारा राजपूत-शैली में अंकित पृथ्वीनारायण शाह के तैलचित्र की तस्वीरें दीं। Surrealism (सुररियलिज़्म) पद्धति से जो चित्र 'सम' जी उस समय बना रहे थे, पूरा होने पर उसकी तस्वीर भी हमें भेज देने का वचन दिया। और हम उनके कृतज्ञ हैं कि उन्होंने अपने वचन को ठीक समय पर पूरा किया।

इस कलाकार-परिवार में कोई भी ऐसा नहीं, जिसे सरस्वती का विशेष वरदान प्राप्त न हो। ज्येष्ठ पुत्री 'रश्मि' कहानी लिखती है और नेपाली कथा-साहित्य में वह अपनी संक्षिप्त कथाओं के लिए प्रसिद्ध हैं। पुत्र जनार्दनजी कथाकार एवं चित्रकार हैं। प्रगतिशील नेपाली साहित्य में उनका विशिष्ट स्थान है। छोटी पुत्री 'तूलिका' (यह मेरा दिया हुआ नाम सारे परिवार को पसन्द है) के चित्रों को देखकर उसकी उम्र पर विश्वास करना कठिन हो जाता है। जनार्दन के दोनों बच्चों (पुत्र-पुत्री) को भी अभी से काठ-खुदाई तथा अंकन की शिक्षा दी जा रही है।

श्री 'सम' का दिन-भर का समय 'रुटिन' के मुताबिक बँटा हुआ है! —चित्र, काठ-खुदाई, मूर्ति-गढ़न, ईंट-सिमेण्ट का काम (अपने ही हाथों घर के कलापूर्ण हिस्सों को बनाते हैं), बागवानी, नाटक लिखना, अध्यापन, लकड़ी के काम (घर के सभी फर्नीचर उन्हीं के हाथों की कृतियाँ हैं)। हम जब उनके लिखने-पढ़ने के कमरे में बुलाये गये तब उस समय भी वे चन्दन की लकड़ी के एक टुकड़े को पतली छुरी से खोद रहे थे। बातें करते समय भी वह कुछ-न-कुछ करते रहते हैं।

'सम' के पुस्तकालय में हिन्दी, बंगाली, उर्दू, अंग्रेजी, इतालवी तथा फ्रेन्च भाषा के नाटकों की सैकड़ों पुस्तकें भरी पड़ी हैं। स्वाध्याय से ही उन्होंने चित्रकला पर अधिकार प्राप्त किया है। और दुनिया की कई प्रमुख भाषाओं के शिक्षक उनके कोई नहीं। कलकत्ते में एक बार एक फ्रेन्च अध्यापक ने उनसे पूछा, 'क्या

यह सच नहीं है कि आप बचपन से फ्रान्स में रह रहे हैं ?' और जवाब में 'सम' ने मुस्कुराकर जब कहा, 'महाशय ! मै अब तक विदेश नहीं जा सका हूँ ।' तब उस अध्यापक ने विश्वास ही नहीं किया।

मैंने बातचीत के सिलसिले में नम्रतापूर्वक पूछा, "बगैर किसी शिक्षक के आपने रेखाओं के कम्पोजिशन और रंगों के संयोजन को कैसे सीखा ?"

"और ड्रामा और कविता भी तो किसी शिक्षक ने लिखना नहीं सिखाया !" उन्होंने बड़ी सरलता से हँसते हुए कहा, "कुछ तो पुस्तकों से और कुछ यों ही रंगों को लीप-पोतकर !"

फिर कुछ गम्भीर होकर उन्होंने स्वीकार किया कि यह हिमालय का वरदान है। हिमालय जो हमारी सुन्दरता का प्रतीक है ! प्रदर्शनी करने की बात चली तो उन्होंने कहा, "मैं अभी तो कुछ भी नहीं कर पाया हूँ। जो चीजें हैं—इनमें कोई ऐसी बात नहीं जिसका प्रदर्शन किया जाये। मैं हिमालय को आँकना चाहता हूँ। ये सारी चेष्टाएँ उसी के लिए हैं। बस, हिमालय का एक चित्र आँक लूँ तो परिश्रम सार्थक समझूँ···।"

मुझे भाई शिवमंगल 'सुमन' की कविता की कुछ पंक्तियाँ याद आ गयीं—

भपके से केवल एक बूँद छनती है,
सारे जीवन में एक मूर्ति बनती है
जिसमें सारी साधना समा जाती है
जो युग-युग का इतिहास बना जाती है।

'सम' का अपना रंगमंच है। आधुनिक प्रसाधनों से सुसज्जित तथा 'सम' द्वारा निर्देशित इस रंगमंच पर कलकत्ते के प्रतिष्ठित अभिनेताओं ने नाटकों को देखा है और उनका कथन है—'ऐसे मौलिक रंगमंच की हमने कल्पना भी नहीं की थी।'

'सम' पत्थर की मूर्तियाँ भी गढ़ते हैं। इनके 'क्यूरियो' में नेपाल की बहुत-सी पुरानी और अलभ्य मूर्तियाँ संग्रहीत हैं, जिन्हें प्राप्त करने में इन्होंने अपने धन को तो फूँका ही है, बहुत बार अपने प्राण को भी संकट में डालना पड़ा है।

न जाने, किस तरह बारह घण्टे बीत गये ! सात बजे शाम को जब हम इस कलाकार-परिवार से विदा ले रहे थे तब उस समय मेरा बीमार और निराश मन पूर्ण रूप से स्वस्थ हो चुका था। मेरा विश्वास है कि कोई भी व्यक्ति यहाँ से नवीन प्रेरणा ही लेकर लौटेगा।

मेरा जहाज नेपाल की धरती को छोड़कर आसमान की ओर उड़ने के लिए पाँखें तोल रहा था; मैंने खिड़की से झाँककर नेपाल को नमस्कार किया। उस नेपाल को, जिसकी रचना 'सम' के स्टुडियो में, रंगमंच पर, पुस्तकालय तथा क्यूरियो में हो रही है।

हिमालय की ऊँची चोटियाँ एक दिन 'सम' की कला-कृतियों को अपने शिखर पर प्रतिष्ठित कर चमकेंगी—और उस दिन अन्तर्राष्ट्रीय कलाकार के रिक्त

सिंहासन पर हम फिर एशिया के इस महान कलाकार को प्रतिष्ठित पावेंगे।

गुरुदेव ने स्वयं कहा है—

नब-नब जीबनेर गंध जाब रेखे
नब-नब बिकासेर बर्ण जाब ऐंके
नब-नब प्रबासेते नब-नब लोके
बांधिबे एमनि प्रेमे,
प्रेमेर आलोके बिकसित हब आमि—
भुवने-भुवने, नब पुष्पदले !

[अवन्तिका/मार्च 1953]

सुहैल अजीमाबादी

बात उस समय की है, जब भारत आजाद नहीं हुआ था, लेकिन, आजादी की आखिरी लड़ाई के अच्छे फल धीरे-धीरे स्पष्ट हो रहे थे। काली घटाएँ गरज-बरसकर छँट चुकी थीं।...'भूल जाओ और माफ करो' से भरे वातावरण की सृष्टि की जा रही थी। देशपिता स्वतन्त्र हो चुके थे। देश के लाड़ले—क्या नेता और क्या कार्यकर्ता रोज़ रिहा हो रहे थे। अखबारों ने एक खास कॉलम शुरू कर दिया था—'जेल डिलेवरी!'

बात उन दिनों की है, जब पटने की इकलौती सड़क—मौजूदा अशोक राज-पथ—मुरादपुर के पास, पतली गली-जैसी संकीर्ण थी। टी. बी. सेण्टर या राजेन्द्र-सर्जिकल ब्लॉकवाले फाटक के आसपास एक 'मैजेस्टिक' नामक मशहूर मुसलमानी होटल था, जहाँ रात के डेढ़ बजे तक रोटी-गोश्त, दाल-चाय वगैरह गर्म-गर्म मिल सकती थीं।...कसूर माफ किया जाय—मैं सुहैल साहब के बारे में ही अर्ज कर रहा हूँ। बीच में जान-बूझकर थोड़ी-सी आत्म-प्रशंसा...

जेल-अस्पताल से मेरी रिहाई हुई। फिर, डेढ़ महीने के बाद अहद भाई साहब (जनाब अहद फातमी साहब) अस्पताल से ही छूटे। और, इनके एक-डेढ़ महीने के बाद रजी भाई (रजी अजीमाबादी) रिहा तो हो गये थे, लेकिन अस्पताल से निकल नहीं पाये थे। सर्दियों की एक रात में—साढ़े बारह बजे हम उनके बेड के पास से उठे और प्रिज़नर्स वार्ड की बगल से होकर, नर्सेस-होम के सामने से बैचलर्स-क्वाटर के पास मुड़कर आगे निकले तो डिकोस्टा के 'होटल-डिलक्स' का बूढ़ा बावर्ची, जवान बेरा से किसी हिसाब-किताब को लेकर लड़ रहा था। फातमी भाई ने कहा—'रेणु मियाँ, अब तो 'मैजेस्टिक' के सिवा और कहीं न तो रोटी का एक टुकड़ा मिलेगा और न एक चमची चाय ही।' रेणु मियाँ नया मुसलमान नहीं थे। लेकिन, खाने-पीने के मामले में फातमी भाई उदार ब्राह्मण थे। 'मैजेस्टिक' में सिर्फ चाय पीने और तन्दूरी रोटी खाने जाते थे। चाय भी नींबूवाली और तन्दूरी उबली हुई सब्जी के साथ। कसूर के लिए दुबारा

माफी माँगता हूँ—सुहैल साहब का ही स्केच लिख रहा हूँ। लेकिन, बीच में फातिमा भाई का जिक्र करना जरूरी हो गया।···

बहरहाल, मुरादपुर की दुबली-पतली बूढ़ी सड़क फुटपाथ पर भिखारी-भिखारिनों को सुलाकर खुद डोमा साह ज्वेलर्स के पहाड़ी पहरेदार बहादुर की आँखों में जगी हुई थी। लेकिन, मैजेस्टिक—अपनी तंग गली की टूटी सीढ़ियों से लेकर बावर्चीखाने की खिड़की तक जगा हुआ था। हम पहुँचे तो, वफा वराही साहब अपने टटके नज्म की पहली कड़ी पर सुर चढ़ा ही रहे थे; अब्दुल कय्यूम (तब कायद—अब कादिर) साहब अपने एक नये केडर-कामरेड (या रंगरूट ?) के साथ किसी स्टार-तस्वीर के सेकेण्ड शो के बीच से उठकर भागे ही आ रहे थे। और हमारा 'तन्दूरी रोटी विथ उबली हुई सब्जी' का ऑर्डर टेबुल पर तामील भी नहीं हो पाया था कि सीढ़ी पर से ही एक कुलफी 'लेमन-टी' का ऑर्डर नारे की तरह बुलन्द हुआ। मुझे छोड़कर बाकी सभी दोस्तों के (दुश्मनों के भी) चेहरों पर एक चमक दौड़ गयी—सुहैल साहब की पहली झलक उन्हीं चेहरों की चमक में पहली बार मिली।

फातमा भाई की पीठ पर धौल जमाने के खयाल से उठाया हुआ हाथ रुक गया, "भाई, अब ऐन मौके पर याद आ जाती है, तुम फेफड़े के मरीज हो !"

फातमी भाई ने बनावटी गम्भीरता को और गहरा करते हुए कहा था, "और बगल में बैठे इस ग़रीब का भी ख़याल कीजियेगा, यह भी उसी मर्ज का···।"

"अच्छा ?"

कायद साहब ने कायदे से परिचय कराया, "रेणु, मिलो इनसे—आप हैं जनाब सुहैल अज़ीमाबादी···तरक्की पसन्द मशहूर लेखक और पत्रकार। और, यह हैं रेणु, हमारे पार्टी कामरेड—कहानियाँ और रिपोर्ताज लिखते हैं।"

"और 'कविता' नहीं करते ?" दाँत में दियासलाई की तीली डालते हुए सुहैल साहब मुस्कुराये थे, जो मुस्कुराहट उस समय मुझे जरा भी नहीं सुहायी थी—न जाने क्यों ! मैंने फातमा भाई से फुसफुसाकर कहा था, "सब्जी मुझसे निगली नहीं जाती—मुर्गी नहीं मिलेगी इस समय ?"

"क्या, लेमन नहीं है ? क्या कुफ्र है।" सुहैल साहब ने तहमत पहने मैनेजर पर लानत भेजी।···

बात उन दिनों की है, जब मैं किसी क्लीन शेव्ड मुसलमान को क्रान्तिकारी समझता था और लेफ्टिस्ट भी हो, तो महान् क्रान्तिकारी। सो, सुहैल साहब ने हिन्दुस्तान की अखण्डता और एकता की कीमत पर भी कहीं से नींबू खरीदकर लाने का हुक्म दिया, तो मैं समझ गया—यह आदमी भी मजहबी मुजाहिदों को नश्तर लगाने के लिए 'मैज़ेस्टिक' में आता है। जनाब सुहैल अज़ीमाबादी ने बगल में बैठे हुए लीगी बन्धु की ओर बग़ैर देखे हुए एक व्यंग्य-बाण छोड़ा। मैनेजर को फटकारते हुए बोले, "मियाँ, हिन्दुस्तान के टुकड़े-टुकड़े करने की बात तो खूब करते हो और, नीबू का एक टुकड़ा कहीं से नहीं ला सकते ?"

खुले दिलों के सम्मिलित ठहाकों से बेतरह चिढ़कर लीगी बन्धु ने कड़वी मुस्कुराहट ओठों पर फैलाकर कहा था, "आपको चाय के साथ बेवा बकरी का दूध लेना चाहिए।"···और साहब, इसके बाद जो सियासी और मजहबी अल्फाजों से लदी बात की तगड़ी लड़ाई छिड़ी तो लगा कि यह दंगा हुआ और वह छुरा चला। लीगी बन्धु के साथ बैठे 'जमायत-उल-उलमाँ के कोई बेजुबान सिम्पथाइजर' साहब 'हें-हें' कहकर अपनी दाढ़ी पर हाथ फेर लेता था। और, क्लीनशेव्ड-लेफिटस्ट-नेशनलिस्ट-थर्ड इण्टरनेशनलिस्ट-गैर लेफ्टिस्ट हमारे दोस्त —इसको उसको नहीं—महान् कायदेआजम के हर कदम को रिएक्शनरी और गलत साबित करके कटाकट काटते जा रहे थे।···मेरी चाय न जाने कब डर से ठण्डी हो गयी थी।

सुहैल साहब ने किसी सवाल पर बड़ी संजीदगी से कहा था, "जनाब ! यह पालिटिक्स नहीं——सरासर चूतियापा है ?"

रात के करीब दो बजे हम नीचे उतरे। यहाँ यह याद दिलाना जरूरी समझता हूँ कि उन दिनों बहुत कम लोग पूरा रिक्शा रिजर्व कर घूमते फिरते थे, शहर में। रिक्शे पर किसी अजनबी से सटकर बैठ जाने को हम बुरा नहीं मानते थे। 'टेसन एक सवारी' टेरता हुआ रिक्शावाला निराश होकर कुछ दूर चला गया, तो सुहैल भाई बोले, "मैं 'परसताव' करता हूँ कि अब स्टेशन पर चलकर केलनर में चाय पी जाय।" याद नहीं 'सचलाईट' में नाइट ड्यूटी करते हुए किस मित्र को चलकर पकड़ने और मुड़ने की बात पर सभी एकमत हो गये थे। लेकिन दो गरीब (मुझे और फातमा भाई) के मुँह की ओर देखकर प्रस्ताव को कल पर स्थगित कर दिया गया था।···सुहैल भाई ने कल चार बजे शाम को केलनर में चाय पर बुलाया है !

मुझे अच्छी तरह याद नहीं। लेकिन इतना तो कह ही सकता हूँ कि उन दिनों जो भी सिगरेटें बाजार और मध्यवर्गीय बाबुओं में प्रचलित थीं—सुहैल साहब के पास उनसे सर्वदा भिन्न कोई दूसरा ब्राण्ड था—शायद, 'अबउल्लाह' अथवा—मुराड।

एक बात अच्छी तरह याद है कि पोर्ट फोलियो बैग उनकी बगल में प्रथम दिन ही देखा था और उसकी साइज़ उस दिन भी वैसी थी, जो आज है। बिना इस थैले के सुहैल साहब की कल्पना मुझसे नहीं की जा सकती।

उसी रात को दफ्तर—सालिमपुर अहरा लौटते समय—बनते हुए बिड़ला मन्दिर के पास मैंने अहद भाई से पूछा था—'सुहैल साहब किस पार्टी में हैं ? कम्युनिस्टों से क्या रिश्ता है इनका ? दृष्टिकोण क्या है ? आधुनिक उर्दू-साहित्य में इनकी जगह कहाँ है ?'···एक बार फिर मुआफ करें—बात यह है कि बात उन दिनों की है, जब अपनी पार्टी को ही एकमात्र क्रान्तिकारी पार्टी मानकर बाकी सभी पार्टियों को रिएक्शनरी कहना यह अपना धर्म समझते थे। पार्टीहीन किसी व्यक्तित्व को हम बहुत बुरी और भोंडी संज्ञा से विभूषित करते। किन्तु सुहैल

भाई को वैसी कोई संज्ञा मेरे मन ने नहीं दी थी। वर्ना, पहली मुलाकात के बाद ही दूसरे दिन उनकी चाय की दावत पर दौड़ा-दौड़ा स्टेशन नहीं जाता।

चाय पीते समय उनके हाथ में जो किताब थी, उसको देखकर जी ललच उठा था। मेरे एक फ्रेन्च-साहित्य के रसिक मित्र ने कहा था—एलुआर कामु (ALBERT CAMUS) की किताब LA-STRANGER का अंग्रेजी में अनुवाद हुआ है—दि स्ट्रेन्जर।

सुहैल साहब ने, पढ़ने के बाद ही मुझे देने का वादा किया था। लेकिन, ऐसा लगता है कि वे, मेरे पहले करीब आधा दर्जन दोस्तों को किताब देने का वचन दे चुके थे।

बात उन दिनों की ही है, जब मशहूर पाटलिपुत्र, अर्थात् प्रसिद्ध अज़ीमाबाद के 'लतीफ मंज़िल' में एक उम्दा 'इण्डिया कॉफी हाउस' भी हुआ करता था। सुस्वादवादियों का कहना है कि उस काफी हाउस के उठने के साथ ही पटना से बहुत सारी बातें उठ गयीं। उनमें से कुछ ये हैं—सुन्दर (विजिटेबल और चिकेन) सेण्डविचेज, वाटरपोच, प्लमकेक विद क्रीम···और···और फिजूलखर्ची के लिए अगाध समय—धन तो हर जगह से लोप हो गया, मानो। सुहैल साहब वहाँ ब्लैक कॉफी का आर्डर दिया करते थे।

इसके बाद, जब-जब पटने आया—रहा—सुहैल साहब से भेंट हो गयी—कहीं-न-कहीं। पिण्टू में, कॉफी होउस में, पटना मार्किट में, केलनर में, बुक कॉर्नर में, ह्वीलर की दुकान पर—कहीं-न-कहीं। 'साथी' निकालने की धमकी देते हुए सुहैल साहब! 'तहजीब' का मनमोहक भविष्य आँकते हुए सुहैल भाई जी···!

देश आजाद हुआ। देश का बँटवारा हुआ। दंगा-मारकाट हुआ। गाँव में बैठा आदमी के पैशाचिक कुकृत्यों की कहानियाँ सुनता था और कुछ चेहरे आँखों के आगे उभरते रहे—अहद भाई···सुहैल साहब···रजी भाईजी···कयूम साहब···कयूम असर—क्या ये लोग जिन्दा हैं?

पागलपन समाप्त हुआ। दौड़ा हुआ पटना आया और सुना कि मजहब के अन्धभक्तों ने इनका सब-कुछ लूट लिया—लेकिन इनकी आदमीयत को नहीं लूट सके।

रामानन्द सागर की किताब 'और इन्सान मर गया' सुहैल भाई को समर्पित होकर प्रकाशित हुई—लिखा था; 'सुहैल अज़ीमाबादी को, हिन्दुओं ने जिसका सब कुछ लूट लिया, लेकिन जिसकी आदमियत को वे नहीं लूट सके।'

'साथी'—'तहजीब' के सम्पादक सुहैल साहब को रेडियो में जाते समय भी देखा था। श्रीनगर से उनका एक छोटा, लेकिन बहुत प्यारा, खत आया।··· अबउल्लाह, टर्किश, इजिप्सियन, चारमीनार और मुराड सिगरेटों का एक कश लेने को जी ललच उठा था।

दिल्ली में मुलाकात हुई। मेरी दूसरी किताब प्रकाशित हुई थी और मेरे प्रकाशक ने धूमधाम से दिल्ली के एक प्रसिद्ध होटल में दिल्ली के साहित्यकारों

को चाय पर बुलाया था।···उस दिन कान में फुसफुसाकर सुहैल साहब ने जो बात कही थी, वह आज भी मन के कोने में गूँज रही है। लेकिन, वह बात अभी कहने की नहीं है।

मैं कभी-कभी झुँझलाकर सोचता हूँ कि आखिर यह आदमी, जिसका नाम सुहैल अज़ीमाबादी है—कभी तनिक भी जरा-सा बदला क्यों नहीं ? वही दिल, वही दिमाग, वही रंग और वही ढंग।

अब भी जब मिलते हैं—हम कहीं चाय पीने बैठते हैं, तो कभी-कभी लगता है—हम 'मैजेस्टिक' की मेज पर बैठे हैं और हमारे लिए लेमनवाली चाय की प्यालियाँ अभी आने ही वाली हैं।

देश के आजाद होने के बाद यदि ये—किसी कारणवश हमारे बीच नहीं होते तो, आज यह दिल-दिमाग (और फेफड़ा भी) जितना मजबूत है अपना—उसकी जगह किसी बुजदिल का नन्हा-सा दिल होता, जो न कभी धड़कता, न फड़कता, न हिलता, न डुलता, न पसीजता और न पिघलता ! !

[रफ्तारे-नौ/अंक तीन/1960]

मानव रवीन्द्रनाथ

बड़ी निराशा हुई गत शतवार्षिकी के अवसर पर। आशा थी कि इस 'परमलग्न' में रवीन्द्रनाथ ठाकुर के सम्बन्ध में और भी 'नयी' बातें पढ़ने-सुनने को मिलेंगी। क्योंकि, टैगोर के प्रियपात्र, शिष्य, सहचर और निकटतम अनुरागियों का एक छोटा-सा दल अभी भी है देश में। और कवि ने साहित्य-संगीत-चित्र-नाटक-अभिनय के अलावा ज़मींदारी भी चलायी थी, व्यवसाय भी किया था। कवि के सम्पर्क में रहनेवालों को यह भी मालूम है कि बचपन में महाकवि ने कुश्ती लड़ना भी सीखा था, बाजाप्ता लँगोट और अखाड़े की मिट्टी लगाकर। लेकिन, उनके देश की कई प्रतिष्ठित पत्रिकाओं ने यह तय किया कि रवीन्द्र के व्यक्तिगत जीवन या उनसे व्यक्तिगत सम्पर्क के माल-मसाले से रची गयी रचनाओं को वे निरुत्साहित करेंगे।

और उस शतवार्षिकी (अगली) तक न वे रहेंगे न ये रहेंगे और न रहेगा दासानुदास पाठकराम!···दादा! रवीन्द्र-प्रतिभा पर तो इसके बाद भी प्रकाश पड़ते रहेंगे—डालते रहेंगे लोग। किन्तु, आचार्य हजारीप्रसाद द्विवेदी [आचार्य क्षितिमोहन सेन तो चले ही गये!] के मुँह से रवीन्द्रनाथ की 'मजलिसी' बातें, प्रथमनाथ बिशी से शान्तिनिकेतन-स्मृति, श्रीमती निर्मला कुमारी की डायरी पढ़ने सुननेवाले सदा-सर्वदा अपने को सौभाग्यवान और धन्य मानेंगे।

क्या, इन (व्यक्तिगत सम्पर्क-संवलित) रचनाओं को बाद देकर कवीन्द्र की समग्र-मूर्ति (कवि की भाषा में—मोट छबि!) देखने को मिल सकती है?

निराशा अवश्य हुई है, लेकिन पाठकराम एकदम निराश नहीं है। कविगुरु के अन्यतम शिष्यों, निष्काम-सेविकाओं, सहचरों, भक्तों की ऐसी रचनाओं पर, रचना के अंशों पर, पंक्तियों के नीचे—दस वर्ष पूर्व से ही—लाल दाग लगाना शुरू कर दिया था। जहाँ-जहाँ किसी कारणवश देह सिहरी, वहाँ पेन्सिल ठहरी। जहाँ भी मानव (साधारण मनुष्य) रवीन्द्रनाथ की झलक मिली···हृदय पर एक चिह्न पड़ गया—लाल दाग!

एक दिन उन रचनाओं के कुछ रेखांकित अंशों को सिलसिलेदार सजाने लगा। देखा, सामने एक मोहिनी मूरत (दाढ़ीवाली ही) मन्द-मन्द मुस्करा रही है। भय से या भक्ति से—कह नहीं सकता—चरणों पर झुक गया दासानुदास।

अभी हाल ही—बंगला के सुप्रसिद्ध लेखक, कवीन्द्र के प्रिय शिष्यों में अन्यतम सैयद मुजतबा अली (बंगला में आली) साहब से भेंट हुई, सौभाग्यवश। मैंने रेखांकित अंशों का सिलसिलेवार (कह सकते हैं—खिलवाड़!) आकार दिखलाया, तो चचा (सैयद अली) चिल्ला उठे—'ताई तो! मोहिनी मूरत मन्द-मन्द मुस्करा रही है सचमुच!'

आप स्वयं देख लें—मुझे झूठा नम्बर एक कहने के पूर्व!

तो शुरू करें दस वर्ष पूर्व मासिक 'बसुमती' में प्रकाशित सैयद मुजतबा अली के 'गुरुदेव' शीर्षक निबन्ध का एकांश! वे फारसी, संस्कृत, उर्दू, अंग्रेजी, फ्रेन्च, पश्तो—नाना भाषाओं के मिश्रण से एक ऐसी भाषा लिखते हैं जिसको बंगला में मुजतबाई-भाषा कहते हैं। उनके एकांश का अनुवाद उन्हें दिखला-सुनाकर पास करवा लिया है।

'गुरुदेव!'

रवीन्द्रनाथ के शिष्यों में साहित्यिक के हिसाब से सर्वोच्च आसन पाते हैं श्रीयुत प्रमथनाथ बिशी। रवीन्द्रनाथ का घनिष्ठ साहचर्य सबसे अधिक उनको ही प्राप्त हुआ। खुदादाद या विधिदत्त रसबोध उनमें पहले से भी था। फलतः, वे अपनी सरस, हल्की कलम से रवीन्द्रनाथ के दैनन्दिन जीवन, खुशगल्प, अड्डामजलिस के सम्बन्ध में जितना लिख चुके हैं, उसके बाद मेरे लिखने योग्य बाकी ही नहीं रहता कुछ। कारण, बिशी दा जिस मजलिस में सबसे उच्च आसन के अधिकारी हैं उस मजलिस में—रवीन्द्रनाथ के शिष्य के हिसाब से, यदि मुझे कोई आसन मिले तो वह सबसे नीचे होगा।

किन्तु, बहुत शास्त्रों में विधान है कि सर्वज्येष्ठ किसी कारणवश श्रद्धांजलि नहीं दे सके तो देगा—सर्वकनिष्ठ। सो, इस पकड़-धकड़ के बाजार में बिशी दा को कहीं कुछ हो जाये तो मेरी 'आकन्दांजलि' की आवश्यकता पड़ सकती है। इसी भय से मा 'बसुमती' के पास इसे गच्छित रख दिया।

यों, गुरुदेव सभी के गुरुदेव हैं। किन्तु, वे हमारे गुरुदेव थे—शब्दशः। एवं उस गुरु की महिमा को देखकर हम स्तम्भित हुए हैं। व्यक्तिगत बातें करते समय मन आगा-पीछा करता है। लेकिन, इस स्थल पर छात्र के कर्तव्य का समाधान करने के लिए ही कह रहा हूँ: शान्तिनिकेतन छोड़ने के बाद, बर्लिन, पेरिस, लन्दन, कैरो—बहुत जगहों में, बहुत गुरुओं को विद्या-दान करते देखा है किन्तु इस गुरु से किसी की तुलना नहीं हो सकती। कीट्स ने हेमन्त की जैसी छवि निखारी है, उसे और भी अधिक उज्ज्वल किया जा सकता है, इस बात पर कोई

सहज ही विश्वास नहीं करेंगे। अंग्रेजी कहावत है—you do not Point a lily— इसलिए मन में प्रश्न जगना अस्वाभाविक नहीं कि रवीन्द्रनाथ कीट्स की हेमन्त-लिली को मधुरतर, प्रियतर करते थे, किसी जादूमन्त्र से ?

बिना तुलना के बात समझायी नहीं जा सकती। अँगरेजी कविता पढ़ते समय, हमेशा ऐसा लगता है—अँगरेजी कविता मानो परियों की कहानी की सोयी हुई सुन्दरी हो। हम उसकी सुन्दरता पर मुग्ध होकर उच्छवसित प्रशंसा करते हैं। किन्तु, उसके वाक्य-हास्य-नृत्य-रस से वंचित रहते हैं। और यह अभाव इतना 'मर्मन्तुद' होता है कि तब श्यामांगी, स्थूलांगी जाग्रता गौड़जा का संगसुख ही अधिकतर काम्य···।

गुरुदेव, कीट्स की एक पंक्ति पढ़ते हैं, निद्रिता-सुन्दरी आँखों के सामने ! गुरुदेव अपनी भाषा की सोने की छड़ी छुआ देते हैं—हेमन्ती आँखें खोलकर हेरती है। गुरुदेव के कण्ठ में प्राण-प्रतिष्ठा का मन्त्र उद्दीप्त होता है, सुन्दरी चटुल नृत्य आरम्भ कर देती है। गुरुदेव अपनी वीणा के तारों को 'करांगुलि' स्पर्श करके झंकार देते हैं—सुन्दरी गीत गाने लगती है।

कीट्स, शेली, ब्राउनिंग, वर्ड्सवर्थ को लेकर रवीन्द्रनाथ का यह इन्द्रजाल कितनी बार देखा है और सोचा है—हाय ! इन वर्णनों की कोई 'टेप' रखता तो बंगाली को तो रस मिलता ही, विलायत के लोग भी एक दिन उनका अनुवाद करवाकर अपने कवि के कितने अनाविष्कृत सौन्दर्य को देख पाते। किन्तु, यह भी मानता हूँ कि भानुमती की छवि, कैमरा नहीं पकड़ सकता। गुरुदेव की इस वर्णन शैली को किसी की कलम नहीं पकड़ सकती। जो थोड़ी-बहुत पकड़ी गयी वह पण्डित क्षितिमोहन सेन के भाण्डार में है।

···हम—अर्थात् बंगाली लोग ही रवीन्द्रनाथ को कितना-सा जानते हैं ? रवीन्द्रनाथ की काव्य-प्रतिभा, नाट्य-निर्माण क्षमता, दार्शनिक चिन्तन-शक्ति, सार्वभौमिक धर्मानुभूति, औपन्यासिक अन्तर्दृष्टि, वैज्ञानिक कौतूहल—सब-कुछ मिलाकर उनका अखण्ड रूप हृदय और मन में आँकने की बात तो दूर—जहाँ वे भारत तथा पृथ्वी के सभी कवियों को पीछे छोड़ गये हैं, उसका ही सम्पूर्ण परिचय कितने बंगालियों ने पाया है ? ···हम सभी परम आनन्द से अन्धे का हाथी-दर्शन कर रहे हैं और जो अंश हमारे हाथ आता है, जरा टटोलकर चिल्लाते हैं—यही है, यही है रवीन्द्रनाथ !

···बेलजियम में पढ़ रहा था। हठात् एक दिन श्रीयुक्त अमिय चक्रवर्ती का तार मिला—जर्मनी के मारबुर्ग शहर में गुरुदेव ने मुझे बुलाया है। जानते थे कि पास ही हूँ। मारबुर्ग की उस सभा का वर्णन मैंने अन्यत्र किया है। यहाँ इतना ही कहूँ कि गुरुदेव ने जब 'बीन' बजाना शुरू किया, तो मारबुर्ग के उस पर्व में एकत्र जर्मनी के गुनी ज्ञानी-मानी तत्त्वविदों के श्रेष्ठगण, मन्त्रमुग्ध सर्पों जैसे अपलक दृष्टि से उनकी ओर देखते रहे।···कहीं कोई शब्द नहीं। एक बार भी उस सम्मिलित योग-समाधि का ध्यान भंग नहीं हुआ।

विशाल जनता की उद्वेलित प्रशंसा-प्रशस्ति पाने के बाद भी—मैं जब प्रणाम करके खड़ा हुआ तो—तो उन्होंने मृदु कण्ठ से पूछा, "कैसा रहा ?"

मैंने कोई जवाब नहीं दिया था।

शहर के वजीर-नाज़िर-कोतवालों ने गुरुदेव को उनके होटल में पहुँचा दिया। बाद में, पहुँचकर श्रीयुक्त चक्रवर्ती से ही विदा लेनी चाही। वे बोले, "सो क्यों ? भेंट करके जाइए।"

भेंट होगी, सुनकर खुश हुआ। कहा, "तो, आप जाकर कहिए।"

श्रीयुक्त चक्रवर्ती बोले, "यह नियम दूसरों के लिए है। आप सीधे जाकर 'नॉक' कीजिए।"

गुरुदेव क्लान्त पड़े हुए थे। फिर भी मुस्कुराकर बैठने को कहा। इसके बाद और भी अच्छी तरह मुझे निहारकर बोले, "इतना दुबला क्यों हो गया है तू ?"

मैं सिर झुकाकर चुप रहा। पढ़ाई-लिखाई के सम्बन्ध में बातचीत हुई। जब उठा तो बोले, "अमिय को बुला दे तो !"

चक्रवर्ती आये। गुरुदेव बोले, "अमिय, इसको अच्छी तरह खिला दो !"

जानता हूँ, पाठक-मण्डली इस तामसिक परिसमाप्ति से क्षुब्ध होगी। किन्तु, सुकरात की आँखों के सामने जब मृत्यु की छाया घनी हो आयी, तो उनके शिष्यों ने कान के पास चिल्लाकर पूछा—गुरुदेव ! कोई अन्तिम आदेश है ?

तब सुकरात ने कहा—हाँ, याद है। परसों जो मुर्गी खाया था उसका दाम नहीं दिया गया है। दे देना।

यह थी सुकरात की अन्तिम वाणी।

सभी ओर जिनकी दृष्टि हो, वही तो वास्तव में गुरु हैं—और, यह भी मृत्यु से बहुत पहले ही।

चचा के इस निबन्ध को पढ़कर भरोसा हुआ था—आचार्य क्षितिमोहन सेन के भाण्डार में जो कुछ है, वह मिलेगा ही हमें। इस शतवार्षिकी के अवसर पर आचार्य सेन की याद ही आती है। उनके भाण्डार में जो कुछ था, सो···?और आज भी भरोसा है—आचार्य हजारीप्रसाद के पास कई घड़े राविन्द्रिक रत्न हैं।

चचा के इस निबन्ध से यह मालूम हुआ था कि विश्वकवि को एकदम—'आमादेर आपन रवीन्द्रनाथ' कहनेवाले भी हाथी-दर्शन ही कर रहे हैं, अभी तक। और यह कि हमारी ही तरह वे भी अन्धे हैं।

इसके बाद दो छोटी-छोटी चिट्ठियाँ हैं—अमल होम को कविगुरु द्वारा लिखी गयी। श्रीयुक्त अमल होम भी गुरुदेव के प्रिय शिष्य हैं, सुलेखक हैं, प्रसिद्ध समालोचक हैं।

[एक]

शान्तिनिकेतन
May, 1914

कल्याणीयेषु,

अमल, 'प्रवासी' के पुस्तक समालोचकों के बीच तुम्हारा आविर्भाव हुआ है, सुनकर कौतूहल हुआ। खुश नहीं हो सका। लेखकों की अक्षमता उसका अपराध नहीं, इस बात को भूल क्यों जाते हो?—को इस तरह 'अप्रस्तुत' नहीं करते तो क्या होता! अच्छा नहीं कह सकते, कटु क्यों कहोगे? समाजपति[1] को अपना आदर्श मत बनाओ। तुम्हारा साहित्य विचार-सहिष्णु हो। इति, 5 ज्येष्ठ 1321।

तुम लोगों का,
श्रीरवीन्द्रनाथ ठाकुर

[दो]

शान्तिनिकेतन
August, 1915

कल्याणीयेषु,

अमल, प्रमथ[2] ने तुम्हारी रचना को क्यों नहीं छापा, यह बात मैं उससे पूछूँ—यह नहीं हो सकेगा। तुम उनसे भेंट करके आलोचना क्यों नहीं करते? मुझे अच्छी लगी थी, इसलिए उनको भी अच्छी लगेगी ऐसी कोई बात नहीं। 'सुबुज-पत्र' का मानदण्ड 'प्रवासी' का नहीं। वहाँ अजित[3] की भी कोई एक रचना नहीं चल सकी, सुना है। 8 भाद्र 1322।

शुभार्थी
श्रीरवीन्द्रनाथ ठाकुर

पत्र में अमल होम की कलम से आहत साहित्यिक का नाम नहीं है। पाठकराम अन्दाज से यह समझता है कि वह रवीन्द्रधारा का विरोधी कोई लेखक होगा। कवि के आलोचकशिष्य होने के नाते अमल होम ने उसकी गर्दन उतारी होगी।···शरत् बाबू की चिट्ठियों में भी कई स्थान पर 'अमल होम' की चर्चा है। तारीख मिलाकर पाठकराम ने देखा है, अन्दाज गलत नहीं!

1. सुविख्यात बंगला मासिक पत्रिका 'साहित्य' के सम्पादक—निर्मम और कटु आलोचना करने में बेजोड़ स्व० श्री सुरेशचन्द्र समाजपति।
2. 'सुबुजपत्र' के सम्पादक, श्री प्रमथ चौधरी (बीरबल)।
3. विशिष्ट रवीन्द्र साहित्य-समालोचक, शान्तिनिकेतन के अध्यापक स्व० अजितकुमार चक्रवर्ती।

किन्तु, इन बातों के अलावा पाठकराम को यह पढ़कर बहुत अचरज हुआ था कि आखिर होम साहब के गुरु को शिष्य का यह पुण्य-कर्म (आलोचना) क्यों नहीं पसन्द आया ? गीली आँखों से पीले गीत गा-गाकर गुरु को बोर करनेवाले शिष्यों से क्या फायदा ? असल शिष्य तो किसी गुरु का वही हो सकता है जो आलोचना करना जानता हो। और, जो कलम से गर्दन उतारना शुरू कर दे, उसे 'मानिटर' का पद शीघ्र ही प्राप्त हो जाता है —गुरु के मठ में। प्रमथ चौधरी ने 'सुबुजपत्र' में अमल होम की रचना नहीं छापी तो गुरुदेव ने इसके लिए जवाब क्यों नहीं तलब किया प्रमथ चौधरी से ? पत्र में लिखना बन्द करने की धमकी क्यों नहीं दी ? आखिर गुरु होते हैं किस दिन के लिए ?…पाठकराम गाँव के गुरु बाबा ने तो अपने एक चेलेराम के लिए अपनी लँगोटी तक…?

हाय गुरु !

'निर्वाण' पुस्तक में संकलित रचनाएँ पढ़ रहा था—1957 में। कवि गुरु की पुत्रवधू श्रीमती प्रतिमादेवी लिखित कवि-जीवन के अन्तिम दिनों का वर्णन :

'बहुत दिनों तक फिर उन्होंने उस आराम-कुर्सी का व्यवहार नहीं किया। आज फिर, इस बीमारी में देखा, वे उसी कुर्सी पर लेटना पसन्द करते हैं ! प्रायः, सारा दिन नींद और विश्राम के बाद—उसी आसन पर बैठे रहते…।'

'आसन' शब्द ने पाठकराम की स्मृति को झंकृत कर दिया। तुरत, सेल्फ से 'शेषलेखा' निकालकर उलटाया। पाठकराम ने ठीक निशान लगाया था :

आरो एक बार यदि पारि
खूँजे निनॅसे **आसनखानि**
जार कोले रयेछे बिछानो
विदेशेर आदरेर वाणी।
× ×
विदेशेर भालोबासा दिये
जे प्रेयसी पेतेछे आसन।

'निर्वाण' के पढ़े हुए पृष्ठों को फिर उलटाया। लगा, कोई बात पीछे छूट रही है। इस बार कवि का कथन है। प्रतिमादेवी को विदेश से लिखित पत्र का एक अंश : जब किसी तरह लौटने का जहाज मिला तो, अब विक्टोरिया मुझे किसी भी हालत में छोड़ना नहीं चाहती…।

कौन है यह विक्टोरिया ?

'निर्वाण' को अलग रखा। 'शेषलेखा' को बन्द किया। 'पूरबी' निकाल लाया। कौन है यह विक्टोरिया ?…विदेशेर भालोबासा…भाषा जार जाना छिलो नाको…विदेशी फूल…

"हे विदेशी फूल, आमि काने-काने शुधानु आबार।
भाषा की तोमार?
हाँसिया दोलाले शुधु माथा···।"

मन चंचल आतुर हुआ। कौतूहल के मारे फिर 'निर्वाण' के पृष्ठों में ढूँढ़ने लगा।···है? विक्टोरिया का पता लग गया—प्रतिमादेवी 'आसनदान' करनेवाली के सम्बन्ध में लिखती हैं :

'विक्टोरिया टूटी-फूटी अंग्रेजी बोल लेती थी। फ्रेन्च पर ही उसका विशेष अधिकार था। सुन्दरी तो वह उतनी नहीं थी किन्तु, बुद्धि की प्रखरता उसके मुखमण्डल पर सौन्दर्य की दीप्ति बनकर छा जाती।···वह जब घुटने टेककर 'बाबा मैशाय' के पैरों के पास बैठती, लगता—क्राइस्ट की पुरातन छवि के सामने उनकी किसी हिब्रू भक्त महिला की निवेदन मूर्ति···।'

विक्टोरिया ही विदेशिनी है, विदेशी फूल है और सम्भवतः 'विजया' भी जिसके कर कमलों में 'पूरबी' काव्य-ग्रन्थ उत्सर्ग किया गया है—वही है! वही है···।

सन् 1959 में चचा अली पटना आये थे 'रवीन्द्र-भवन' में भाषण देने के लिए। मिलकर अपना कौतूहल प्रकट किया, "विजया ही विक्टोरिया···विदेशी फूल···विदेशिनी है क्या?"

"ठीक छोरे छो!"

इसके बाद उन्होंने विक्टोरिया के बारे में कविमुख से वर्णित कुर्सी की कहानी—कवि की मजलिसी-गप के अन्दाज में सुनायी। इस सम्बन्ध में और भी प्रकाश पाने के लिए उन्होंने कहा—पठितव्य: चिठपत्र, युरोपेर डायरी, पश्चिमयात्रीर चिठी, रवीन्द्रनाथ लिखित 'On the Edges of Time; जगदीश गुप्त (जी नहीं, प्रयाग के नहीं—कलकत्ता के कवि, आलोचक—दुबले-पतले साहित्यिक!) के निबन्ध।

चचा ने उस दिन अपने भाषण में भी कविमानसी विदेशिनी विक्टोरिया पर थोड़ा प्रकाश डाला था [दासानुदास पाठकराम की जिज्ञासा के प्रसंग में ही!] और इन पंक्तियों की आवृत्ति की थी :

"भुवने भ्रमिया शेषे
एसेछि तोमार देशे
आमि अतिथि तोमार द्वारे, ओगो विदेशिनी!
एसेछि तोमार देशे!"

अर्जेन्टिना की राजधानी बुयोनेस-एयरिस में (9 नवम्बर,' 24) एक महान् भारतीय अतिथि आया है—जो जहाज पर ही शीत ज्वर से आक्रान्त हो गया है। साथ में है एक इंग्लैंडवासी मित्र!

पेरू की सरकार ने, पेरू-स्वाधीनता-शतवार्षिकी के उत्सव में सम्मिलित होने

के लिए संसार के विभिन्न हिस्से के वैज्ञानिकों, साहित्यिकों को आमन्त्रित किया है। महामान्य अतिथि विश्वकवि उसी उत्सव में भाग लेने जा रहे हैं। किन्तु, इस अवस्था में, रोगग्रस्त शरीर को लेकर आगे कैसे बढ़ सकते हैं? पेरू की राजधानी लोमा तक पहुँचने के लिए ट्रेन से, लम्बी पहाड़ी-यात्रा अभी बाकी है।

अपने महामान्य अतिथि के प्रति कर्त्तव्य-पालन करने में अर्जेन्टिना ने कोई त्रुटि नहीं की। महामान्य होने के साथ ही यह अतिथि अर्जेन्टिना के साहित्य-रसिक-समाज का प्रिय कवि है। स्पेनिश भाषा में अनेक पुस्तकें अनूदित होकर छप चुकी हैं, हर व्यक्ति अपने ढंग से रवीन्द्रनाथ ठाकुर के नाम का उच्चारण कर रहा है—थागोर, नातत्राको!

कवि पेरू के सम्मेलन में सम्मिलित नहीं हो सके।

डॉक्टरों ने सलाह नहीं दी। और जब डॉक्टरों की सलाह हुई, तो कवि-मानसी मान-अभिमान भरे स्वर में बोली—नहीं जाने दूँगी! नहीं, नहीं, नहीं!!

रवीन्द्रनाथ ने प्रतिमादेवी के पत्र में लिखा है, 'विक्टोरिया साहब से (एल्महर्स्ट, कवि के इंग्लैण्डवासी मित्र) अप्रसन्न रहती है। कारण, साहब सदा मेरे पास ही रहता है, इसे वह सहन नहीं कर सकती। जाने की बात आयी तो उसने सोचा, साहब अपने स्वार्थ के लिए मुझे शीघ्र ले जाना चाहता है। बस खफा हो गयी साहब पर। तीनसत करती हुई बोली—नहीं जाने दूँगी...जेते नाहि दिबॅ!'

कविपुत्र रवीन्द्रनाथ ने अपनी किताब में इस मान-अभिमान-पर्व पर प्रकाश डाला है: 'This almost led to a major political-crisis between Argentina and Peru.'

कौन है यह Senora Victoria Ocampo—जिसकी जिद्द—पेरू और अर्जेन्टिना—दो राष्ट्रों के बीच एक बड़े राजनैतिक संकट की सीमा तक अटूट रही? कौन है यह Senora कुमारी कन्या?

किन्तु, पाठकराम के मन में कवि-चित्त विजयिनी विजया की एक प्रतिमा प्रतिष्ठित हो गयी है!

7 नवम्बर, 1924 से 3 जनवरी, 1925 तक कवि अर्जेन्टिना की राजधानी में रहे। और, इसी बीच कवि के जीवन में एक अलौकिक घटना घटी। अस्वस्थ शरीर, अवसन्न-क्लान्त-मन! विदेश का क्लेश! सब मिलाकर, एक मनहूस छाया छायी रहती कवि के आसपास!

ऐसे ही समय में, कवि के जीवन में, एक आश्चर्यमयी नारी का आविर्भाव हुआ। आत्मीय-स्वजनहीन सुदूर प्रवास में अस्वस्थ कवि की सेवा का समस्त दायित्व अपने हाथ में उसने ले लिया। राजधानी से पन्द्रह कोस दूर—अपने सुन्दर बँगले में कवि को ले गयी। प्रतिमा देवी को कवि ने लिखा: 'यहाँ की एक महिला स्वजन की भाँति सेवा करती है। उसने अपना 'बगान-बाड़ी' हम लोगों के लिए खाली कर दिया है। वह यहाँ की एक विख्यात लेखिका है। बहुत दिनों

से मेरी रचनाएँ पढ़ती है। इसीलिए, इतनी भक्ति—।'

इस असाधारण नारी ने कवि को अपने घर में बुलाकर अपने को समर्पित कर दिया—अस्वस्थ कवि की सेविका के रूप में। कल्पनातीत कहिए या अलौकिक ! दो देश के दो कवि-प्रतिनिधियों का यह मिलन !! कहाँ भारत-वर्ष और कहाँ अर्जेन्टिना ! दोनों एक-दूसरे की भाषा से भी अनभिज्ञ।

'आमि काने-काने शुधानु आबार
भाषा की तोमार ?
हासिया दोलाले शुधु माथा
चार दिके मॅमॅरिलें पाता
आमि कहिलाम—जानि-जानि
सोरभेर वाणी
नीरॅबे जानायबे तँबे आशा
विश्वासे भरेछे भोर सेई तॅबे विश्वासेर भाषा।'

विश्वास की भाषा ! भाषा जहाँ व्यर्थ हो जाय, अन्तर के भाव का आदान-प्रदान सौरभ की बानी या विश्वास की भाषा से ही सम्भव है।

विक्टोरिया के सम्बन्ध में जर्मन दार्शनिक परिव्राजक, काउण्ट काइजरलिंग ने अपने ग्रन्थ में Significant memories में अपना विचार प्रकट किया है :

'In recent year, however, I have come in contact with one woman, whose superlative eminence is beyond question, namely the Argentanian Victoria Ocamps. A wonderfully beautiful of great vitality, acute intelligence, fine aesthetic feelings, enormous power of work and great Social position...'

काउण्ट की दो पंक्तियाँ और उद्धृत की जायें। कवि-गुरु के बारे में उन्होंने लिखा : 'There has been no one like him anywhere one our globe for many centuries.'

पश्चिमी यात्रीर डायरी में—अर्जेन्टिना प्रवास-काल में लिखित प्रेम के विषय में कवि की नयी उपलब्धि !

'नारी का प्रेम पुरुष को पूर्ण शक्ति से जाग्रत कर सकता है। किन्तु, वह प्रेम यदि शुक्ल-पक्ष का न होकर कृष्ण-पक्ष का हो तो उसके मालिन्य की कोई तुलना नहीं। पुरुष कासर्वश्रेष्ठ विकास तपस्या में है। नारी के प्रेम में त्यागधर्म-सेवाधर्म—उसी तपस्या के तुल्य हैं। दोनों के योग से—परस्पर दीप्त ! नारी के प्रेम में एक और सुर बज सकता है—मदनधनु की टंकार। किन्तु, वह मुक्ति का नहीं बन्धन का सुर है।'

विक्टोरिया के चरित्र में स्पेनिश जाति-सुलभ भावुकता के साथ युक्त था, उसका प्रभावशाली व्यक्तित्व। किन्तु, 'अनुरक्त चित्र' को 'संयत सुन्दर' करने की

प्रेरणा विक्टोरिया को कवि से ही मिली होगी। उन्हीं दिनों, अर्जेन्टिना प्रवास में लिखित 'वनस्पति' कविता पढ़िए :

दयाकोरो दयाकोरो आरण्यक एई तपस्वी रे,
धैर्य धरो ओगो दिगंगना,
व्यर्थ करि बारे ताय अशान्त आवेगे फिरे-फिरे
वनेर अंगने मातियोना।
ए की तीव्र प्रेम, ए जे शिलावृष्टि निर्मम दुःसह
तुरन्त चुम्बनबेगे तबै।

4 जनवरी 1925···

कवि अर्जेन्टिना से विदाई ले रहे हैं। इटली के जहाज में जेनेवा-बन्दर तक जायेंगे। विक्टोरिया ने जहाज में केबिन-डि-लुक्स रिजर्व करवा लिया है।··· यात्रा में कवि को कोई कष्ट न हो!

हजारों नर-नारियों की भीड़ एकटक देख रही है अपने देवतुल्य अतिथि को। कवि डेक पर हाथ जोड़े खड़े हैं। रंग-बिरंगे हजारों रूमाल हिल रहे हैं— विदा! ओ प्रेम के अतिथि कवि! ···प्रेमर अतिथि-कवि आमार अतिथि!!

अचानक जहाज के एक हिस्से में शोरगुल सुनायी पड़ा। नारी कण्ठ? कवि ने मुड़कर देखा : उग्रा···उग्रप्रभा···दीप्ता···भीमा···भीमवादिनि···कलकण्ठी ···उग्रचण्डेश्वरी···वीरा···वीरसुन्दरी···क्रोधिनी···कुमारी विजया···विक्टोरिया!

'नहीं! नहीं!! नहीं!!'—विजया क्रोध से थर-थर काँप रही है—'यही है तुम्हारा केबिन-डि-लुक्स? तुम्हारी उस खटोली जैसी कुर्सी पर बैठेंगे, संसार के सर्वश्रेष्ठ कवि? मजाक समझ लिया है?···नहीं।'

जहाज के अधिकारियों की कोई दलील सुनना ही नहीं चाहती यह सभा-संक्षोभकारिणी। उसने कवि से कहा : 'खबरदार! उस कुर्सी पर मत बैठिए, लाखों खटमल होंगे उसमें।'

अपने घर पर टेलीफ़ोन करके ड्राइंग-रूम से आराम-कुर्सी मँगवा रही है विजया। कुर्सी आयी तो फिर दूसरा बखेड़ा खड़ा हुआ।

अपमानित, लांछित अधिकारियों को एक मौका मिला, "केबिन का दरवाजा छोटा है। इतनी बड़ी कुर्सी कैसे जायेगी अन्दर?"

"क्या-ा-ा??" महातेजस्विनी गुर्रायी, "इतनी बड़ी कुर्सी कैसे अन्दर जायेगी? मैं बतलाती हूँ अभी, कैसे जायेगी।"

ऐसा लगा, अब कोई अशोभन घटना घटेगी। कवि चिन्तित हुए। उन्होंने विजया को समझाने की चेष्टा की। लेकिन, विजया ने दुरन्ता, दुष्कृतिहरा-दृढ़वता का रूप धारण कर लिया है। किसी की कुछ नहीं सुनती।

खुट-खुट करती इधर-से-उधर दौड़ रही है। इस बार लौटी तो साथ में मय औजार बक्स के एक मिस्त्री था। औजार बक्स से छोटी आरी निकालकर स्वयं

दरवाजे को काटती हुई विक्टोरिया बोली—'समझे कप्तान साहब—इस तरह··· खर खर···खर खर खर···कुर्सी इस तरह अन्दर जायेगी। खर खर खर··· खटाक-खट-खटाक !!'

जहाज के अधिकारी चुपचाप देखते रहे। विजया विजयिनी हुई। दरवाजा काटकर, केबिन में आराम-कुर्सी डलवाने के बाद उसने कवि से केबिन में चलने की प्रार्थना की। कवि मुस्कराते हुए आरामकुर्सी पर बैठे। घुटने टेककर पैरों के पास बैठी विक्टोरिया—शुद्धा, सदानन्दमयी, निवेदन-मूर्ति जैसी।

पाँच साल बाद 1930 में पुनर्मिलन हुआ—पेरिस में।

इस मिलन की भी कहानी है। इस बार युरोप-भ्रमण में कवि अपने साथ ले गये थे अपनी आँकी हुई बहुत-सी तस्वीरें। फ्रान्स के शिल्पी-कलाकारों, गुणी-ज्ञानियों ने इन अभिनव चित्रों को देखकर, पेरिस में चित्र-प्रदर्शनी करने का प्रस्ताव किया। बाद में देखा गया, प्रदर्शनी की व्यवस्था एक कठिन व्यापार है। प्रदर्शनी के लिए हॉल चाहिए और कोई भी हॉल डेढ़ साल प्रतीक्षा करने के बाद ही मिल सकता है। इस बार कवि के साथ कविपुत्र रवीन्द्रनाथ भी तो थे। उन्होंने एक दिन हारकर कहा—प्रदर्शनी नहीं हो सकेगी। असम्भव व्यापार !

सभी निरुपाय होकर चुप हो गये। कवि का उत्साह कम नहीं हुआ, किन्तु। बोले, "बुलाओ विजया को।···डाक विजया के ! केब्ल कोरो !!"

"···बुयोनेस-एयरिस···बुयोनस-एयरिस-विजया ! विजया !!"

"आ-ऽ-ऽ-ऽ-ई !!" विक्टोरिया दौड़कर पेरिस आयी।

आयी और आते ही फिर रणचण्डिका का रूप—क्या ? हॉल नहीं मिलेगा ? अभी देखती हूँ।···केलि-विलास की नगरी के लोगों को क्या मालूम कि इन चित्रों की प्रदर्शनी करके यहाँ का कोई भी हॉल स्वयं भी धन्य होगा।

सचमुच, प्रदर्शनी के सर्वथा उपयुक्त सुन्दर हॉल मिलने में अधिक देरी नहीं हुई। विजया फिर विजयिनी हुई।

प्रतिमा देवी को कवि ने लिखा : "विक्टोरिया यदि नहीं रहती तो, मेरी तस्वीरें—भली हों, बुरी हों—किसी की दृष्टि में पड़ती ही नहीं। रथी ने सोचा था हॉल मिलते ही प्रदर्शनी अपने-आप लग जाती है। सरासर गलत धारणा है यह। खर्च कम नहीं हुआ है—करीब तीन-चार सौ पौण्ड। विक्टोरिया पानी की तरह बहा रही है पैसा। यहाँ के सभी बड़े गुणी-ज्ञानियों को वह जानती है।···डाक दिलेई तारा आसे।"

इस प्रदर्शनी के समय बुलायी गयी विजया, एक-डेढ़ महीने तक पेरिस में रही—कवि के साथ।

अली चचा से उस कुर्सी के बाबत पूछना भूल गया। यहाँ तक तो पता है कि कवि के साथ देश-विदेश घूमकर वह कुर्सी शान्तिनिकेतन आयी। कवि अन्तिम दिनों, उसी पर बैठना-लेटना पसन्द करते थे।

पूर्ण विश्वास है, वह अपूर्व, अमूल्य प्रेमोपहार—'आसनखानि'—जिसकी

गोद में बिछी हुई है विदेश की आदरभरी वाणी—निश्चय ही 'उत्तरायन' में सुठाम प्रतिष्ठित होगी।

यदि एक बार फिर शान्तिनिकेतन गया—खूँजे निबें सेई आसनखानि…!

[तीन]

'मरण' को रवीन्द्रनाथ 'श्याम समान' मानें या उससे प्रेम भरी बातें करके पुकारें—ओगो मरण गो मोर मरण!—कोई अचरज की बात नहीं। किन्तु, यदि आपसे कोई कहे कि प्रेतात्माओं ने कवीन्द्र को करीब एक पखवारे तक बेचैन कर रखा था तो आप विश्वास करेंगे?

श्री प्रशान्तकुमार महलानबीस की पत्नी श्रीमती निर्मल कुमारी महलानबीस को कवि ने पाँच-सौ से अधिक पत्र लिखे थे। पत्र ही नहीं, कवि कोई रचना करते, तो सबसे पहले उसकी एक कॉपी श्रीमती महलानबीस को भेज देते थे—नियमपूर्वक!

उन साढ़े पाँच सौ पत्रों में एक पंक्ति का पत्र भी है और दीर्घ कई पृष्ठों के भी। पिछले कई वर्षों से श्रीमती महलानबीस, विभिन्न पत्रिकाओं में विभिन्न अवसरों पर, अवसर के उपयुक्त पत्र छाँटकर प्रकाशित करवा रही हैं। पिछले साल से बंगला साप्ताहिक 'देश' ने धारावाहिक रूप से इन पत्रों का प्रकाशन शुरू किया है—सिलसिले से।

पाँच महीने पूर्व की बात है, महाराज वीतशोकानन्द (रामकृष्ण मिशन, पटना के महाराज) ने कहा, 'इस बार की चिट्ठियों को पढ़ा है?' पढ़िए जाकर। रात में घर लौटकर पढ़ने लगा। पढ़ते-पढ़ते हठात् ऐसा लगा, मेरे कमरे में दर्जनों अदृश्य आत्माओं की सभा बैठी हुई है। आश्चर्यित, प्रकम्पित—हँसा, डरा, रोया!! इसके बावजूद लाल पेन्सिल ने अपना काम कर लिया। रात-भर जगा रहा।

पत्र प्रस्तुत करने के पहले कविगुरु रवीन्द्रनाथ ठाकुर से क्षमा माँग लूँ। उन्होंने सोलहों आने ठीक कहा है—कबिरे पाबे ना कभू कोनो अनुवादे! एकदम सही बात। किन्तु, दबी जुबान से निवेदन करूँगा—प्रभो! अनेक कारणों में से एक कारण यह भी है कि आपके काव्यकथा-नाटकों में प्रयुक्त अनेक शब्द ऐसे हैं, जिनके अर्थ सिर्फ आप अथवा आपके निकटतम विद्वान शिष्यगण ही जानते हैं। 'बलाका' का अनुवाद हम बगुला ही करेंगे—क्या पता कि आपने राजहंस को बलाका कहा है। फिर, पत्रों में तो कहीं-कहीं आपके शब्द को Decode करना पड़ता है। नेत्रकोणा से लिखी गयी चिट्ठी के बारे में हम अन्दाज से यह अनुवाद करेंगे कि मयुरभंज के एक प्रसिद्ध स्थान से लिखित पत्र। जबकि 'नेत्रकोणा' श्रीमती महलानबीस के बराहनगरवाले बँगले के एक ऐसे कमरे का नाम आपने रखा—जिसकी खिड़की से पोखरा, पेड़, खेत, दिखलायी पड़ते थे। गिरिब्रज का

अर्थ कोष के अनुसार पर्वतसमूह है। पत्र में उसका अर्थ होता है गिरिडीह !··· इसलिए, थोड़ा-सा कष्ट पहुँच जाये तो 'दया कोरे खोमियो प्रभू मोरे।'

एक बात और ! पत्रों में बुला-बॅलू-बेला—तीन नाम एकाधिक बार आये हैं। लिखाई या छपाई में इधर का नाम उधर हो जाये तो सज्जनजन पाठकराम को दोष न दें।

पहला पत्र

कल्याणीयेषु,

उस दिन बुला[1] आयी थी। बातचीत के सिलसिले में हठात् मालूम हुआ कि प्रेतात्मा उसके हाथ पर उतरकर पेन्सिल चलाती है। बातें करती है। कहने की आवश्यकता नहीं, सुनकर मन-ही-मन हँसा। बोला—अच्छी बात। देखा जाये, क्या है। कागज पर पेन्सिल दौड़ने लगी, घण्टा में चालीस माइल के वेग से। पहला नाम निकला—मणिलाल गांगुली। उसकी बातों का—भाषा और भंगी का विशेषत्व है। उत्तर सुनकर लगा—मणिलाल ही बोल रहा है। लेकिन, इन सब मामलों में खूब पक्का प्रमाण नहीं मिलता। इसका प्रधान कारण—मन तो सम्पूर्ण निराकार नहीं। उसकी 'धारणा' का हेतु—हमेशा बाहर नहीं बल्कि उसकी प्रकृति में ही रहता है। मैंने जब कहा कि 'सुनकर लगा, मणिलाल ही बोल रहा है' तो, उस समय यह 'लगना' सम्पूर्ण रूप से मेरा आत्मगत भी हो सकता है। फिर भी, 'धारणा' हुई, यह मानना ही होगा। असल बात, मुझे सोच में डाल दिया है।···बुला को फिर किसी दिन आने को कहा। कल आयी। पहले नाम निकला मणिलाल का। उसने कहा, सत्येन[2] आना चाहता है। मुझे दुःख है, इन बातों को किसी ने 'टेप' नहीं किया। उसके सभी उत्तर सुसम्बद्ध थे। पश्चिम महादेश में अपने कर्त्तव्य की बात पूछते ही उत्तर मिला —'पश्चिम में अभी और भी बहुत काम है। बहुत-कुछ करना बाकी है। वहाँ आपका सौभाग्य आपके साथ रहेगा।' पिछले दिन माणिकलाल ने कहा था—'अमेरिका आपको जाना ही होगा। वहाँ आपका आसन सुप्रतिष्ठित है।' माणिकलाल ने कहा—'धरती पर रहते वक्त परलोक के सम्बन्ध में अनेक आलोचना-कल्पना किया करता था। लेकिन, इन आलोचनाओं से इस लोक का कोई मेल नहीं।' मैंने पूछा—'तुम्हारे धर्म-मत में कोई परिवर्तन हुआ है ?' वह बोला—'धरती पर मैं नास्तिक था। लेकिन, यहाँ मैं ईश्वर को अपने अन्तर में उपलब्ध करता हूँ।'

सत्येन से पूछने पर, बोला—'यहाँ किसी देवता को खोजना नहीं पड़ता। बस, इतना-सा ही परिवर्तन।' मैंने पूछा—'तुम क्या अन्तर के बीच ही उनको

1. उमा सेन, मोहित सेन की कनिष्ठा कन्या।
2. प्रसिद्ध कवि सत्येन्द्रनाथ दत्त।

अनुभव करते हो ? उत्तर मिला—'खूब अच्छी तरह। इसीलिए इतनी शान्ति !' फिर पूछा—'हिवर्ट-लेक्चर में धर्म-सम्बन्धी जो मत मैं व्यक्त करना चाहता हूँ—वह सही है या नहीं ?' उत्तर पाया—'एकदम सही। लेकिन, आश्चर्य है—अभी भी तो आप पृथ्वी पर ही हैं।' मणिलाल से भी मैंने यह प्रश्न पूछा था। उससे पहले अजित से भी। दोनों ने कहा था—'एमदम सही !'

अजित बोला—'Imagination के सम्बन्ध में आप जो निबन्ध लिख रहे हैं, वह कितना सत्य है, उसे यहाँ की अभिज्ञता से ही समझता हूँ।'

अमिता ने मेरे साथ अभिनय किया था। अजित इस बात को जानता है या नहीं, पूछने पर उत्तर मिला—'जानता हूँ, जानता हूँ। खूब निकट ही था, उस दिन—मधुर अवसर था।'

सत्येन से पूछा—'तुमने मेरी आधुनिक रचनाएँ पढ़ी हैं या नहीं ?' जवाब मिला—'पढ़ी हैं, यह कैसे कहूँ। लेकिन, प्रत्येक पंक्ति को जानता हूँ।' आश्चर्य !

'शरत् चाटुर्ज्ये की रचनाओं पर तुम्हारी श्रद्धा है ?'

उत्तर—'पहले थी। किन्तु अब अच्छी तरह पकड़ नहीं पाता हूँ। सम्भव है, यह मेरी देहहीन आत्मा का दुर्भाग्य हो।'

सत्येन की हर बात को लिख रखना उचित था। यदि ऐसा होता तो तुम देखते कि चिन्तन की बातें खूब हैं। मेरी दरिद्र स्मरण-शक्ति, याद ही नहीं रहती कोई बात।

सत्येन की बारी समाप्त होने को आयी तो उसने कहा—'ज्योतिरिन्द्रनाथ ठाकुर आये हैं।'

उनकी सारी बातें सुनकर हम अत्यन्त आश्चर्यित हुए हैं। तुम होतीं यहाँ तो, उसकी एक व्यक्तिगत वास्तविकता को समझ पातीं। मैंने उनसे पूछा—'उन रचना-कार्यों का कोई सिलसिला क्या अभी भी जारी है, जिनमें पृथ्वी पर रहते समय आप संलग्न थे ?'

उन्होंने कहा—'ठीक वैसा नहीं। यहाँ केवल आत्मसृष्टि में ही आनन्द है।' मैंने पूछा—'सृष्टि का कोई उपकरण नहीं है ? वे बोले—'आत्मा ही तो हमारा सब-कुछ ही। उसको गठित करके परिपूर्ण करना ही आनन्द है।'

अवन (अवनीन्द्रनाथ ठाकुर) ने पूछा—'हम लोग चित्र-अंकन को लेकर जो कुछ कर रहे हैं—वे क्या बच्चों के खेल मात्र हैं ?'

वे बोले—'आर्टिस्ट होकर तुमने ऐसा प्रश्न क्यों किया ?'

ज्योतिदा ने एक बहुत नयी बात कही—'पृथ्वी पर रहते समय बार-बार केवल शान्ति चाहा था। यहाँ आकर सोचता हूँ सुख ही क्या बेजा था।'

इसका एक अर्थ मैंने निकाला है, सुख नाम की चीज सीमाबद्ध देह और कामना से ही उत्पन्न होती है। वस्तु तथा भाव के साथ जड़ित है। उसको पकड़ने के लिए, भोग करने के लिए वास्तव-उपकरण की आवश्यकता होती है। मणिलाल, अजित, सत्येन, सभी से मैंने पूछा—'क्या तुम लोग आनन्द भोग करते

हो ?' सत्येन ने एक प्रश्नचिह्न लगाकर लिखा—'आनन्द ?' उसके बाद बोला—'आनन्द हम अपने अन्तर में ही सृजित करते हैं।'

मणिलाल ने भी लिखा—'सुख नहीं, किन्तु शान्ति है।'

ज्योतिदा से पूछा—'क्या देह ग्रहण करने की इच्छा होती है ?'

वे बोले—'मेरी इच्छा नहीं होती। जो सुख चाहते हैं, उनकी होती है।' आनन्द की बात पर उन्होंने कहा—'असीम शान्ति। किन्तु, आनन्द ?'

ये बातें खूब स्पष्टतः समझ में नहीं आयीं। पूछा—'किसी विशेष स्थान में वास करते हैं ?' उन्होंने कहा—'शून्य आकाश में।'

प्रश्न—यह आकाश सीमाबद्ध है ?

उत्तर—क्या, यहाँ कोई सीमारेखा तो नहीं देखता।

वहाँ की सत्ता, ठीक-ठीक क्या है, यह समझाया नहीं जा सकता—ऐसा ही एक भाव दिखलायी पड़ा उनके उत्तरों से।

सत्येन से पूछा—'पृथ्वी पर स्वदेश-साहित्य आदि में तुम्हारा जो उत्साह था, वहाँ भी वैसा कुछ है क्या ?'

सत्येन ने उत्तर दिया—'यहाँ ठीक वैसा कुछ नहीं। पृथ्वी की वह उत्तेजना नहीं। अथच्, अक्सर उसका अभाव अनुभव करता हूँ। पहले, जब आया था, पृथ्वी की प्रत्येक वेदना को हृदय के अन्दर अनुभव करता था। क्रमशः, वह वेग घटता जा रहा है।'

मणिलाल ने कहा—'सम्बन्ध रखते हुए भी उसका आकर्षण क्षय होता जाता है। नहीं तो मुक्ति कैसे होगी !'

मैंने पूछा—'पृथ्वी पर हम लोग जिन अध्यवसाओं में प्रबल इच्छा और चेष्टा के द्वारा प्रवृत्त हैं, उनमें परलोकगत आत्माओं का सहयोग रहता है क्या ?'

ज्योतिदा बोले—'हमारे मन में ठीक वैसी कोई वासना नहीं होती। किन्तु, पृथ्वी पर यदि कोई कुछ सृष्टि करता है अथवा कोई अच्छा काम होता है, उसे हम अनुभव करते हैं।'

जन्मान्तर की बात पूछने पर बोले—'जन्मान्तर है। किन्तु, पृथ्वी पर रहते जैसा समझता था, वैसा नहीं।'

अपनी मुक्ति की बात उनसे पूछी। बोले—'पाओगे। किन्तु, अभी और साधना चाहिए।···कितनी भूल-चूक !'

मेरी रचना के बारे में बोले—'तुम्हारी रचना समस्त बाधाओं को अतिक्रमण करके, चरम सार्थकता के पथ पर चल रही है। तुम सभी अवस्थाओं में शान्त रहना।'

मैं बोला—'शान्त ही तो होना चाहता हूँ। आपके इस उपदेश से मैंने विशेष बल पाया है।'

उन्होंने कहा—'जानता हूँ। इसीलिए तुम्हारे पास आया हूँ।'

अपने चित्रों के बारे में मणिलाल से प्रश्न किया। वह बोला—'आपके चित्र

यूरोप में आदर पायेंगे।'

ज्योतिदा बोले—'आशंका मत करो। तुम्हारा चित्र जगत् को एक नया प्रकाश दिखलायेगा।'

आश्चर्य ! क्योंकि, मेरे मन में सचमुच इस सम्बन्ध में आशंका है। पृथ्वी पर हम जिन्हें प्यार करते हैं, परलोक में उनके साथ हमारा कैसा सम्बन्ध रहता है, इस प्रश्न के उत्तर में बोले—'जिन्हें प्यार करते हैं, वे अन्तर के देवता के साथ एक हो जाते हैं। अब तो खो जाने का भय नहीं।'

हिवर्ट—लेक्चर में जो मत व्यक्त करना चाहा है, उनके सम्बन्ध में उनकी राय पूछने पर उन्होंने चार बार चौकोर बाक्स बनाकर, खूब जोर डालकर लिखा—सत्य ! सत्य !!

कुछ देर बाद स्वयं ही लिखा—वह गुलाब का फूल यहाँ ले आओ।

तब, हठात् देखा—घर के एक दूसरे अंश में छोटे टेबुल की फूलदानी में फूलों के गुच्छे में एक गुलाब। फूल अपने टेबुल पर लाते ही बोले—'कि सुन्दर !'

इसके बाद बोले—'एक गीत सुनाओ।'

मैंने चारों ओर दृष्टि दौड़ायी—कौन गा सकता है गीत ! उन्होंने लिखा—तुमी गाउ !

मैं सोच ही नहीं पाया, क्या गाऊँ, कौन-सा गीत गाऊँ। उन्होंने लिख दिया—रूप सागरे डूब दियेछि···।

गीत शुरू करने के तनिक बाद ही मेरे शब्द मानो बँध गये। बोली भरे गले में अटक गयी। तब उन्होंने गीत के बीच की दो पंक्तियाँ लिख दीं—

"जे गान काने जाय ना शोना, से गान जेथा नित्य बाजे।
प्राणोर वीणा निये जाव, सेई अतलेर सभा माझे।"

इतना-सा गा दिया। बोले—खूब ठीक। बहुत अच्छा लगा।

जो बात वह कहना चाहते थे, शायद उन्हीं पंक्तियों के माध्यम से कह गये। मुझे और याद नहीं—मैंने फिर गाया नहीं। सुरेन की बात पूछी—'उसे निष्कृति मिलेगी क्या ?'

उत्तर मिला—'मिलेगी क्यों नहीं ? क्या वह उत्तेजित होता है ?'

मैंने कहा—'उत्तेजना का कारण है। वह ऋण में जकड़ा हुआ है।'

वे बोले—'कर्मफल। बीच-बीच में वह हठकारिता जो करता है।' 'नूतन बौठान[1] से भेंट-मुलाकात होती है या नहीं'—पूछा। वे बोले—'नूतन बौठान समभाव से ही है।'

मैंने पूछा—'पृथ्वी के प्रति उनका आकर्षण है क्या ?'

वे बोले—'है। इसीलिए तो मुलाकात नहीं होती।'

मैं बोला—'मैं अभी तक उनको नहीं भूल सका हूँ। बड़ी वेदना के साथ याद

1. रवीन्द्रनाथ की दिवंगता पत्नी, जिन्हें ज्योतिरिन्द्रनाथ 'नई-बहू' कहते हैं।

आती है···।'

वे बोले—'जानता हूँ। नूतन बौठान से कहूँगा।'

ज्योतिदा के जाने के बाद नाम निकला—साहाना। हठात् याद ही नहीं आयी—कौन साहाना? बुला ने पूछा—'साहाना किसका नाम है?' वह नहीं जानती थी। अवन बोले—'बैलू[1] की स्त्री।' साहाना की मृत्यु की खबर मेरे मन में स्पष्ट नहीं थी, इसलिए उनकी बात सोच नहीं सका। पूछा—'बैलू से भेंट होती है?'

बोली—'मृत्यु के बाद एक बार भेंट हुई—अनेक के बीच।' प्रश्न—'उसे बुला दे सकती हो?'—'बुला रही हूँ।' बैलू आया।—कैसे हो? सुख से हो? उत्तर था—ठीक है। प्रश्न हुआ—देहहीन आत्मा को लेकर आनन्द पाते हो? उत्तर—आनन्द? यदि पाता हूँ तो वह मेरी अपनी ही सृष्टि है। प्रश्न—मेरी नयी रचनाओं से परिचय है? उत्तर—है। अच्छी लगती है—खूब। युग के बाद युग नव-नव धाराओं में चल रही है। प्रश्न हुआ—तपती देखा है। उत्तर—उपस्थित था। प्रश्न—कैसा लगा? उत्तर—कि आश्चर्य! प्रश्न—तुम्हारी यहाँ की रचनाओं की कोई अनुवृत्ति वहाँ है? उत्तर—नहीं चलेगी, नहीं चलेगी—बच्चों के खेल—मेरी वे रचनाएँ।

—रचना करने को मन होता है?

—सोचता हूँ खूब। मन के अन्दर रचना मानो स्वयं रूप लेती है।

—अपने मन की कोई सृष्टि अभी ही, हमें हमारी भाषा में सुना सकते हो?

—आज ऐसा लगता है, सुबह की धरती पर जो धूप बिछी है, मेरे प्राण के आनन्द का रूप है।

—शरत् काल की इस धूप के साथ तुम्हारी शरत्काल की स्मृति जगती है?

—जगती है। इसीलिए तो दौड़ा आया हूँ।

—धरती पर पाये सुख-दुख का स्वाद तुम्हारे अन्तर में अब भी है?

—बहुत कुछ भूल चुका हूँ। कुछ अभी भी छाया की तरह मेरे साथ है। मेरा बन्धन जो है! उससे मुझे अभी भी मुक्ति नहीं मिली।

—बन्धन से मुक्ति की कामना करते हो?

—करता हूँ। किन्तु, मैं बहुत पिछड़ गया हूँ। वह मानो मेरा···।

—मैं मुक्ति चाहता हूँ। सिद्धि-लाभ कर सकूँगा?

—मुक्ति तो आपके अन्तर का ही दूसरा रूप है। आपने कहा है न, मुक्त कोरो हे सबारि संगे—मुक्त कोरो हे बन्ध।

—देहान्तर धारण करने की इच्छा है?

—आपके वहाँ रहते जा सकूँ तो, इच्छा है। कितना परिवर्तन?

—पुनर्वार देह धारण क्या इच्छा के ऊपर निर्भर है?

1. स्वर्गीय बलेन्द्रनाथ ठाकुर।

—यहाँ कौन आयी हैं जानते हैं ?

—कौन हो तुम ? कहो।

—नहीं। नहीं कहूँगा। तुम मेरा नाम बताओ।

—छोटी बहू ?[1]

—हाँ।

—कैसी हो ?

—जिन्हें प्यार करती हूँ—वे एक-एक कर मेरे पास आ गये···।

—क्या पृथ्वी के साथ तुम्हारा बन्धन प्रबल है ?

—है ही। यह बात क्यों पूछते हो ? जानते नहीं ?

—मेरे काम-काज, साधना के प्रति तुम्हारा Interest है ?

—है। आज भी मेरा मन समस्त अन्तर से तुम्हारे कल्याण की कामना करता है।

—रथी के काम में तुम्हारी सम्मति है ?

—यह बात क्या मुझसे पूछने की है ? उसके पास जो हैं, वे देवता की तरह भी प्रकाश देंगे।

अन्तिम प्रश्नोत्तर मोहनलाल ने लिखा है। परम्परा की रक्षा करके लिख सका, इसी से। पहले का अंश टेढ़ी-मेढ़ी लिखावटों के जंगल से उद्धार किया गया है, इसलिए परम्परा नहीं निभा सका। और भी बहुत-सी बातें लिखी गयी थीं। खोजने पर मिली नहीं। सत्येन को एक बात लिखना भूल गया। उससे प्रश्न किया था—'बंगला के आधुनिक कवियों के सम्बन्ध में तुम्हारा क्या मत है ?' सत्येन ने उत्तर दिया—'अनेक के अन्दर पदार्थ है किन्तु, जानता हूँ ठीक वह सुर नहीं।'

व्यापार असल में क्या है, जोर डालकर नहीं कह सकता। ऐसा लगा कि भिन्न-भिन्न व्यक्ति से बातें हुईं। इसमें सन्देह करने की कोई आवश्यकता नहीं। बुला की भाषा तो थी ही नहीं, भाव भी बुला के नहीं हो सकते। मेरे भी नहीं। क्योंकि मैं जो कुछ सोचता हूँ या सोच सकता—उससे बहुत कुछ नहीं मिलता। मेरे अनजाने में मेरा मन यदि जवाब देता तो वह दूसरे किस्म का होता। हाँ, यदि कहो कि मेरा अवचेतन चित्त क्या विश्वास करता है—क्या कहता है वह मैं जानता ही नहीं या नहीं जान सकता। तब तो कोई तर्क ही नहीं। देहहीन आत्मा कैसी होती है या उनकी चित्तवृत्ति किस भाव की है—कल्पना करना कठिन है। किन्तु, आजकल के विज्ञान को मानने पर—यह देह क्यों वस्तु जैसी प्रतीत होने लगती है—इस रहस्य को भेदा नहीं जा सकता। वस्तु के मूल में है अवस्तु अर्थात् अनिर्वचनीय पदार्थ। इस माया को यदि मान सकते हैं तो, देहहीन सत्ता को भी मानने में दोष नहीं—यदि उसके प्रमाण मिलें। आजकल प्रमाण-संग्रह चल रहा है, अभी भी सर्वजनसम्मत विश्वास तक नहीं पहुँचा।

1. कवि की पत्नी

जो भी हो, जिनको मैंने ज्योतिदा कहा या कल्पना किया है—उनकी बातों ने मेरे मन की गम्भीरता से स्पर्श किया है। वे मुझे 'शान्त हउ' कहने का ही सुयोग ढूँढ़ रहे थे—इस बात को सच माने बिना मुझसे रहा नहीं जाता। यही बात मेरे जीवन की सबसे आवश्यक बात है। उसी समय से इस बात की प्रतिध्वनि रह-रहकर मेरे मन में होती है। तुम्हारे पत्रों में मैंने अनेक बार लिखा है—मेरा मन अतिरिक्त वेदना-कातर है। इसलिए लोगों के बीच, अक्सर शान्ति-रक्षा नहीं कर सकता। किन्तु, थोड़ी देर के बाद ही इसकी आत्मावमानना मेरे मन को पीड़ित करती है।

जाने दो।···कल रात रथी बीमा के साथ आया है। इति, 6 नवम्बर 1929।

तुम लोगों का

श्रीरवीन्द्रनाथ ठाकुर

दूसरा पत्र

जोड़ासांको

9 नवम्बर, 1929।

कल्याणीयासु,

···बुला फिर एक दिन आकर पेन्सिल चला गयी। उस दिन भी सोचने योग्य अनेक बातें निकलीं। एक बहुत बड़ी अचरज-भरी बात पायी गयी है। शमी[1] आया था। अन्य बातों के बीच उसने कहा—'शान्ति-निकेतन के ध्रुव की याद आती है मुझे।' वह बहुत दिन की बात है। ध्रुव एवं अन्य दो लड़के शमी के साथ शान्तिनिकेतन में हमारे ही घर में रहते थे। बेला ने उन लोगों की देख-रेख का भार लिया था। उन्हें पढ़ाई में भी सहायता करती। उसका नाम आया तो मैं किसी तरह उसको याद नहीं कर सका। अपूर्व ने कहा—हाँ, ध्रुव नाम का एक छात्र था। रात में बिछावन पर तीनों की याद आयी—हठात् लेटे-लेटे। उसकी याद शमी को आवे—यही संगत है। किन्तु बुला के हाथ से ये बातें कैसे निकलीं। शमी बहुत मीठी-मीठी और मजेदार बातें कर रहा था। सुकुमार की बातें भी वैसी ही—ठीक सुकुमार ही बोल रहा हो मानो। मोहनलाल ने लिख लिया है—कभी देखोगी।

शीतकाल की हवा चली है—शरत्काल का अवसान निकट है। इस समय शान्तिनिकेतन की धूप-भरी बेला के लिए मन खींच रहा है। इति।

तुम लोगों का

श्रीरवीन्द्रनाथ ठाकुर

1. कवि के दिवंगत पुत्र, शमीन्द्रनाथ ठाकुर।

तीसरा पत्र

कल्याणीयासु,

शान्तिनिकेतन आ गया हूँ।

प्रशान्त ने अपनी चिट्ठी में लिखा है कि बुला के हाथ से जो बातें निकलती हैं, विशेषकर उनकी परीक्षा करना आवश्यक है।

किन्तु, मुझे तो ऐसा लगता है कि इन सब व्यापारों में अति निःसंशय प्रमाण पाना सम्भव नहीं। मेरे सम्बन्ध में जिनको फैक्ट्स कहते हैं—उन्हें लेकर यदि तुम परीक्षा करो तो प्रमाणित होगा—मैं रवीन्द्रनाथ नहीं। जो गीत मैंने स्वयं रचे हैं, परीक्षा देते समय एक पंक्ति भी याद नहीं आयेगी, न कोई सुर ही। किसी ने पूछा था, चन्दननगर के 'बागान' में जब था, तो उस समय मेरी उम्र कितनी थी। कहना उचित था—प्रशान्त जानता है। मैं जो दक्षिण अमेरिका गया था उसे दो वर्ष हुए या तीन या चार—निःसंशय होकर नहीं कह सकता। शमी की मृत्यु कब हुई थी—याद नहीं। बेला का विवाह हुआ था किस वर्ष, कौन जाने! अथच, टेलीफोन पर मुझसे बातें करते समय तुम जिस चीज को लेकर मेरे सम्बन्ध में निःसंशय हो—वह है तुम्हारी 'धारणा'। तुम जोर डालकर कहती हो—यह ठीक मेरा स्वर है, मेरी भाषा है, ढंग मेरे हैं। और यदि कोई कहे कि नहीं, तो इसके बाद कोई ही नहीं। क्योंकि, तुम्हारे मन में मेरे व्यक्तित्व की जो एक समग्र मूर्ति (मोट छवि) है, वह दूसरे के मन में नहीं हो सकती अथवा दूसरे किस्म की होगी। यह—व्यक्तित्व का साक्षी ही सबसे सच्चा साक्षी है, क्योंकि इसको कोई बना नहीं सकता। मेरे जीवन के विशेष-विशेष तथ्य, मुझसे अधिक प्रशान्त जानता है। किन्तु, हजार चेष्टा करने पर भी वह मेरी 'मोट छवि' को अपने व्यक्तित्व में निखार नहीं सकता।

इस बीच, परसों बुला के हाथ से बात निकली, किन्तु नाम नहीं निकला। पूछने पर उत्तर मिला—'नाम मत पूछो। तुम जो सोच रहे हो—मैं वही हूँ।' इसके बाद जो बातें निकलीं—बहुत अचरज की हैं। उसकी सत्यता को जितना मैं जानता हूँ और दूसरा कोई नहीं। कभी कॉपी करके भेज दूँगा। किन्तु, समय पाऊँगा या नहीं—कह नहीं सकता।···अनेक काज! प्रशान्त अभी भी वहाँ है या नहीं—नहीं जानता। उसको यह पत्र दिखला देना।···

तुम लोगों का
श्रीरवीन्द्रनाथ ठाकुर

लाख चेष्टा करने पर भी अपने को रोक नहीं सका।

श्रीमती निर्मलकुमारी महलानबीस लिखित (गत वर्ष प्रकाशित) किताब 'बाइसे श्रावण' (इस नाम की एक फिल्म भी है, जिसको इस पुस्तक से कुछ लेना-देना नहीं!) से कुछ पंक्तियाँ नहीं दूँ, तो सब अलोना रह जायेगा। अठारह

साल तक कवि के साथ रही। कविगुरु जिन्हें अपना 'हेडनर्स' कहते थे। 'बाइसे श्रावण' है कवि के साथ अन्तिम कुछ दिनों की डायरी :

27 जुलाई,

···अमिता, बूढ़ी सभी घर में हैं। मुझे देखकर प्रसन्न मुख बोले—'जानती हो, आज भी एक कविता हो गयी है—सुबह, सुबह। यह कैसा पागलपन है, कहो तो! प्रत्येक बार सोचता हूँ—बस, यह अन्तिम है। लेकिन इसके बाद देखता हूँ, फिर एक निकल आयी। इस आदमी को लेकर क्या किया जाये।'

कविता सुनी—प्रथम दिनेर सूर्य···पेलॅना उत्तर।

29 जुलाई,

···शाम को आकर सुना—तीसरे पहर फिर एक कविता हुई है—'दुखेर आधार' —रात्रि बार-बार एसेछे आमार द्वारे···।

की काण्ड! कलकत्ता आने के बाद भी दो कविताएँ?

30 जुलाई

हम लोगों ने पहुँचकर सुना—कवि ने फिर एक कविता रची है। रावी (चन्द) ने कलमबन्द कर लिया है। हम लोग घर में आये। देखते ही बोले, "क्यों प्रशान्त, आज के अखबार में लड़ाई की क्या खबर है?" उन्होंने कहा, "आज ज़रा अच्छी खबर है।···लगता है, रसियन सेना ने जर्मनों को पीछे हटाया है।" सुनकर कवि का मुख आनन्द से उज्ज्वल हो गया। बोले, "पाखे! पाखे!! ओराई पाखे— वे ही सकेंगे।···एँह! भारी अहंकार हुआ था हिटलर को।···गोयरिंग-गोयरिंग, अब देखे गोयरिंग कि क्या होता है—दुश्मन सब!···रसियनों ने खूब वीरता दिखलायी है—असम्भव लड़ेछे···वाह!!"

7 अगस्त

···जोड़ासांको पहुँचकर देखा—जन समुद्र?···समाप्त? नहीं··· घर के अन्दर पहुँचने के ठीक एक-डेढ़ सेकेण्ड पूर्व तक थे?···भाग्य का यह कैसा निदारुण चक्रान्त! उनसे 'सत्य' किया था कि अन्तिम क्षणों तक पास रहूँगी। लेकिन··· किसने मुझे झूठमूठ टेलीफोन* करके मेरा सत्यानाश किया। इसी समय नहीं रह सकी! ···मेरी बात पर उनको विश्वास था।···कहाँ गया उनका विश्वास!!

[रवीन्द्र शत-वार्षिकी के उपलक्ष्य में लिखित। हिन्दी में प्रकाशन दिसम्बर, 1971]

* कवि की परिचर्या में लीन श्रीमती महलानबीस को रात डेढ़ बजे सूचना मिली—बरानगर से टेलिफोन आया है। जल्दी ही घर पर बुलाया है। श्रीयुक्त महलानबीस भी बीमार थे। उस रात जोड़ासाँको भवन में टेलिफोन इन्चार्ज थे 'शनिबारेर चिठी' के सम्पादक श्री सजनीकान्त दास। श्रीमती महलानबीस ने पुछवाया—किसने टेलिफोन किया था। वे बोले—पता नहीं। श्रीमती एक डाक्टर की गाड़ी माँगकर दौड़ी बरानगर गयी। देखा, वहाँ सब राजी-खुशी हैं। बल्कि, श्रीयुक्त महलानबीस का ज्वर कम है। टेलिफोन के बारे में सुनकर सभी आश्चर्यित हुए—किसी ने किया ही नहीं टेलिफोन। इसी बीच जोड़ासाँको से टेलिफोन आया—शीघ्र आइए। पहुँचते-पहुँचते, पहुँचने के ठीक एक-डेढ़ सेकेण्ड पहले ही अन्तिम निश्वास रुक गयी!

रामपाठक की डायरी से

घरौवा-व्यापार

बंगला में, किसी वस्तु या व्यक्ति अथवा प्राणी को विशिष्टता प्रदान करने का एक सहज नियम है कि उस वस्तु-व्यक्ति-प्राणी के आगे 'राम' जोड़ देते हैं। यथा—रामदा, रामछागल, रामपाखी। 'दा' के पहले राम जोड़ते ही वह साधारण 'दाब' अर्थात् लकड़ी या बाँस काटनेवाले अस्त्र से भिन्न हो जाता है। उससे सिर्फ बलि ही दी जा सकती है। 'रामछागल ? छागल हुआ, बकरा। और छागल अर्थात् बकरी के बच्चे के पहले 'राम' लगाते ही उसकी बलि कभी नहीं हो सकती। वह प्रजावृद्धि के लिए ही पलता रहता है—अपने गन्ध मादन केसर-गुच्छ के साथ बॅ-बॅ-बॅ-बॅ बमभोले शंकर को गुहराता-पगुराता मौज करता—रामछागल। इसी नियम के अनुसार सुजान पाठक 'रासपाठक' का कोई-न-कोई अर्थ निकाल ही लेंगे।

बंगला में हर व्यक्ति—नर-नारी—के दो नाम होते हैं। एक 'डाक नाम' (पुकारने के लिए) और दूसरा 'भालोनाम' (लिखने के लिए)। डाकनामों में भोंड़े और बेडौल नामों की संख्या गरिष्ठ होती है—हाबुल, भोंड़ा, घण्टा, फेला, भोंदड़, गोबरा, पचा, घुघलू···। लड़कियों के डाकनाम खेतों. माँती, ताँछी, बुड़ी, बुलटुन, खेंदी, गुनसी···। इसालए, किसी का सुन्दर डाकनाम सुनकर अचरज होता है। जैसे, मनु, कुणाल, मानिक, फणा···। अनेक क्षेत्रों में 'डाकनाम' का 'नामडाक' (प्रसिद्धि) इतना प्रबल हो जाता है कि 'भालो नाम' लेकर गोबरा बाबू को सही ठिकाने पर खोजिए, उनके घर में पूछिए—घर के अधिकांश प्राणियों को पता नहीं कि गोबरा बाबू ही श्री कवि कंकनकुमार हैं।

(बंगाल के श्रेष्ठ पुरुषों के 'डाकनाम' जानने की इच्छा प्रबल हो जाती है, कभी-कभी! रवीन्द्र, शरत, जीवनानन्द, ताराशंकर के डाकनाम तो जरूर होंगे!)

किन्तु, हम लोगों का (आमादेर!) मीनू और फणा ही श्री समीरराय चौधुरी और श्री मलयराय चौधुरी हैं क्रमशः, यह 'ज्ञानोदय' में संदीपन

चट्टोपाध्याय की चिट्ठी को पढ़कर मालूम हुआ ! मीनू अर्थात् समीर के बारे में जानता था कि वह कविता-कहानी लिखता है। आठ साल पहले उसने, हिन्दी में एक कहानी लिखकर मुझे सुनायी थी। किन्तु···, किन्तु···, छोटका···फणा अर्थात् मलय ही हंग्री जेनेरेशन का प्रधान पण्डा है, यह जानकर रामपाठक के मन की हालत ? 'भीषण-सुन्दर'···! !···मैथिली में एक कहावत है : 'संग्रही में चोखा घुर तायैत अछि।'

और यह जान लेने के बाद—'एषणा' (हंग्री के लिटल मैगेजिन समूह में एक) में प्रकाशित, मलयराय चौधुरी लिखित—'समालोचना एवं रिव्यू सम्पर्कित प्रस्ताव'—की प्रथम कई पंक्तियों को अपने 'फणा' के मुँह में पहनाने की चेष्टा करता है रामपाठक—'कि बिटकेल भाँड़ामो चलछे दिनेर पर दिन, शिल्पेर नामे, साहित्येर नामे, संस्कृति नामे। केउ नेइ गा करबार, सकलेइ निजेदेर एकटा करे हिल्ले करे नेबार ताले घुरे बेड़ाछे छिचके-चोरेर मतो···' (भाँड़ामो= भँड़ैती। छिचके चोर=छोटी-छोटी चोरी करनेवाला। धोती, गंजी अथवा अण्डर-वियर चुरानेवाला चोर।)

नहीं, फणा के सुन्दर, सुशील, कोमल, निर्विकार, प्यारे मुँह में इन बातों को रामपाठक नहीं पहना सकता है। मन के अन्दर मलयराय चौधुरी की एक छवि जो अंकित हो चुकी है, इन पक्तियों को पढ़कर···उसकी कविता-किताब 'शयतानेर मुख' में 'आमि' शीर्षक कविता की अन्तिम पंक्ति (और सम्पूर्ण कविता का अन्तिम खण्ड) को पढ़कर—वह अमिट है।···'बांचोत् ईश्वर साला शुयार बच्चा द्याख—पड़े आछि हात भेंगे ! !' यह हम लोगों का मितभाषी, सलज्य, (लाजुक), फणा कैसे लिख सकता है ?

और, बुद्धदेव कहता है, इन्हें चौराहे पर खड़ा करके चाबुक से पिटैया···वेश कोरे चाबकाते हूँबे। थूड़ी (यहाँ बुद्धदेव नाम कुछ विभ्राट की सृष्टि कर सकता है। श्री बुद्धदेव भट्टाचार्य पटना से (एक समय)प्रकाशित होनेवाली प्रसिद्ध बंगला मासिक 'प्रभाती' के सम्पादक रह चुके हैं। कई गल्प-ग्रन्थ के प्रणेता और राम-पाठक के···राम—आत्मीय !)

किन्तु, रामपाठक कहता है—किन्तु···!

—की किन्तु ?

—माने, अमेरिका के पत्र में अत्याधुनिक कवियों की पत्रिका City-lights magazine में उसकी रचना···वह EL-Corno-Emp-lumado का भारतीय सम्पादक···

बुद्धदेव, घर के दूसरे प्राणी को सतर्क करके चला जाता है—'दादार माथा खाराप कोरे दियेछे !' दादार माथा—रामपाठक का सिर फिर गया है ? ···झुका तो नहीं है !

दुःस्वप्न विलास

सोने के पहले The Hungry Generation-5 पढ़ा था। प्रथम पृष्ठ में संदीपन चट्टोपाध्याय की साम्प्रतिक रचना—'भय' की एकमात्र पंक्ति—"रैके एकटी मात्र बई उल्टे रेखे गेछे के, माझराते आमिराखि नि ! ···'

माझराते—रैके ! ···'गंडगोल' शुरू हुआ।

···आधी रात को—किताबों का अपने आप रैक से निकल-निकलकर कूदना —(आस्फालन !)? रवीन्द्र ग्रन्थावली की चोट खाकर रामपाठक कराह उठा ! उसने अनेक चेष्टा की। बिखरी-उड़ती-भागती किताबों को घण्टों वह दौड़-दौड़कर पकड़ता रहा। बीच-बीच में ग्रन्थावली का 'झापड़' खाता, वह अधमरा हो गया। तब एक ग्रन्थ बोला—हम इन रैकों में नहीं रह सकते। हमारे साथ तुमने 'हंग्री' के गन्दे-चिथड़े रखे हैं ? लाज नहीं आती ?···इनकिलाब—जिन्दाबाद !

रामपाठक ने गिड़गिड़ाकर कहा—मैं उन्हें हटा देता हूँ। और 'हंग्री लिटरेचर' को स्थानान्तरित करते समय उसने पूछा—क्यों ? श्री कमलकुमार मजुमदार कृत उपन्यास 'अन्तर्जली यात्रा' को भी—(सरिये दिते हॅबे !) हटाना होगा ? किन्तु, पिछले दशक में ऐसा उपन्यास···?

—चौपराड ! ···हंग्री जेनेरेशन का नाया अंक को नेंही जालाने से हमारा जाला···पुड़िये दाउ ! मलय के ! !

—जला डालूँ, क्यों ?

रामपाठक ने 'हंग्री जेनेरेशन' के टटके अंक से आवृत्ति शुरू की :

"आमार बाबा मा अन्य हलेउ कि आमि ऐ रकम हतुम ? सम्पूर्ण भिन्न एक शुक्र थेके मलय उर्फ आमि हते पार्तुम ? आमार बाबार अन्यान्य नारीर गर्भे ढुकेड कि मलय हतुम ?"

'···शान्ति दाउ, शान्ति दाउ—शुभा !

आमाके तोमार गर्भे आमारि शुक्र थेके जन्म निते दाउ···।'

—चौप राउ ! बन्द करो।

तब, रामपाठक ने हठात् 'कुमारसम्भवम्' के दसवें सर्ग से पाठ शुरू कर दिया :

> परिहृत्य परिरम्भ रभसं दुहितुगिरेः
> कामकेलिरसोत्सेकाद्धीडया विरराम सः ॥
> रंगभंगच्युतं रेतस्तदामोघं सुदुर्वहम्
> त्रिजगद्दाहकं सद्यो मद्विग्रहमधि न्यधात् ॥
> दुर्विषह्येण तेनाहं तेजसा दहनात्मना
> निर्दग्धमात्मनो देहं दुर्वहं बोदुमक्षभः ॥
> रौद्रेण दह्यमानस्य महसातिमहीयसा
> मम प्राणपरित्राण प्रगुणो···

ताजा खबर : हालखबर

रामपाठक के घर का दूसरा प्राणी बंगला साहित्य में एम. ए. करने की तैयारी में है। इसलिए, यूनिवरसिटी और डिपार्टमेण्ट के अलावा और कहीं की बात की सुनवाई जल्दी नहीं होती।

"तोमादेर डिपार्टमेण्टे लाके जाने ?

तुरत, आँखें गोल हो गयीं—की ?"

"इस क्षुत्कातर—सम्प्रदाय को लोग जानते हैं ?"

वह गम्भीर होकर बोली, "क्यों नहीं ! मंगलकाव्येर प्रथम युगे···।"

रामपाठक ने, Hungry Generation क्षुत्कातर-सम्प्रदाय—भूखी-पीढ़ी —Le Hungrialisme No. 66 पढ़कर सुनाया—

Religious Manifesto of the H. G. (1)···God is shit. (2) Religion is an omnivorus system of fued···(3) Religion is the straight jacket "I" teaching God to walk upside down, (4) Religion is Murder, Rape, suicide, Dope, Incest, Poison, Fucking···

"बन्द करो !"

दूसरा प्राणी अब तक ध्यानपूर्वक इसलिए सुन रहा था कि उसकी परीक्षा में काम आनेवाली बात हो—मंगल-काव्य के प्रथम युग की ही हो सकती है।

"किन्तु, बंगला साहित्य के विद्यार्थी को खबर होनी चाहिए—साहित्य की नवीनतम धाराओं की !"

"तोमार मुण्डू ! ···बन्द करो !!"

तीसरे पहर, फणा की काकी (आमादेर न' काकी-माँ) दौड़ती-हाँफती आयी। उनके साथ में पटना विश्वविद्यालय के बंगला विभाग में पढ़नेवाली एक महिला भी थी। इसलिए रामपाठक ने समझा—कोई, यूनिवर्सिटी या डिपार्टमेण्ट का व्यापार है।

"की खबर ? लतिका बाड़ीते नेई !"

"लतिका से नहीं, तुमसे काम है।···फणा, माने मलय के पुलिसे एरेस्ट कोरेछे ? ···हाँ, कोलकाता थेके पुलिसेर लोक एसेछिलो।···हाँ, हाथकड़ा हाते दिये, कोमरे दड़ी-रस्सी में बाँधकर, सड़क पर टहलाते हुए, हाजत में ले गया।··· हाँ, सिर्फ किताब के लिए ! घर की पूरी खानातलाशी—तन्न तन्न करके कागज-पत्तर, टाइपराइटर, बई-सब निये गेलो !"

"केन ? केन ??"

"की जानी ! आज सुबह को जमानत पर छुटकर आया है। कल, कलकत्ता चला जायेगा !"

रामपाठक को शरद देवड़ा की याद आयी।···कलकत्ते में एक आदमी है,

जिसको रामपाठक लिख सकता है ! वहाँ यदि जमानत-वमानत की जरूरत हो ?

अजब संयोग ! दरवाजे की कुण्डी खटखटायी और दरवाजा खुला; शरद देवड़ा अपनी प्यारी मुस्कराहट के साथ पत्थर के लैम्पपोस्ट की तरह···रामपाठक अवाक् खड़ा रहा—दूसरे पत्थर के लैम्पपोस्ट की भाँति !

शरद ने और भी सूचनाएँ दीं···समीर भी गिरफ्तार हो चुका है चायबासा में । देबीराय, शैलेश्वर घोष वगैरह सभी की गिरफ्तारी हुई है ।···सुना है, बंगला के कई सम्पादकों, लेखकों ने मुख्यमन्त्री से प्रार्थना की कि इन्हें शीघ्र गिरफ्तार किया जाये ! ···समीर, मलय, देबी, शैलेश्वर, सुभाष मुख्य अभियुक्त !

'न' काकी बोली—पुलिसवाले माने कलकत्ता से आये हुए पुलिस के ऑफिसर ने मलय के बाबूजी से कहा—'आप हँसते हैं ? आपको अपने पुत्र के कृत्य पर लाज नहीं आती ?' मलय के बाप ने जवाब दिया—'हम लोग 'साहित्य' क्या समझें—आर्टेर की बूझी ?'

रामपाठक समझ गया, उनके व्यंग्य को । पटने का मशहूर कलाकार(फोटोग्राफर)कहता है—आमरा आर्टेर की बूझी ? ···तब कौन समझता है ? कलकत्ता की पुलिस ?

उनके जाने के बाद, रामपाठक ने कुछ पढ़कर मन में साहस बटोरना चाहा। Allen Ginsberg के Journals से : Nov.5, 62

Dream—we murdered someone, trying to hide the evidence now, an envelop with the photographs a man in woman's dress—1920's banglis & hair do-plus torn papers with addresses···But I still have all this evidence in breast pocket envelope···

—सुनो, बुद्धदेव ने एक खबर भेजी है । उन···उन 'लक्ष्मीछाड़ाओं' की चीजें याने पर्चे किताब वगैरह कहाँ हैं ? लाओ, मैं चूल्हा सुलगा लूँ ।

रामपाठक का चेहरा हठात् कठोर हो गया । उसे लगा, वह सन् 1937, 38, 39, 40, 41, 42 में पहुँच गया है ।···उसकी अटैची में आपत्तिजनक साहित्य है । ···बुक-पैकेट रहेछे एकटा खाम in breast pocket envelope···देखूँ, कौन जलाता है, इन्हें ?

SPIT. BLOOD; BASTARD : HUNGRY

मातृहारा मातृतान्त्रिक मातृहंतारक कविता-संकलन—मांसेर त्रिकोण उ आमरा !

हंग्री जेनेरेशन ! स्रष्टा : मलयराय चौधुरी । नेतृत्व : शक्ति चट्टोपाध्याय । सम्पादन : देबीराय ।···छंदे गद्य लेखार खेलाके कविता नाम दिये चालाबार खेला एबार शेष हउया प्रयोजन । टेबललैम्प उ सिगरेट ज्वालिये, सेरिब्राल कर्टेक

से कलम डूबिये कविता बानाबार काल शेष हये गेछे। एखन कविता रचित हय अरग्याज्मेर मतो स्वतः स्फूर्तिते।

रामपाठक गम्भीर होकर इस 'विस्फोट' का समाजशास्त्रीय कारण 'चिन्ता' करता है। बं-गाल ?···साहित्य, राजनीति, विज्ञान, अध्यात्म, धर्म, तन्त्र—मातृपूजक महान् से महान्···!! बंगला साहित्य के इतिहास-भूगोल की याद करता है! ···बंगला-साहित्य ? एक ही प्रान्त की भाषा! एक ही नगर में समस्त पत्र-पत्रिकाएँ! एक ही नगर में रहनेवाले 95% लेखक-सम्पादक—कवि! ···घुटन! ···विस्फोट ?

रामपाठक स्वीकार करता है, चिन्तन उसका कर्म नहीं। 'हंग्री' लोग क्या चाहते हैं ? ये क्या है ? क्या लिखते हैं ? यह जानने की चेष्टा में वह लगा हुआ है। इसके लिए कितनी उदारता और तटस्थता की जरूरत है, उसे मालूम है।

BLITZ के 1964 के September 19 के अंक में प्रकाशित एक पृष्ठ-व्यापी संवाद पढ़ा—मोटे अक्षरों में : Police Nab Calcutta Beatniks··· Erotic lines & loves of Hungry Generation···नहीं, Blitz के कलकत्ता स्थित Correspondent महोदय ने तटस्थ होकर रिपोर्टिंग नहीं की है।

सम्भव है, "They want to chick through stunks and, may be, pseudo revolution in literary forms and themes.'—'ब्लिट्ज' संवाददाता का यह कथन, सच हो। किन्तु, किसी खास देश के किसी कवि विशेष ने इन्हें नहीं उकसाया है। न तो Inspire किया है। एलेन गिन्सबर्ग ने इन्हें अपना प्यार दिया है—यह सच है। इन्हें पहचानकर ही प्यार का व्यापार किया होगा Howl के प्रसिद्ध कवि ने!

कलकत्ता से प्रकाशित बंगला साप्ताहिक 'जनता' में एक कार्टून प्रकाशित हुआ है—हंग्री कवि का! 'जनता' में ही प्रथम 'कॉलम' में एक सुर्खी है—'कल्लोल युगेर प्रौढ़ कवियों कि हांग्री ?' और कुछ उद्धरण श्री बुद्धदेव बसु की सद्यःप्रकाशित रचना से :

"···शिथिल साड़ी

सोनालि शरीर ग'ले जाय धीरे, स्तनेर बोंटा, चोखेर मतो कांपछे।···टेर पाई तार स्तन दूटि ऊँचू हये देखचे आयाके।···बलि, थामो जेयोना मयला जीनेर पैन्टुलिन थेके बेरिये आसबे तलोआर, ज्वलबे आमार आगुन तोमार जोयारे। जवाबे से माथार तला थेके बालिश फेले देय, दमका हवाय उड़िये देय साड़ी, तार उदर पालेर मतो एगिये आसे।···एखनो, तबू आमि लुब्ध। हाड़े-हाड़ अमर काम क्षमाहीन।"

क्या बुद्धदेव बसु की इन पंक्तियों पर, कलकत्ता के 'सत्साहित्यिक'—पुलिस के 'महाकवि'-अधिकारियों की दृष्टि नहीं पड़ी ? ···शायद, विशुद्ध साहित्यिक-महल में यह भी सोचा जा रहा हो कि अमेरिका से लौटने के बाद ही श्री बुद्धदेव बसु इस तरह की रचनाएँ क्यों लिख रहे हैं ?

रामपाठक ने एक चिट्ठी पढ़ी है । एलेन ने किसी हंग्री को लिखा है । इनकी गिरफ्तारी की खबर सुनकर—उसकी क्या हालत थी, पत्र उसका प्रमाण है ।··· पत्र पढ़कर लगा—एक भोला-भाला शिशु या सन्त, अपने प्रियजनों के लिए व्याकुल होकर जो कुछ भी कर सकता है, कह सकता है, लिख सकता है—एलेन ने लिखा है ! पत्र के अन्त में 'जयराम' ! !

रामपाठक अपने से पूछता है—एक देश का कवि, दूसरे देश के कुछ तरुण कवियों के लिए छटपटा रहा है । क्या इस पर विश्वास किया जाये ? अथवा, राजनीति के रंग से इस 'खालिस आदमियत' को रँगकर सन्तोष किया जाये ? ··· हिन्दी, मराठी, गुजराती, तमिल, कन्नड़, असमिया आदि के लेखकों पर इस संवाद की क्या प्रतिक्रिया होगी ? ···श्री खुशवन्त सिंह का एक पत्र मिला, मलय को—'Don't worry. There will be many to support you.'

रामपाठक ने इस बीच 'हंग्री' लेखक-कवियों को थोड़ा जान-पहचान लिया है । यदि उससे इस 'पीढ़ी' के लेखकों का संक्षिप्त 'प्रोफिल' प्रस्तुत करने को कहा गया तो, वह कुछ इस तरह से आँकेगा :

सर्वश्री मलयराय चौधुरी

चकाचौंध में डाल देने योग्य 'झलमले', चमकप्रद, 'तुखोड़' (हरफनमौला), मेधावी, ख़याली एवं हठात् काव्य-बम्बार्डमेण्ट के माध्यम से दीवार को हिला देने योग्य दोष से सम्पन्न । जन्म-2-11-39 । शिक्षा—एम. ए. । रिजर्व बैंक में काम करते हैं । प्रथम काव्य-ग्रन्थ—'शय-तानेर-मुख' । इनकी तीन फर्मा व्यापी विराट कविता—'तुल-कालाम आत्महत्या'—का अंश विशेष इसी बीच banned हो चुका है । अखबार के दफ्तर में नौकरी चाहते हैं, खोजते हैं । निस्सन्देह रूप से अविवाहित । इनकी रचना (जो साँप के फण के समान होती है) को वैद्युतिक दमक (जो पाठक के दर्प को डँसने के लिए सदा उद्यत रहती है) देती है इसकी खूनी सुलभ रेशमी चिन्ताधारा । जो (चिन्ताधारा) पुराने 'गतानुगतिक' पर्स-पेक्टिव की छाती पर खड़ा होकर नयी सम्भावना की घोषणा कर सकती है !

सुनील गंगोपाध्याय

सुनील एक हंग्री रूप-कथा (Hungry Legend) हैं । शक्ति और संदीपन का गुरु । वेश्या, जुआ, शराब, नशा, दलाल एवं मानव-जीवन को लेकर खूब खिलवाड़ किया है । सुनील हर 'व्यापार' में लापरवाह हैं । इनके प्रथम उपन्यास को बंगला की किसी पत्रिका अथवा प्रकाशक ने छापना स्वीकार नहीं किया । अश्लीलता की दुहाई देकर । काव्य-ग्रन्थ : 'एका एवं कयेकजन ।' उम्र—33 । हाल ही में Iowa (आइओवा) से लौटे हैं और बेकार हैं । अविवाहित । बंगला में एम. ए. ।

देबी राय

प्रेमियों जैसा चेहरा। 'बस्ती' में पले हैं। साहित्य-जगत के श्रीकृष्ण अर्थात् सारी पृथ्वी की औरतों के 'प्रेमिक'! उम्र—26। शिक्षा—बी. ए.। वर्धमान में पोस्ट एण्ड टेलिग्राफ डिपार्टमेन्ट में काम करते हैं। अखबार में नौकरी ढूँढ़ रहे हैं। इनका प्रथम उपन्यास—'उपनायक पार्श्व-चरित्र इत्यादि'। जिस आग, बारूद, सत्य एव फ्रैंकनेस से लिखा गया है—उसने इनकी रचना में आश्चर्य-जनक 'उन्मादना'—प्रदान किया है। 'उन्मादना'—जो समालोचकों की देह को गरम या बरफ कर दे···।

विनय मजुमदार

इंजीनियर थे। इस्तीफा देकर पागल (एवं कवि) हो गये हैं। कांके में बहुत दिनों तक थे। दिन में 22 घंटे सोते हैं और दोपहर तीन बजे उठते हैं। प्रेमिका के ब्लाउज से अपनी कविता की कापी की जिल्द बँधवायी है। निस्सन्देह, ऊँची 'जाति' के एक कवि। चिन्ताधारा—विस्मयकर। मीनाक्षी दत्त (बुद्धदेव बसु की कन्या, ज्योतिर्मयदत्त की पत्नी, 'विदेशिनी', बिदेशी कथा-संकलन की सम्पादिका) इनको बंगला का एकमात्र कवि मानती हैं। उम्र—29। काव्य-ग्रन्थ : 'फिरे एसो चाका', 'गायत्री के', 'आमार ईश्वरी के।'

उत्पल कुमार बसु

स्वयंविरोधिता से चकमक। उत्पल के 'डिक्शन' एकदम नये और अभिनव हैं। अपने रैयड स्ट्रीट (Royd street) स्थित फ्लैट को कार्निवल बना डाला है, खिड़कियों को सिमेन्ट से बन्द करवाकर, दिन में रोशनी जलाकर कविता लिखते हैं। उत्पल अविवाहित हैं या नहीं, कहना कठिन है। तब, उत्पल चिरकुमार नहीं हैं। आशुतोष कॉलेज में जियोलॉजी के अध्यापक। (अभी की डाक बतलाती हैं कि 'हंग्री' कवि होने के जुर्म में रिजाइन करने को बाध्य किया जा रहा है।) काव्य-ग्रन्थ—'चैत्रे रचित कविता।' सम्प्रति प्रकाशित एकदम नया 'एक्सपेरि-मेण्टल' कविता-संकलन—'पुरी सिरीज', अभी 30 हैं।

सुबो आचार्य

अभी तक सिर्फ पाँच ही कविताएँ लिखी हैं सही, लेकिन इन्हीं के बल पर बंगला-साहित्य में अपनी एक जगह बना ली है, सुबो आचार्य ने। कविता लिखने का एक सम्पूर्ण निजस्व फॉर्म आपने आविष्कार किया है। प्रदीप चौधुरी के साथ आप भी विश्वविद्यालय को छोड़कर चले आये और कई वर्षों तक कलकत्ता के फुटपाथ पर और वेश्यालयों में रात्रिवास करने के लिए बाध्य हुए हैं। उम्र : 24। शिक्षा बी. ए.। सुबो आचार्य को परमाणु युग का कीट्स कहा जा सकता है। अविवाहित।

शैलेश्वर घोष

शान्त, शिष्ट स्कूल-शिक्षक। दिनाजपुर में जन्मे और वहीं पले। अब कलकत्ता में रहते हैं। कलकत्ता—जहाँ की हवा में साँस लेते हैं आक्सीजन, असत् प्रवृत्ति और विश्वासघातकता आदमी के हृतपिण्ड तक चला जाता है, एक स्कूल-शिक्षक वहाँ कितना असहाय···? उम्र : 27 । बंगला में ऑनर्स। अपने से उम्र में बड़ी एक विवाहिता महिला के प्रेम में आबद्ध। काव्य-ग्रन्थ—'घोड़ार संगे भौतिक कथावार्ता।'—'घोड़ा' इनकी रचनाओं में अवश्य आ जाता है। कलकत्ता, कभी-कभी (इन्हें लगता है) घोड़े के पेशाब में डूब गया है !

संदीपन चट्टोपाध्याय

इस अस्वस्थ जेनेरेशन का अस्वस्थतम कापुरुष। चिन्ता करने का प्रचण्ड साहस है, लिखने का साहस थोड़ा-सा, जोर गले से डटकर मुकाबला करने का साहस न्यूनतम नहीं। फिर भी संदीपन सबसे उत्तेजक एवं सर्वाधिक पठितव्य गद्य-लेखक। संदीपन को बंगला-नूतन-गद्य का आर्किटेक्ट कह सकते हैं। अब तक सिर्फ छः कहानियाँ लिखी हैं और इन्हीं कहानियों से 'चुड़ान्त' ख्याति ! उम्र : 31 । शिक्षा : बी. ए. । कारपोरेशन के एसेसमेण्ट इन्सपेक्टर। किसी 'डाइ-वोर्सी' से शादी की है। हंग्री जेनेरेशन में सबसे ज्यादा डरपोक होने के बावजूद, संदीपन निस्सन्देह एक 'विस्मयकर' चीज हैं। गल्प-ग्रन्थ—'क्रीतदास क्रीतदास।'

सुभाष घोष

इनको कलकत्ता के 'साहित्यिक महल' में शैलेश्वर घोष का पीटर अॅर-लबस्कि कहा जाता है। क्योंकि, अपना शारीरिक-आभिजात्य-बोध नहीं होने के कारण आप शैलेश्वर घोष को छोड़कर और किसी के साथ नहीं रहते। लाजुक, पुतुल (खिलौने) की तरह छोटे। अपने अद्भुत गद्य-तकनीकों के बारे में अत्य-धिक बोलते हैं, अथच लिखते हैं खूब कम। गद्य-कम्पोजिशन के एक्सपेरिमेण्ट में—सुभाष एक्सट्रिमिस्ट हैं। आपके एक्सपेरिमेण्टल उपन्यास का नाम है—'गोलाकृति अन्धकार।' सुभाष, सेरामिक इन्स्टियूट का लाइब्रेरियन है। महि-लाओं को प्रेम करने या महिलाओं का प्रेम लेना इन्हें अच्छा नहीं लगता। उम्र—26 । शिक्षा : बी. एस.-सी., बी. ए., डिप-इन लाइब्रेरियनशिप।

दीपक मजुमदार

जादवपुर विश्वविद्यालय में कम्परेटिव लिटरेचर का अधपगला-अध्यापक ! विश्वभारती में भी यही काम करते थे। किन्तु, वहाँ के अधिकारियों को अध्यापक के हिसाब से आप तनिक ज्यादा 'गरम' लगे। इसलिए, शान्तिनिकेतन छोड़ना पड़ा। एक 'ड्रामा ऑफ दि एबसर्ड' लिखा है—'बेदानार कुकुर उ अमल।'

नाटक के अद्भुत गीतों के सुरकार आप स्वयं हैं। उम्र : 33। विवाहित। फुलब्राइट स्कॉलरशिप लेकर अमेरिका जा रहे हैं।

रामानन्द चट्टोपाध्याय

रामानन्द को लेकर शोरगुल करने के कारण हैं कि वह सिर्फ बाइस वर्ष का है और उसने अब तक दस से ज्यादा कविता नहीं प्रकाशित करवायीं। हालाँकि दिन में सोलह घण्टे कविता लिखना छोड़कर उसे कोई दूसरा काम नहीं। रामानन्द में चिकनाई है और उसके साथ ही है क्षेपणास्त्र युग (missile age) की अकाल-पक्वता। ग्रेजुएट। बेकार। अविवाहित। साहसी। असत् चरित्र एवं तेज। बंगला साहित्य रामानन्द को कितनी दूर तक ले जायेगा—अभी ठीक-ठीक नहीं कहा जा सकता।

तारापद राय

तारापद को इधर खूब उठते-बैठते देखा जाता है। हंग्री दृष्टिभंगी का एक अपना 'दर्शन' तैयार करने में आजकल व्यस्त हैं—जो खृष्टधर्म अथवा इस्लाम की तरह नूतन एक धर्मपत्तन का बीज होगा—यह उनका विश्वास है। 'हंगर' इनके लिए एक परिवर्तनशील समय का निर्देशक है—हिंसा-जिघासा (Violence) नया—हिस्टिरिया, विद्रोह और गोलमाल का। जो, मृत कलकत्ता के अश्लील नीतिबोध को तोड़-फोड़कर, 'चूरमार' कर नया एक स्वस्थ जीवन-बोध गढ़ लेगा। क्योंकि, उस हीन नीतिबोध ने ही सारे बंगाल (बांग्ला देश) को अस्वस्थ बना दिया है। अस्तित्व की हर साँस में कैन्सर छींट दिया है। तारापद की कविता, हमेशा एक महत् और पापताड़ित, भयंकर और दयामय चरित्र को reveal करती है। उम्र—33। विवाहित। शिक्षा — बी. ए.। काव्य-ग्रन्थ — 'तोमार प्रतिमा।'

बासुदेव दास गुप्त

आसपास, आँख खोलकर देखने पर, गद्य लेखकों के बीच बासुदेव पर सहज ही दृष्टि पड़ती है। 'छोट-गल्प' लिखने में सचमुच एक नया 'गोलमाल' आरम्भ करने में सफल हुए हैं। गल्प-ग्रन्थ : 'रंधनशाला'। इन्हें ट्रक में बन्द कर बंगोपसागर में फेंक दिया जाये तो, अपनी इन्हीं रचनाओं के बल पर, उससे बाहर निकल सकते हैं। उम्र—22। जादवपुर विश्वविद्यालय का छात्र। अविवाहित।

ज्योतिर्मय दत्त

कलकत्ता के, इस समय के कवियों में ज्योति खूब स्वतःस्फूर्त। एक जबर्दस्ती के यन्त्र की तरह उसकी कविता, जो आँधी की तरह आती है और चली जाती है। नतीजा यह है कि ज्योति की मूल्यवान कविताएँ अभी बनने के क्रम में हैं।

'ज्योति बालीगंजेर छेले'—जिसकी आठ जोड़ी आँखों की जादूगरी और विराट हृतपिण्ड की बात किसी से छिपी नहीं। उम्र—27। काव्य-ग्रन्थ—'जलेर पुरान'। ब्रॅड स्ट्रीट में अपनी इन्टेलेक्चुअल स्त्री मीनाक्षी दत्त के साथ रहता है। 'स्टेट्समैन' का एक सब-एडिटर।

देबाशीष बन्द्योपाध्याय

मीठे मिजाज का लड़का। लेकिन, कोई 'भण्डामि' नहीं, बनावटी बात नहीं उसकी बोली में। आउटरेजस और खतरनाक हंग्री नहीं। जरा 'मेयेली' (लड़की) स्वभाव का। उम्र—22। जादवपुर विश्वविद्यालय का छात्र। अविवाहित।

शक्ति चट्टोपाध्याय

कलकत्ते में ऐसा कोई भी कॉफी-हाउस नहीं जहाँ किसी-न-किसी सम्पादक के पॉकेट में शक्ति की कविता न हो। अब तक करीब पच्चीस हजार कविताओं की रचना कर चुके हैं। आघात देना बचपन में ही सीख चुके हैं। सुना है, नौकरी करना पसन्द नहीं करते। उम्र—32। काव्य-ग्रन्थ है—'हे प्रेम, हे नैशब्द'। उपन्यास—'कुयोतला।' शिक्षा—आई. ए.। 'बस्ती' में रहते हैं। हंग्री कवियों में सर्वाधिक छन्द-ज्ञान शक्ति को ही है।

सुविमल बसाक

तेज-तर्रार। स्फुलिंग। मेधा, निश्चय ही है आपमें। किन्तु, अचरज की बात यह है कि मेधा के साथ ही 'आत्मा' भी है। हिन्दी से बंगला में अनुवाद करने में उस्तादी हासिल कर चुके हैं। उम्र—24। इनकमटैक्स में काम करते हैं। आजकल अपने उपन्यास 'भग्नांश-समूह' लिखने में व्यस्त हैं।

प्रदीप चौधुरी

बहुत ही गन्दा और अत्यन्त साफ-सुथरा अर्थात् 'परिष्कार छेले'। विश्व-भारती से बहिष्कृत। बाद में, जादवपुर विश्वविद्यालय को प्रचुर गाली-गलौज और उपदेश देकर स्वयं ही निकल आये। सिर से ऐड़ी तक कवि। अपने को Holy Barbarian कहते हैं। उम्र—24। फ्री-लान्सर। अपनी कविताओं के माध्यम से पृथ्वी को पुनः सभ्य बना डालना चाहते हैं। काव्य-ग्रन्थ—'नष्ट गाड़ी बारांदा'।

और, अन्त में—म-ल-य का बड़ा भाई।

समीरराय चौधुरी

यान्त्रिक कलकत्ता, निर्दय कलकत्ता, व्यभिचारी कलकत्ता का, इन दिनों, एकमात्र कवि! 1960 ई. तक जिसे 'कविता' समझा जाता था और 1962

से जिसे 'कविता' कहा जाता है—समीर इन दो मेरुओं का संयोग-स्थल है। विवाहित। शिक्षा—बी. एस.-सी.। फिशरिज़-इन्सपेक्टर। काव्य-ग्रन्थ—'झर्नार पासे शुये आछि', 'जानवर'। स्वप्न-संकलन—'एलाका 44'। समीर बंगला से भी अच्छा हिन्दी में लिख सकता है, (लिखता है!)—और, किसी भी विश्वविद्यालय के हिन्दी विभाग में अध्यापक का काम बखूबी कर सकता है। सन्त-साहित्य अथवा नयी कविता, जो भी पढ़ाने कहिए।

अन्यान्य, अनेक···सभी सक्रिय। सभी प्राणवान···!!

— पवित्र बल्लभ, अरुणरतन बसु, शरतकुमार मुखोपाध्याय, सतीन्द्र भौमिक, जोगेश पाण्डा, अशोक चट्टोपाध्याय, मनोहर दास, शंकर चट्टोपाध्याय, तुषार-चन्द्र, शंकरसेन, अमृत तनय गुप्त, भानू चट्टोपाध्याय, हरकुमार मांझी, सुनील हाजरा, पवित्र मुखोपाध्याय, रवीन्द्र गुह, आशीष घोष, सुब्रत चक्रवर्ती, सुब्रत भारद्वाज।

साल तमामी के पहले

रामपाठक ने हंग्री के 'लिटिल जर्नल्स-पत्रिकाएँ' पर्चों को देखा है।—'एषणा', 'प्रतिद्वन्द्वी', 'हंग्री-जेनेरेशन', 'छोटो गल्प', 'सम्प्रति' आदि उनके अन्दर के साँप-बिच्छुओं के बावजूद—(विचित्र) रुचि-सम्पन्नता के जगमगाते उदाहरण हैं। रामपाठक ने अन्य भारतीय भाषाओं के भी लिटिल मैगेजिन्स देखे हैं किन्तु···

रामपाठक ने अखिल भारतीय स्तर पर आयोजित कई लेखक सम्मेलनों में, कई बार आजमाकर देखा है। बंगला के प्रौढ़ तथा आधुनिक-लेखक, हिन्दी के लेखकों से बात करते समय हर चीज का हाल-चाल और दर-भाव पूछते हैं। किन्तु, यह कभी नहीं पूछते कि हिन्दी में क्या हो रहा है। क्योंकि वे जानते हैं कि इस भू-भारत में हर भाषा में कुछ-न-कुछ हो रहा है, हिन्दी के सिवा। 'हिन्दी में भी कॅबिता को कॅबिता बोलता है।' माने, हिन्दी में भी कॅबिता लेखा होता है? ओ बाबा!!

रामपाठक को दो-ढाई महीने पहले बंगला 'देश' में प्रकाशित, 'पुस्तक परिचय' स्तम्भ में श्री भगवतीचरण वर्मा कृत उपन्यास 'चित्रलेखा' के बंगानुवाद की संक्षिप्त आलोचना की पंक्तियाँ याद आती हैं। आलोचक ने अपने हृदय के क्षोभ (मनेर झाल!) को, अन्तिम एक पंक्ति में इस तरह व्यक्त किया है—'आशा है, अनुवादक भविष्य में ऐसे ही ग्रन्थों के अनुवाद करें—जिनसे बंगला-साहित्य की श्रीवृद्धि हो।' अर्थात्—(रामपाठक ने अर्थ निकाला)—'की सब आजे-बाजे जा-ता राज्येर गांजा अनुवाद होच्छे?'

···और, आकाशवाणी कलकत्ता से ज्यों ही 'हिन्दी-शिक्षा' का प्रोग्राम शुरू हुआ कि सारी कलकत्ता-नगरी, सारे बंगला-देश के घर-घर में रेडियो का गला निर्ममता से घोंट दिया जाता है···कर्रर कट्ट···जॅतॅ सब!!

किन्तु, हंग्री-कवि-लेखकों—नवीनतम पीढ़ी अर्थात् वर्तमान पीढ़ी के लोगों से मिलते ही मालूम हो जाता है कि 'कल्पना' में शमशेर की कविता पढ़ ली है। 'लहर' का नया अंक देख चुके हैं ! वे प्रकाशित होनेवाले विशेषांकों को खरीदकर पढ़ते हैं। हिन्दी के कवियों के स्वास्थ्य के बारे में पूछते हैं।

रामपाठक को कलकतिया लड़कों की एक बात बहुत पसन्द है कि लड़कियों की तरह एक खास अन्दाज में, सुर के साथ बात करते हैं। देबीराय ने कलकत्ता के पुलिस-हाजत का अनुभव सुनाया। हँसते-हँसते पेट में बल पड़ गये। किन्तु, उनके चेहरे पर रत्ती-भर हँसी नहीं। निर्विकार होकर, सुर में सुना रहा है—'जानेन दादा, साला, आमाके की बोललो ?···बोललो जे, एँते-एँते नतून काज होच्छे—ओ सबजेक्ट गुलोनिये केन लेखो ना ? ए सब नोंगरामी (गन्दगी) केन कोरे बेड़ाइ ? बुझलेन दादा ? साला, बले कि तुमि कि तोमार बोनेर संगे सुयेछो ?'

रामपाठक को अभी-अभी एक पत्र मिला है, कलकत्ता के एक पत्रकार मित्र का—'ब्रादार ! तुम्हारे दोनों 'गुणहारों' को—'फाइव ग्रेट्स' के बीच देखा। लगा, कोई 'बम-केस' की सुनवायी होनेवाली है। और, मलय तो सचमुच 'राज-हंग्री' है। नाराज मत होना, अपनी पत्रिका में इस केस का विवरण नहीं प्रकाशित करवा सकता। मेरी मजबूरी को जानते हो। किन्तु, कोर्ट-कम्पाउन्ड में—बाहर अनेक देशी-विदेशी पत्रों के प्रतिनिधियों के कैमरा के 'फ्लैश बल्ब' रह-रहकर चमक रहे थे ! ···कॉफी हाउस, लाइट हाउस जहाँ भी ये पहुँचते, हजारों-हजार आँखें इन्हें देखने के लिए चंचल हो जातीं।···Louis Krarr (Time & Life, Bureau Chief in India) को फुसलाकर कुछ तस्वीरें प्राप्त कर सकूँगा ऐसी उम्मीद नहीं। उसने कोर्ट से लेकर हंग्री के अड्डे—खलासीटोला—में अनेक अद्भुत स्नैप्स लिये हैं। तुम्हारे दोनों गुणधर—एक प्याली के यार—असली माँ काली मार्का-50 हिल-मिलकर चढ़ा रहे हैं ? ···सुना नहीं, देखा उस दिन कॉलेज स्क्वायर में—एक हंग्री सड़क पर लेट गया और ट्राफिक जैम्ड। पूछने पर बतलाया कि वह कलकत्ता के ट्राफिक पुलिस को ट्राफिक-कण्ट्रोल करने की ट्रेनिंग दे रहा था। क्योंकि कलकत्ता के पुलिसवाले अब साहित्य-सृष्टि करने की ट्रेनिंग देने लगे हैं।···'हंग्री' एक मुहावरा हो गया है। बड़ी बहन, छोटे भाई को डाँटते हुए कहती है—'तुई एकेबारे हंग्री।'···और तो और—अब 'नकली हंग्री' भी निकल गये हैं। कथा-कहानियों के नायक अपनी प्रेमिकाओं को समझाने लगे हैं—हंग्री लेखकों की गन्दी चीजें क्यों नहीं पढ़नी चाहिए ? ···'

रामपाठक ने इस वर्ष के अनेक पूजा-विशेषांकों को पढ़ने के बाद, एक प्रश्न उपस्थित किया है :

सवाल है···नामी से नामी, पुराने से लेकर आधुनिक बंगला गल्प-लेखक अब फिलम डायरेक्टरों के मुँह देखकर कथा की सृष्टि करते हैं। उत्तमकुमार, सुचित्रा सेन, सुप्रिया, अनिल, सौमित्र, शर्मिला, भानू आदि को सामने रखकर वे

रचना करने लगे हैं। तब, ऐसे 'बाजार' में रामपाठक 'क्रीतदास-क्रीतदासी' को पुनः-पुनः क्यों न पढ़े ?

इधर कुछ दिनों से, बम्बई, कलकत्ता या कहीं के किसी पार्क में जब-तब जाने का मौका मिला, एक अजीब-सी अनुभूति होने लगी है। पार्क में किसी एकान्त कोने से एक रिरियाती हुई मद्धिम आवाज आती है—'आमाके धोलाई दाउ हे ईश्वर ! पये गेलूम मरे गेलूम मागो।' (मलयराय चौधरी कृत 'शयतानेर मुख' काव्य-ग्रन्थ की कविता 'धोलाई' की अन्तिम पंक्ति)। उलटकर देखता हूँ—किसी-न-किसी श्रेष्ठ पुरुष (महान वीर, विशाल व्यक्ति, महादानी, मानी) की प्रस्तर प्रतिमा काक-चील-पंछी की बीट के भार से कराहती हुई—आमाके धोलाई दाउ हे ईश्वर ! ···

[मराल (वाराणसी) का बंगला नवलेखन विशेषांक/जनवरी 1965]

भादुड़ीजी !

'तोमार साहस तो कम नय ? साहस ना, दुःसाहस ···स्पर्धा !'

बंगला भाषा में बंगला भाषा के एक महान् लेखक के बारे में लिखने बैठा हूँ और मेरे भीतर का गुप्त 'मैं' मुझको धमका रहा है। और ठीक उसी समय मन के एकान्त में 'श्री-श्री सिद्धेश्वरी लिमिटेड' के श्री गण्डेरी की बातों की प्रतिध्वनि सुनायी पड़ती है—'बहुत बंगाली र संगे आमि मिलामिषा कोरि। बांग्ला किताब भी अन्हेक पॅड़ेछि—बंकिमचन्द्र, रवीन्द्रनाथ, और भी सब !'

बंगला में लिखने के विषय में एक बार भादुड़ीजी ने कहा था—'आ-रे ! भयेर कि आच्छे ! जो लोग श्री गण्डेरी की बंगला बर्दाश्त कर चुके हैं, वे लोग उदारता के साथ तुम्हारी भाषा भी मान लेंगे।'

अतः आज निर्भय मन से 'जय गुरु' बोलकर कलम चला रहा हूँ।

भादुड़ीजी···!

हम लोग उनको भादुड़ीजी ही कहते थे। हम लोग मतलब पूर्णिया जिले के लड़के ! भादुड़ी मोशाय, सत्रुदा, कामरेड सतीनाथ अथवा भादुड़ी भाई नहीं, सिर्फ भादुड़ीजी !

भादुड़ीजी पूर्णिया को भारतवर्ष से भी अधिक प्यार करते थे। उनके बारे में कुछ बोलने के पहले पूर्णिया का थोड़ा-बहुत परिचय देना आवश्यक है। लेकिन डरता हूँ कि पूर्णिया की बात बोलने के नाम पर अपनी ही बात बोलना शुरू न कर दूँ। आखिरी तक, अपने भीतर के गुप्त 'मैं' की धमकी भी शायद नहीं चलेगी।

आज से तीस-चालीस वर्ष पहले तक पूर्णिया जिले के ग्रामीण, साधारण गृहस्थ लोग अपने घर में बंगला शिशु-बोध, कृतिबास की रामायण, काशीराम दास का महाभारत एवं बंगला पंचांग रखना भी आवश्यक समझते थे। पढ़नेवाले लड़कों से पूछा जाता था—बंगला रामायण, महाभारत पढ़ सकते हो ?

भगताई गायन की रीति में राजा हरिश्चन्द्र के गीत गा सकते हो? प्रत्येक गाँव में एक से ज्यादा सार्वजनिक या व्यक्तिगत मृदंग अवश्य रहता था। मृदंग, याने नवद्वीप से सीधे मँगवाया हुआ श्रीखोल (एक खास तरह का मृदंग)। इसलिए भादों की रात को श्रीकृष्ण जन्माष्टमी के कुछ दिन पहले से ही बहुत रात तक मृदंग-करताल के ताल पर भगताई गायन का पद हवा में उड़ता रहता था: 'ना-रे, ना-रे, न दी या-नु हा रे— नि-त-ना-रे···बन्दो माता सुरधुनि, पुराणे महिमा सुनि, पतित-पावनी पुरातनी···बन्दो प्रभु नारायण अखिलार पति···हरितेर पुत्र हरि···हरिश्चन्द्र राजा होइलो अयोध्या नगरी···।'

पूरे जिले में, रेलवे स्टेशन मास्टर से लेकर स्कूल-मास्टर, वकील-मुख्तार, हाकिम, डॉक्टर-वैद्य, रोड सरकार तक बंगालियों का 'राज' था।

मेरे पिताजी सुदूर ग्रामांचल के मध्यवित्त किसान थे। जमीन-जायदाद के मामले-मुकद्दमे हमेशा लगे रहते। इसीलिए बहुत ही कम उम्र से—सब-डिविजनल कोर्ट से ज़िला कचहरी के अपने वकीलों का (साथ ही अपोजिट पार्टी का भी) नाम याद था। उन लोगों के गुण-दोष एवं स्वभाव के बारे में भी बहुत कुछ जान गये थे। जैसे अररिया कोर्ट के तारा बाबू वकील 'मोटिया खद्दर' पहनना शुरू किये हैं तथा मुवक्किल को भी पहनने को कहते हैं।···पूर्णिया कचहरी के वकील निशिकान्त बाबू (रायबहादुर निशिकान्त सेन)-जैसे 'कानूनदार वकील' पटना हाई-कोर्ट में भी कम हैं। और इन्दू बाबू के बारे में दीवानी कोर्ट के सिवाय फौजदारी कचहरी के नजदीक भी नहीं जायेंगे—हजार रुपये फीस देने से भी नहीं। लेकिन अपने भाई या भतीजे का हिस्सा मारना चाहनेवाले मुवक्किल गलती से भी श्री इन्दुभूषण भादुड़ी के पास न जायें। जैसे हमारे गाँव के एक मुकद्दमाबाज भी गये थे। दलील के एक पृष्ठ का आधा 'मिसिल' पढ़कर ही इन्दू बाबू ने अचानक उनकी कलाई पकड़ ली—"तुम अपने को ब्राह्मण कहता हाय? मरा हुआ भाई का हक मारकर उसका नाबालक को मारना चाहता हाय?? भागो···!"

याद आता है, दस-ग्यारह वर्ष की उम्र में पहली बार पिताजी के साथ पूर्णिया सदर बाजार गया था,—आर. एन. शॉ कम्पनी के डॉक्टर से टॉन्सिल दिखलाने के लिए। पूर्णिया स्टेशन पर उतरकर जब पिताजी ने घोड़ा-गाड़ीवाले से कहा—"इन्दू बाबू का कोठी पर चलो!" तो मैंने रोने के स्वर में कहा था—"नय-नय ओते नय जैबो।" मतलब, वहाँ नहीं जाऊँगा!

पिताजी शुरू में चकित हुए थे, बाद में हँसते हुए बोले—"ठीक है, तुमको छोटे बाबू के पास रखकर जाऊँगा।" लेकिन इन्दू बाबू की कोठी के फाटक के पास घोड़ागाड़ी से उतरकर पिताजी भी थोड़ा घबरा गये थे। हम लोगों को दूर से देखते ही (मुझको देखकर ही) छोटे बाबू फाटक के पास चले आये—"आ-रे! कोरेछिन कि? छोटे बच्चों को लेकर मुकद्दमा के काम से आये हो? बड़ी डाँट पड़ेगी···"

लेकिन वकील साहब (इन्दू बाबू) शायद पहले ही हम—लोगों को देख चुके थे। अपने चेम्बर से ही कुरबान मुंशी को बुलाया—"वो छिलेटि के ?" (वो लड़का कौन है ?)।

मेरी हालत देखकर छोटे बाबू ने मुझे साहस दिलाया—"जाओ ! भये कि आच्छे ?" (भय क्या है ?)।

पिताजी चेम्बर से बाहर बगीचे की तरफ़ छोटे बाबू के साथ रह गये और मुंशी शेख कुरबान अली मुझको लेकर चेम्बर में घुसे। मेरा परिचय और पूर्णिया आने का कारण सब उसी ने बताया। याद है, वकील साहब ने हाथ के इशारे से मुझे पास बुलाया था और मैं उनके पास जाकर मुँह फाड़कर खड़ा हो गया था। वे भी और कुछ न बोलकर मेरा टॉन्सिल देखने लगे—"हा करो···और जोर से···वाह ! दाँत तो बहुत अच्छा है ! किस चीज़ से दाँत साफ़ करते हो ? कौन-सी दातून···?" गला देखकर बोले थे—"टॉन्सिलाइटिस नहीं—लगता है कि फेरेनजाइटिस···काहे हँस रहे हो ? फेरेनजाइटिस···स्पेलिंग है···कुरबान ! छोटा बाबू से पूछो—गला में लगानेवाला दवाई है ? और ठाकुर (रसोइया) को बोलो, इस लड़के को गरम-गरम हलुआ बनाकर खिला देगा।"

चेम्बर से निकलने से पहले मेरे हाथ में चाँदी का एक रुपया देकर बोले थे—"तुम्हारे दाँतों का इनाम ! सेब खरीदकर खाना। दालमोट-सेव नहीं—ऐप्पल !···"

चेम्बर से निकलते ही पिताजी की डाँट मिली—"तुम इतना बेवकूफ हो—पैर छूकर प्रणाम नहीं किया !"

लेकिन छोटे बाबू मेरे दाँतों के लिए वकील साहब के हाथों से 'प्राइज़' मिलने पर इतना खुश हुए थे कि उनके मुँह से अनायास निकल पड़ा—"साबाश ! खूब तो डर रहा था···?"

पिताजी की डाँट से घबरा गया था, लेकिन छोटे बाबू के ओठों पर ऐसी मीठी और प्रसन्नता भरी हँसी ! उन्होंने कहा—"पैर छूकर प्रणाम नहीं किया ! अच्छा ही किया। नहीं तो जिरह शुरू कर देते—कौन सिखाया ?···पैर छूकर प्रणाम करने से क्या होता है ? उसके बाद लड़का को छोड़कर लड़का के बाबूजी की बुलाहट होती···"

उसके बाद पिताजी जब भी पूर्णिया से लौटते थे—मुझको बुलाकर कहते थे—"वकील साहब और छोटा बाबू तुम्हारे बारे में पूछ रहे थे···कैसा है ? कहाँ पढ़ता है ? क्या पढ़ता है ?"

पिताजी और भी बहुत-सी बातें छोटे बाबू के बारे में बताते थे—"लड़का हो तो छोटा बाबू की तरह का ! थोड़ा-सा भी मजाज या विद्या का घमण्ड नहीं ! बेमतलब कोई बात नहीं करते हैं। वकालत पढ़ने के समय ही उनके द्वारा तैयार किये गये 'मिसिल' पढ़कर पूर्णिया के बार-लाइब्रेरी में सिनियर वकील लोग दाँतों तले उँगली दबा लेते थे—'ए तो दूसरे इन्दू बाबू तैयार हो गया !'

…और, हस्तलिपि ? क्या अंग्रेजी, क्या बंगला या क्या कैथी (दस-ग्यारह साल पहले तक जो लिपि बिहार के कोर्टों में चालू थी)…अक्षर ठीक मोती के दानों जैसा ! कहीं भी काट-कूट नहीं ! …उस दिन कुरबान मुंशी कह रहे थे कि इतना सुन्दर हरफ़ देखकर उर्दू के किसी शायर ने कहा था—'लिखनेवाले की उँगलियाँ चूम लूँ !'

सिर्फ पढ़ाई-लिखाई की बात ही नहीं, खेल-कूद के प्रसंग में भी छोटे बाबू की चर्चा करते थे—"जानते हो ? छोटे बाबू इस साल स्टेशन क्लब के टेनिस मैच में चैम्पियन बने। क्लब के तगड़े खिलाड़ियों को उन्होंने 'हल्दी बोलवाकर' छोड़ दिया।"

छोटे बाबू की बातें सुनते-सुनते मैं हाथ बाँधकर उनकी वही मीठी हँसी, बोली और चलने-फिरने का ढंग याद करता था। साथ ही उनके व्यक्तित्व के साथ उनकी बातों का ताल-मेल बिठाने की कोशिश करता था। जैसे, टेनिस खेलने के बारे में सुनकर अपने मन के सिनेमा के स्क्रीन पर देखता था—ज्यादा कूद-फाँद नहीं करके, कोई 'कायदाबाजी' नहीं दिखलाकर छोटे बाबू सर्विस कर रहे हैं, रिटर्न कर रहे हैं। ठण्डे मिजाज से खेलकर प्वाइण्ट जीत रहे हैं। प्वाइण्ट जीतने या हारने से चेहरे पर कोई प्रतिक्रिया नहीं दिखायी पड़ती। मुँह देखकर कुछ मालूम नहीं होता है।

उस वक्त मैं विराटनगर (नेपाल) में स्वर्गीय कृष्णप्रसाद कोइराला के आश्रम में उनके आश्रमतुल्य आदर्श विद्यालय का छात्र था। घर से पिताजी की एक विशेष चिट्ठी मिली। विशेष इसलिए कि उस चिट्ठी में एक विशेष समाचार था—"उस दिन पूर्णिया पहुँचते ही सुना, हमारे छोटे बाबू वकालत छोड़कर कांग्रेस में नाम लिखाये हैं। अब घर पर नहीं रहते हैं—टीका पट्टी या कोई आश्रम में रहते हैं—कोई गाँव में।… सुना कि नंगे पैर चलते हैं।"

चिट्ठी मिलने पर बहुत देर तक सोचता रहा—यह अच्छी खबर है या बुरी ? अपने मन के पर्दे पर आँख मूँदकर देख लिया था—मोटिया खद्दर की धोती और कुर्ता पहने हुए, कान्धे पर लटकता हुआ चरखा छाप झोला और एक कम्बल। साथ ही ओठों में लगी हुई है वही हँसी। नंगे पैर गाँव की पगडण्डी पर चल रहे हैं…।

इस घटना के बहुत बाद, बनारस से, रामगढ़ काँग्रेस अधिवेशन के बाद मैंने भी पिताजी को एक विशेष चिट्ठी दी थी—भादुड़ीजी के बारे में। उस वक्त मैं लिखा-पढ़ी से ज्यादा स्टुडेण्ट फेडरेशन के काम में डूबा रहता था। मेरे एक दोस्त ने मुझको चैलेन्ज किया था—"तुम खोजकर देखो, इतने दिन में तुम्हारे भादुड़ीजी निश्चित ही फारवर्ड ब्लाक में चले गये हैं।" पिताजी ने मेरे पत्र के जवाब में अपनी ओर से कुछ नहीं लिखकर पूर्णिया जिला कांग्रेस कमेटी के लेटरहेड पर हिन्दी में टाइप किया हुआ, जिले के साधारण सदस्यों के नाम पर एक सर्कुलर, लिफाफा में भरकर मुझे भेज दिया था। सर्कुलर के नीचे सुन्दर देवनागरी में

सेक्रेटरी का हस्ताक्षर था—सतीनाथ भादुड़ी! भादुड़ीजी के साथ दूसरी मुलाकात 1942 में भागलपुर सेण्ट्रल जेल में! सेग्रिगेशन वार्ड उर्फ 'नया गोल वार्ड' में पहुँचते ही दूर से देखा—वही छोटे बाबू— भादुड़ीजी! मुझे उन्होंने वही छोटी उमर में सिर्फ एक बार देखा था। लेकिन देखते ही पहचान गये—"आ-रे! तुमि जे···साबाश!" वही मीठी हँसी, वही स्वर! उस दिन की भेंट और बातचीत क्या कभी भूल पाऊँगा? पूर्णिया जिला कांग्रेस कमेटी के अध्यक्ष श्री अनाथकान्त बसु मुझसे पूर्णिया एवं भागलपुर कैम्प जेल के हालचाल खूब विस्तार से पूछ रहे थे। पर सवाल था, सरकारी वकील के जिरह की तरह! उस समय एक प्लेट में मक्खन एवं अमरूद की जेली के साथ चार स्लाइस पावरोटी हाथ में लेकर छोटे बाबू···भादुड़ीजी मुस्कुराते हुए आये—"आ-रे! जरा आराम करने दीजिए इसको। यह वही लड़का है जो दस साल की उम्र में फारबिसगंज के दारोगाजी को 'बुरबक' बनाया था।···लो, पहले खा लो!"

पिताजी अपने गुणधर वंशधर की बड़ाई में न जाने और भी क्या-क्या कहे थे—वकील साहब एवं छोटा बाबू को।···फारबिसगंज के दारोगा को 'बुरबक' बनाने की कहानी! 1931-32 की घटना! अचानक एक दिन हमारे थाने के दारोगा साहब ने तीन-चार लाल पगड़ीवाले कांस्टेबिल तथा चौकीदारों को साथ में लेकर हमारे घर का घेराव किया था—"आप लोगों के घर में 'चाँद' मासिक पत्रिका का फाँसी अंक और 'हिन्दू पंच' का बलिदान अंक है।···खाना-तलाशी होगा।" बैठकखाना की 'रैक' में रखी हुई किताबों, पत्र-पत्रिकाओं की खाना-तलाशी शुरू हुई। मैं पिताजी की बिछावन पर तकिया के पास रखा हुआ—लाल खद्दर से बँधा हुआ 'बस्ता' काँख में लेकर बैठकखाना से निकल रहा था कि दारोगाजी ने धमकी दी—"ऐ लड़के! बगल में क्या लेकर जा रहा है?···कहाँ जा रहा है? इधर आओ···।" मैंने कहा—"मेरे किताब···हमारा स्कूल का घण्टी हो गया।···पढ़ने जाते हैं।" काँख में बस्ता लेकर मैं चला गया। दारोगा साहब को कुछ नहीं मिला। बोलकर चले गये, "अगर होगा तो थाना आकर जमा कर दीजियेगा। नहीं तो पकड़े जाने से जेल एवं जुर्माना···।" सिर्फ 'चाँद' और 'हिन्दू पंच' ही नहीं, बस्ते में एक और बैण्ड (प्रतिबन्धित) किताब थी, सुन्दरलाल की लिखी हुई—'भारत में अंग्रेजी राज'···। दारोगा साहब के एक बार फिर 'इधर आओ, देखें क्या है?'—बोलने से ही हो जाता। पिताजी मेरी इस चालाकी की कहानी वकील साहब एवं छोटे बाबू से कहे थे।···अनाथ बाबू को उस तरह सवाल करते हुए देखकर भादुड़ीजी 'यही वह लड़का है' बोले। मतलब, भादुड़ीजी अनाथ बाबू से वो कहानी कह चुके थे। सिर्फ उनको याद दिला दिये। लेकिन अनाथ बाबू के चेहरे की ओर ताककर फिर से बोले—"फारबिसगंज के दारोगा को 'बुरबक' बनाया था, बोलकर सभी को बना सकता है—यह तो मैंने नहीं कहा।"

भीतर का गुप्त 'मैं' फिर से धमका रहा है—"फिर शुरू कर दिया? मतलब अपनी बात···अपने मुँह मियाँ मिट्ठू ?"

जेल में तीन साल और जेल से बाहर सोलह-सत्रह साल उनके साथ रहने का सौभाग्य मुझे प्राप्त हुआ था। एक ही साथ पूर्णिया जिले के गाँव-गाँव में घूमे थे। आज उनके बारे में लिखने बैठा हूँ तो महसूस हो रहा है कि सिर्फ एक ही रचना में सभी बातें लिखकर खत्म करना सम्भव नहीं है।

इसलिए बहुत-सी घटनाओं तथा समय को छोड़कर आगे बढ़ना पड़ रहा है। सिर्फ आठ-दस प्रसंगों के जरिये उनके व्यक्तित्व तथा चरित्र की विशेषताएँ उद्घाटित करने की चेष्टा कर रहा हूँ।

हमारे 'वॉलीबॉल' खेलने का कोर्ट था—'जुवेनाइल' वार्ड के मैदान में। सेग्रिगेशन वार्ड याने नया गोल वार्ड के रहनेवाले कैदी रोज़ दोपहर के बाद नीली टोपीवाले किसी पहरेदार (कॉन्विक्ट वाचमैन या वार्डर—ठीक से नहीं बोल पा रहा हूँ) या कैदी पहरेदार को साथ में लेकर जुवेनाइल वार्ड में एक दल के साथ जाते थे—कुछ 'वॉलीबॉल' खेलने के लिए, ज्यादा अड्डेबाजी के लिए। जुवेनाइल वार्ड नाम था, लेकिन इस वार्ड में एक भी 'जुवेनाइल प्रिज़नर' नहीं था। बिहार के अधिकांश मोटे-मोटे आसामी (मुजरिम) अर्थात् बड़े-बड़े लीडर सब इसी वार्ड में रहते थे।

वॉलीबॉल की दो टीम थीं। एक टीम के कैप्टन थे—के. बी. सहाय (भूतपूर्व मुख्यमन्त्री, अब स्वर्गीय) तथा दूसरे दल के अधिनायक रणेन्द्रनाथ चौधरी। के. बी. सहाय खेल-कूद को इतना 'सिरीयसली' लेते थे कि खेल में हुई बात को खाने के टेबुल तक भी नहीं छोड़ते थे। और रणेन्द्रनाथ चौधरी, के. बी. को रोज़ सनकाने की कोशिश करते थे। भादुड़ीजी शायद पहले दो दिन के. बी. के 'साइड' से खेले थे। और इतना खराब खेले थे कि के. बी. खेल के बीच में ही बोल दिये थे—"ए साहब! कल से आप हमारे तरफ़ से मत खेलियेगा! ···समझे?"

प्रथम परिचय होते ही रणेन दा ने खेल का जिक्र किया। उन्हीं के मुँह से सुना—"अगर सतीनाथ भादुड़ी पहला दिन अच्छा खेलते, तब हमारी नया गोल टीम का 'टी' तक नहीं रहता।···भादुड़ीजी के अगले दिन एवं प्रायः प्रत्येक दिन का खेल देखकर के. बी. के दुख की सीमा नहीं थी। एक बार हमारे साइड से मत खेलिए, बोलकर फिर हमारे साइड से खेलिए, कृपाकर—बोलने से भी भादुड़ीजी कभी राजी नहीं होंगे—वह जानते थे।"

उस दिन जुवेनाइल वार्ड में जाकर पहली बार भादुड़ीजी को खेल के मैदान में देखा। रामचरित्र बाबू थे परमानेन्ट अम्पायर। कोई वितर्कित प्वाइंट लेकर के. बी. मैदान छोड़कर जा रहे हैं एवं रणेन बाबू की टीम प्रोटेस्ट में 'तुमुल कोलाहल' कर रही है—अम्पायर रामचरित्र बाबू किसी की बात न सुनकर सिर्फ

एक ही खिलाड़ी से पूछते थे—"भादुड़ीजी ! प्लीज लेट मी नो···प्लीज टेल मी···" और, भादुड़ीजी का मन्तव्य सुनने के बाद वह किसी की बात पर कान नहीं देते—"नो-नो ! नथिंग डुइंग···!" इसलिए, भादुड़ीजी के मन्तव्य के बाद और किसी साइड का कोई भी कुछ नहीं कहता।

उस दिन भादुड़ीजी ने खेल के बाद मुझसे पूछा था—"भॉली बॉल खेलने नहीं जानते हो ? बैडमिण्टन ? टेनिस ?···केनो ? किसी खेल-कूद में ध्यान देने से स्टुडेण्ट फेडरेशन की सदस्यता से क्या नाम काट दिया जाता है !"

मैं शरमा गया था। वे ठीक ही बोले थे। स्टुडेण्ट लीडर लोग खेल-कूद में दिलचस्पी लेना बचकानापन समझते थे। मैंने कहा था—"असल में पॉलिटिकल फील्ड में···!"

रणेन दा बीच से मेरी बात काटकर बोले थे—"पॉलिटिकल फ़ील्ड में पॉलिटिक्स ही खेलना चाहिए—क्या कहते हो ? ··अच्छा खेलने से के. बी. के साइड से खेलना होगा और खराब खेलने से रणेन दा बिगड़ जायेंगे। उससे अच्छा खेलने नहीं जानते···क्या ठीक कहा ?" अगले दिन नया गोल के मैदान में भादुड़ीजी ने कुछ पहरेदारों एवं पानिहाँ (अपर डिविज़न के कैदियों के 'कैदी नौकर' को बिहार की जेल की भाषा में पानिहाँ कहते हैं।) को लेकर हम लोगों के लिए वॉलीबॉल का कोर्ट बनवा दिया था। उसके बाद रोज़ दोपहर बाद से नया गोल वार्ड भी वॉलीबॉल की तीसरी टीम के खिलाड़ियों के कोलाहल-कलरव से सरगर्म रहता था।

हमारे वार्ड में उस वक्त पाँच सामूहिक मेस थे। लेकिन भादुड़ीजी 'स्वपाकी' (अपने से पकानेवाला) थे। जो लोग स्वयं खाना बनाकर खाते थे, उन लोगों में अनाथ बाबू तथा निरापद बाबू अग्रगण्य थे। दोनों ही थोड़ा में गुस्सा होने की बीमारी से पीड़ित रहते थे। इसलिए, उनके पानिहाँ के साथ रोज दोनों वक्त वे लोग जो 'डायलग' बोलते थे, वह इतना दिलचस्प तथा रोचक था कि कण्ठस्थ हो गया था—"छेदी !···"—अनाथ बाबू छेदी यानी अपने सेवक को कह रहे हैं—"साग अच्छा से धोया था ? यही तुम्हारा धोना है ? तुमि जो कि रतनेर मॅत चोखेर माथा खिये छो ?" भागलपुर जिले का छेदीलाल 'चोखेर माथा खावा' का मतलब ठीक से समझता या नहीं समझता था, लेकिन पुरुलिया जिले का रतन अर्थात् निरापद मुखर्जी का सेवक चोरी करते हुए एक आँख खोया था।···लड़की के गले के गहने में हाथ देने के पहले ही उसके हाथ के 'करैली काँटे' (बाल के तीक्ष्ण काँटे) आँख में लगे। आखिर में पकड़ा गया था, उसी आँख के चलते ही। इसलिए इसका मतलब वह अच्छी तरह समझता था। अपनी बंगला में वह तुरन्त जबाब देता था—"आमा के टेने केने कॅथा कॅन बाबू ?" (मुझे खांचकर क्यों बात करते हैं बाबू ?) उसके बाद ही निरापद बाबू की धमकी—"तुइ बेटा फीड़न दिते गेलि आबार ?···बोलछि आबार लंका दियेछिस झोले ?" (तू बेटा फिर फोरन दिया ? फिर झोल में मिर्च दिया ?) रतन का जवाब सुनायी

देता—"ता हुले लंका आनान कैने ? (तो मिर्च क्यों मँगाते हैं ?)

भादुड़ीजी एक दिन मुझसे चुपके से बोले थे—"उन लोगों की बातचीत को लेकर तुम लोग जो मजाक करते हो, शायद वे पकड़ लिये हैं। नहीं सुना, आज निरापद बाबू रतन से क्या कह रहे थे ?···" निरापद बाबू उस दिन दुखी होकर ठण्डे मिजाज से रतन से कह रहे थे—"तुम्हें इतना कहना-सुनना पड़ता है कि इसको लेकर मेरा दुर्नाम हो गया है। और तुम फिर भी···"

भादुड़ीजी ने कहा था—"नहीं 'मेरा' नहीं कहे थे। हमारा दुर्नाम कहे थे। उससे मालूम होता है, दोनों ही···।"

मैं हँसी रोक नहीं सका।

मैं अनाथ बाबू के अकेले मेस का दूसरा सदस्य बना अर्थात् मैंने अनाथ बाबू के मेस में योगदान दिया। उस दिन घूमने के समय भादुड़ीजी ने हँसते हुए पूछा—"तुम अनाथ बाबू का रोटिहा बने हो ?" मैंने 'रोटिहा' का मतलब समझा—रसोइया। भादुड़ीजी ने कहा—"आ-रे ! रोटिहा का मतलब रसोइया काहे होगा ? सिपाही लोगों के भाषा में इसका मतलब है, एक चौका में रोटी खानेवाला और जिनके साथ ड्यूटी का चार्ज लेन-देन, अदल-बदल का सम्बन्ध—उसको कहते हैं 'जोड़ीदार'···"

अनाथ बाबू पेट के चलते चाय बहुत कम पीते थे। मुझे भी दोनों शाम चाय पीने के समय बेसी चाय पीने से मना करते थे। आधा कप दूध में, खूब हल्का, पानी-जैसा, लाल रंग का 'लिकर' ढालते समय, कड़ी चाय पीने का दुष्परिणाम होता है, बराबर समझाते रहते थे। इस प्रसंग में 'निकोटिनिक एसिड' या 'निकोटिन' उच्चारण करते समय बार-बार उनके मुँह का आकार भय में बदल जाता था।

एक दिन मैंने भादुड़ीजी से 'किन्तु-किन्तु' करके बोल ही दिया—"मैं दोनों शाम चाय आपके पास ही पीऊँगा।"

"क्यों ? वहाँ क्या हुआ ?"

"उनि चाये एतो बेशी दूध ढेले देन जे चायेर समस्त निकोटिनिक एसिडई नष्ट होये जाय।"

मेरा जवाब सुनकर वह खूब हँसे—दिल-खोल हँसी ! लज्जित होकर मैंने अपनी गलती सुधारने की कोशिश की—"नहीं-नहीं ! मेरा मतलब—फ्लेवर···"

भादुड़ीजी ने कहा—"और सुधारने की जरूरत नहीं है। तँबे चाये थाके ट्यानिक एसिड। और, सुपारी के एक छोटे टुकड़े में जितना ट्यानिक एसिड रहता है, पाँच पैकेट चाय के लिकर में भी उतना नहीं रहता।"

मैंने सोचकर देखा—हमारे वार्ड में चाय के विरोधियों में सभी विशेष तौर पर सुपारीखोर और पान खानेवाले हैं। रोजाना दोनों शाम तुलसी के पत्ते की चाय या त्रिफला का पानी पीकर जो लोग हमारे पास चाय के विरुद्ध 'भाषण' देते थे (अनाथ बाबू को छोड़कर), मैं देखता था, वे सभी दिन-भर सुपारी चबाते

थे—मुँह हमेशा ही चलता रहता था। भादुड़ीजी ने उस दिन विश्वविख्यात चाय पीनेवालों के नाम तथा कौन कितने कप चाय पीता था उसका रेकार्ड दिया था। अभी सिर्फ ग्लाडस्टोन के नाम याद हैं—उनके रेकार्ड नहीं। सौ से अधिक जरूर ही होगा।

भादुड़ीजी प्लेट भरकर चाय पीते थे एवं अच्छी चाय बना सकते थे—मुझे मालूम था। पिताजी ने कहा था—"छोटे बाबू चाय के बारे में बहुत मजाकी बात बोलते हैं, जानते हो? वह कहते हैं कि फ्लेवर की चाय और होमियोपैथी दवा—दोनों बराबर है। कोई सुगंधित तेल लगाकर होमियोपैथी दवाओं का बक्सा खुला छोड़ दे—सब दवा का 'धक' समाप्त। वैसी ही चाय। किसी किस्म की गन्ध बरदाश्त नहीं कर पाता है...।"

भादुड़ीजी सुबह पाव रोटी और उबला अण्डा खाकर चाय पीते थे। फिर एक-दो बार और चाय! दिन के समय भात, उबाला हुआ आलू, केला, दो चम्मच मक्खन एवं दही। अपराह्न में बिस्कुट के साथ चाय, रात को फिर चार स्लाइस पाव रोटी मक्खन। यही था उनका भोजन। कभी-कभी दूसरे मेस से झाल मछली या मांस भेज देने से इन्कार नहीं करते थे। रणेन बाबू तथा अशोक बोस (दुमका) भादुड़ीजी को अपने हाथों का आमिष भोजन खिलाकर आनन्द लेते थे।

आलू या केला पकाने में पाकशास्त्र तथा कला का ज्ञान आवश्यक नहीं है। लेकिन पाव रोटी के स्लाइस टोस्ट करना निश्चित एक आर्ट है। वैसा निखूँत, मच-मच (या कर-कर) और शुरू से अन्त तक एक जैसा ही सेंकना इलेक्ट्रिक टोस्टर में ही सम्भव है।

अण्डे की पूड़ी भी अच्छा बनाते थे। मुंगेर जिले के यमुना बाबू अच्छी रसोई बनाना जानते थे। प्रायः सब प्रकार के व्यंजन उनको मालूम थे। किसी मेस में फिस्ट होने से ही यमुना बाबू की बुलाहट होती थी। भादुड़ीजी ने एक बार उनसे पूछा था—"आप 'कचूमर' बनाना जानते हैं?" उनका सवाल सुनकर वहाँ जो भी थे, हँस पड़े। हम सब जानते थे—'मार-मारकर कचूमर बनाना' एक चालू हिन्दी मुहावरा है। कचूमर क्या होता है, हमें मालूम नहीं था। यमुना बाबू ने एक दिन बाहर से जंगली ओल जैसे किसी आलू के पत्ते मँगवाकर यतन से कचूमर बनाया था। हरे पत्तों में मसाले तथा थोड़ा-सा आमचूर लगाकर फिर केले के पत्ते से मढ़ दिया। उसके बाद, बेलन से बहुत देर तक मुड़ियाये हुए केले के पत्ते को थेंथलाते रहे। उस दिन भादुड़ीजी के साथ हमने भी पहली बार कचूमर नामक चीज पराठे के साथ खायी। बाद में भादुड़ीजी ने एक दिन 'मोंतजन' (एक प्रकार का पोलाव) बनाकर यमुना बाबू को अवाक् कर दिया था। यमुना बाबू निरामिषभोजी थे। एक समय प्रचुर खाते थे। अब रसोई करके दूसरे को खिलाकर आनन्द पाते हैं। वे भादुड़ीजी के बनाये हुए मोंतजन का रंग देखकर और खुशबू से ही समझ गये थे—उस्ताद हाथों का बनाया हुआ। बोले—"हम तो समझते थे कि आप आलू-केला उबालना छोड़कर और कुछ भी नहीं जानते हैं।

लेकिन आप तो सिद्धहस्त पाकशास्त्री निकले···।"

जेल में आने से पहले ही सुना था—इन्सान का असल चेहरा जेल के अन्दर आने से ही देखने को मिलता है।—'मुखोस-खोले असल मानुष!' बाहर रहने पर गला फाड़कर जिनका जय-जयकार करता था—उन लोगों के साथ जेल में मात्र कुछ दिन रहकर ही मन के आसन पर प्रतिष्ठित उन लोगों की प्रतिमा अपने आप ही टूटकर बिखर गयी थी और अनेक श्रद्धेय व्यक्तियों को अपने ही हाथों से तोड़ना पड़ा था। लेकिन, भादुड़ीजी के साथ तीन साल रहने का सौभाग्य प्राप्त करने के कारण जीवन-संग्राम के आघात से मैं किसी दिन भी टूटकर बिखर नहीं पाया था। आज भी याद आता है—पिताजी की लिखी हुई 'चिट्ठीर कँथा गुलो' (चिट्ठी की बातें)—"तोमार पूर्वजन्मेर पुण्येर जोरेई तुमि ओंर शुभ-सान्निध्य पॅयेछो···।"

जेल में उन्होंने किसी दिन भी मेरी 'अभिभावकगीरी' नहीं की। उस पद पर थे अनाथ काका। भादुड़ीजी मुझे कोई उपदेश या निर्देश नहीं देते थे। हम लोगों का कोई 'क्लास' भी नहीं लेते थे। फिर भी सब कोई मुझको उनके एकमात्र शिष्य के रूप में जानते थे।

एक दिन मुजफ्फरपुर के साहित्यिक रामधारी बाबू (दिनकरजी नहीं) बंगला से हिन्दी अनुवाद के सम्बन्ध में बोले थे—"वो तो खूब सहज!"

भादुड़ीजी उस दिन जेल-लाइब्रेरी से रवीन्द्रनाथ और शरतचन्द्र की हिन्दी में अनूदित कई पुस्तकें लाकर रामधारी बाबू को सिर्फ कुछ पन्ने दिखलाकर बोले थे—"अनुवाद सहज होने के कारण ही शायद ऐसा होता है।···'डाकसाइटे मेये' —अनुवाद हुआ है—'डाकयार्ड-साइड में रहनेवाली लड़की'···'गोंआर गोबिन्द' का माने दिया है—'गोबिन्द ग्वाला'·· 'टॅइटुम्बुर'—'कटहल',···'माछ-रांगा' माने 'रंगीन मछली'···'कचुरीयाना'—'पानी भरी कचौड़ी'·····!·····आरो आच्छे···।"*

रामधारी बाबू इस अनुवादक महोदय के बारे में बोले थे कि उन्होंने अच्छा अनुवाद किया है। रामधारी बाबू स्वयं भी 'बांग्ला भाषा भालो कोरे बूझते पारेन' —अन्ततः उनकी निजी धारणा यही थी। लेकिन देखा गया कि वे भी इन शब्दों का सही अर्थ नहीं जानते थे।

जेल में मैं एक नम्बर के 'लेट राइज़र' के नाम से बदनाम था। अनाथ काका रोज

* बंगला में 'डाकसाइटे मेये' का अर्थ होता है—जबर्दस्त या बेहद तेज-तर्रार लड़की; 'गोंआर गोबिन्द' का अर्थ होता है—वैसा व्यक्ति जो बज्र मूर्ख हो और अपनी बात पर या जिद पर डटा रहे; 'टॅइटुम्बुर' का अर्थ होता है—आखिरी सीमा तक भरा हुआ; 'माछ-रांगा' उस पक्षी को कहते हैं, जिसका एकमात्र आहार मछली है; 'कचुरीयाना' तालाब के पानी के ऊपर पूरे पानी की सतह को ढँके हुए हरे या पीले रंग की काई को कहते हैं। —सम्पादक

सुबह डाँट-डपटकर हार गये थे। एक दिन भादुड़ीजी को बोले थे—"आपनि ओके बोकते पारेन ना ?" (आप उसे बोल नहीं सकते हैं ?) भादुड़ीजी ने जवाब दिया था—"निद्रा-बिलासीदेर मोते ओइ सँमयकारा घूम भांगानो हत्यारे सामिल···।" (निद्रा-विलासियों के अनुसार, उस समय नींद तोड़ना हत्या के बराबर है।)

एक दिन शाम को नया गोल वार्ड में चक्कर मार रहा था कि अचानक बड़े बेल-गाछ के नीचे से मुझे बुलाये····"ओइ···पोकाटा के धँरो···धँरते पारबे ना ?···आ-रे ?···भँय किसेर ?···ओटा के धँरे पूछले भारी सुन्दर प्रजापति तैंरि होते पारे···।" (उस कीड़ा को पकड़ो—पकड़ नहीं सकोगे ? डर किस बात का ? उसको पकड़कर पालने से बहुत ही सुन्दर प्रजापति (तितली) तैयार हो सकता है।)

प्रजापति तैयार हो सकता है ? ई क्या बात है ? मुझ बुद्धू तो नहीं बना रहे हैं ? नहीं···वे खुद जतन से कीड़े को पकड़कर एक कार्ड-बोर्ड के बक्से में डालकर मेरे टेबुल पर रखकर बोले—"रोज सकाल-बेला उठे शिशिरे भेजा कोचि-कोचि बेल-पाता तूले खाबाते होबे किन्तु। पारबे तो ! अन्ततः प्रजापति तैंरि हवा पर्यन्त चेष्टा कोरे दॅखोइना···"

उनके निर्देशानुसार, रोज कीड़े के राशन की जुगाड़ करने के लिए मेरी नींद अपने-आप ही खुलने लगी—सूर्योदय से पहले नहीं उठने से शिशिर से भींगा हुआ बेल-पत्ता मिलना क्या सम्भव है ? तीन-चार दिनों के बाद हठात् देखा कि कीड़ा नहीं है ! भादुड़जी आये और बक्से के एक कोने में सटा हुआ बड़े साइज का चाँदी के बटन जैसा कुछ दिखलाकर बोले—"अब पूर्ण समाधि···तुम्हारे कीड़े का रूपान्तर हुआ है···खबरदार···छूना मत।···छुए हो ?···टेपा तो नहीं···आ-रे ! भीतर में प्राण है तो क्या हिलेगा नहीं ? तूत का पत्ता जुगाड़ होने से इस खौल का रंग सोनाली होता। तुम्हारा प्रजापति शायद···काला और पीला मिश्रित रंग का···। लेकिन अब से खूब भोर में उठकर देखना होगा—किस दिन निकलकर उड़ जायेगा···।"

"एइ···रेणु ! एक बार चोख खुले देखेना···तोमार सृष्टि एखुनि उड़े जाबे नोइले···।" (ओ रेणु ! एक बार आँख खोलकर देखो अपनी सृष्टि, नहीं तो अभी उड़ जायेगा।) उस दिन सुबह उन्होंने मेरी नींद तोड़ी। आँख खोलकर देखा—कार्ड-बोर्ड के बक्से के ऊपर एक बड़ा एवं खूबसूरत प्रजापति है। काले के ऊपर पीला, सोनाली (सुनहरा) काम किया हुआ—'बेलबूटा···।'

हमारा 'पानिहाँ' धतूरे का एक फूल ले आया। मुँह के पास सिकुड़ा हुआ, घड़ी के 'हेयर स्प्रिंग' जैसी पतली सूँड फूल की गन्ध से खुद ही खुल गयी। तितली मधु पीकर उड़ गयी।···लेकिन उस दिन दिल में जो आनन्द हुआ था, वह अनिर्वचनीय है। प्रजापति बनाने का नशा-सा हो गया है—रोज कीड़ा ढूंढ़ता, बेल-

पत्ता, तूत-पत्ता और रेड़ी-पत्ता जुटाता। सूर्योदय से पहले ही बिछावन छोड़कर उठना पड़ता।

जेल जाने से सब लोग कुछ-न-कुछ लिखना शुरू करते हैं। नियमित कापी-पेन्सिल मिलती थी मिलता था इफरात समय। हमारा दोस्त बिरेन्द्रनारायण (भागलपुर) नाटक लिखता था और हमेशा हमें अभिनय के साथ सुनाता था। रणेन बाबू हिन्दी में लिखना शुरू किये थे—'समाजवाद की मोटी बातें'। सहरसा के एक गाँधीवादी, रामबहादुर बाबू ने 'गाँधीवादी आहार' शीर्षक पुस्तक लिखी थी। बहुत-से लोग कविता-कहानी भी लिखते थे। सब कोई कुछ-न-कुछ लिखता था।···

भादुड़ीजी भी लिखते थे। लेकिन क्या लिख रहे थे, पता तब चला, जब हम 'टी' सेल में गये।···

पहले इस 'टी'-सेल की तथा वहाँ स्थानान्तरण की बातें बता दूँ। जेल के अन्दर चार-पाँच सेल थे। नया सेल, ओल्ड सेल, कण्डम्ड सेल,···टी-सेल! उन्नीस सौ तीस-इकतीस के साल में इस टी-सेल को बंगाली-टेररिस्ट लोगों के लिए तैयार किया गया था। सम्प्रति खाली था। भादुड़ीजी एक दिन जेल-सुपरिटेण्डेण्ट से बोले—"साहब! आपके 'टी'-सेल की डिग्री तो खाली है—वहाँ हमें नहीं रख सकते हैं?" अंग्रेज जेल-सुपर ने अवाक् होकर भादुड़ीजी की ओर देखा···अपनी इच्छा से इस सेल में रहना चाहता है! यह कैसा प्रिज़नर है! बोला—"हम जोर देकर किसी को वहाँ नहीं भेज सकते। लेकिन अपनी इच्छा से जो वहाँ जाना चाहता है—उसकी व्यवस्था वहाँ की जायेगी।···किन्तु, खुद अपने को क्यों दण्ड देना चाहते हो—समझ नहीं सका।"

नया गोल के उस बैरक के कोलाहल-कलरव और 'गोलमाल' को छोड़कर सेल में कौन जाना चाहेगा : भादुड़ीजी और निरापद बाबू, अशोक बोस इत्यादि कुल मिलाकर सात 'डिटेन्यू' टी-सेल में जाने को राजी हुए। कुछ दिन बाद और दो-तीन आदमी बढ़ गये।

टी-सेल में घुसते ही समझ गया—भादुड़ीजी क्यों इस सेल के लिए जेल-सुपरिटेण्डेण्ट से 'ओजुर' (प्रार्थना) किये थे। लिखा-पढ़ी के लिए इतना सुन्दर जगह इस जेल में है, हमें पता नहीं था।

एक दिन उनकी डिग्री में चाय पी रहा था। सामने एक कापी थी। हाथ में लेकर पन्ना खोलकर देखा—लेड-पेन्सिल से लिखा हुआ। पढ़ते-पढ़ते अचानक लगा—यह तो डायरी है। कापी बन्द कर मैंने पूछा—"डायरी है?" वे तुरन्त बोले—"क्यों? किसी की डायरी पढ़ना मना है? और बाकी सब कुछ बिना बोले पढ़ा जा सकता है क्या?"

लज्जित होकर लौट रहा था कि बोले—"चार पन्ने जब पढ़ ही चुके हो तो बाकी पन्ने भी पढ़ लो। लेकिन तुम्हारे 'गब्बे हाउस' में इसकी चर्चा या आलोचना

नहीं चलेगी।"

हम कई साथी मिलकर एक 'गप्पी गोष्ठी' बनाये थे। बाद में नाम पड़ा—'गब्बे हाउस'। उसी टी-सेल में बैठकर 'जागरी' की पाण्डुलिपि पढ़ना हमेशा के लिए याद रहेगा। बिलु का अध्याय— फाँसी-सेल पढ़ते-पढ़ते कई बार ऐसा लग रहा था कि कल सुबह ही मेरी फाँसी होगी। अध्याय समाप्त करने के समय लग रहा था—एक भयानक तूफान चल रहा है।

दूसरे दिन उनकी डिग्री में चाय पीने गया था। चाय की चुस्की लेते-लेते उनसे कहा था—"जानते हैं? रात को 'बिलुर अध्याय' पढ़ने के समय बार-बार मुझे ऐसा लग रहा था कि सुबह ही मेरी फाँसी होगी। आखिरी पंक्तियाँ तो··· क्या बोलें···माने-माने···।" उस वक्त वे पुस्तक के 'औरत-किता' अर्थात बिलू की माँ के अध्याय में थे। बोले—"बस! और माने समझाने की जरूरत नहीं है। ···चाय नमकीन तो नहीं लग रही है?" मेरी आँखों के पपोटे भीग चुके थे—कुछ बोल नहीं पा रहा था।

चार महीने बाद 'नीलुर अध्याय' अर्थात् अन्तिम अध्याय पढ़कर समाप्त करने के पश्चात् दौड़कर उनके चरण छूकर बोला था—"आज आपके मना करने पर भी नहीं सुनूँगा।···पद-रज दीजिए।" 'जागरी' के किसी पात्र या घटना के बारे में किसी भी दिन उनसे कुछ नहीं पूछा था। सिर्फ एक दिन बोला था—"बिलु भी ब्लड स्टैण्ड (बर्दाश्त) नहीं कर सकता था?"

कोई जवाब जब नहीं मिला तो और कुछ बोलने का साहस नहीं हुआ। वास्तव में कुछ दिन पहले ही पाव रोटी के स्लाइस काटते समय उनकी उँगली थोड़ी-सी कट गयी थी और एक बूँद खून निकला था। खून देखते ही वे हाथों में कटा हुआ स्लाइस लेकर बेहोश हो गये थे। होश लौटते ही बोले थे—"उते किछु नय! ···अमि ब्लड स्टैण्ड कोरते पारि ना।"

जेल में एक बार 'कवि सम्मेलन' में मैंने भी कविता की थी।—'आगा खाँ के राज-भवन में' थी उसकी पहली पंक्ति। कविता थोड़ी लम्बी और मुक्त छन्द में थी। कस्तूरबा की मृत्यु के बाद गाँधीजी मन-ही-मन क्या सोच रहे हैं—मौन होकर—कविता में इसका काल्पनिक रूपक अंकित किया था। अनाड़ी हाथों से वयस्क जैसी लिखी हुई कविता के एक स्थल पर गाँधीजी प्रथम उद्दाम प्रेम के आवेग के मुहूर्त को याद कर कहते हैं—'उस प्रथम चुम्बन का आस्वाद···।'

गाँधीवादी वृद्ध श्रोताओं ने आपत्ति की थी—अश्लील और अशोभन बताकर। मुझे बैठ जाना पड़ा था। उदास मन के साथ सेल में लौटकर अपनी 'डिग्री' में बैठा था कि अचानक भादुड़ीजी मेरी डिग्री में आये थे। मुस्काते हुए बोले थे—"सुना कि आज तुम्हारा कवि-सम्मेलन खूब जमा?·····कोई·····सुनि तोमार कविता!"

कविता की लम्बाई देखते ही उनके मुँह से निकला था—"एइ रे···!" उसके बाद मुक्त छन्द में लिखा हुआ सुनकर मुझसे पूछा था, "तुम्हारे गाँव में, माने

मैथिली में एक कहावत है न—एक तो बंगाली···?"

मैंने हँसकर कहावत पूरी की—"एक तो बंगाली, दोसर तोतराहाँ !" वे बोले—"तुम्हारी कविता के साथ भी वही हुआ है। एक तो लम्बी—दूसरे 'अतुकान्त'।" पूरी कविता सुनकर बोले थे—"वे लोग क्या बोले—गाँधीजी ने कभी कस्तूरबाजी का चुम्बन नहीं किया ?"

उनके सवाल पर मैं हँस पड़ा। थोड़ी देर बाद उन्होंने कहा—"तुम गद्य··· माने गल्प, कथा-कहानी आदि क्यों नहीं लिखते ? कहानी तो देखता हूँ अच्छा जमा सकते हो।···और···हिन्दी कविता के बारे में मैं कुछ नहीं जानता—लेकिन बंगला में जितना मुक्त छन्द लिखा—उसमें 'तुक' नहीं रहने पर भी 'ताल' अवश्य है।···तुमने स्कूल में प्राइज डिस्ट्रीब्यूशन के दिन बंगला आवृत्ति (recitation) अवश्य सुनी होगी।···मेघनाथ बध पढ़े हो ? आवृत्ति कर सकते हो ···किसेर कारणे, कोन लोभे, कॅह राजा, एसेछो ये देशे, राघव ?"[1]

भादुड़ीजी के छोटे 'बुक सेलफ' में कई बंगला उपन्यास, बंकिम ग्रन्थावली एवं अंग्रेजी नावेल के साथ ही एम. एन. राय की अंग्रेजी पुस्तकें थीं। व्यक्तिगत सत्याग्रह के समय जो लोग भादुड़ीजी के साथ हजारीबाग जेल में थे, उन लोगों से सुना था कि भादुड़ीजी—'भीतर-भीतर से 'राय-इस्ट हैं !' युद्ध में एम. एन. राय का दल ब्रिटिश सरकार के पक्ष में था। इसलिए पुस्तकें देखकर एक दिन मैंने मूर्खों की तरह से पूछा था—"आप अभी भी राय-इस्ट हैं ?"

"हैं ही, तो हूँ !"—बोलकर हँस पड़े—"एम. एन. राय की कोई पुस्तक पढ़े हो ?···अच्छा, तुम लोगों को जो डायलेटिक्स पढ़ाया जाता है—तो समझो कि वही 'मात्रा-भेद से गुण-भेद' जैसा बदरीलाल रोज सुबह उठकर लालटेन जलाकर कण्ठस्थ करता है।···भारतीय दर्शन पढ़े हो ?···कोई उपनिषद् भी नहीं ? एक ही बार 'काण्ट-हीगेल' से शुरू किये हो ?···" उसी दिन समझ गया कि वे कोई 'इस्ट' नहीं थे—'पूर्णिया-इस्ट' के अलावा ! वे जानते थे कि मैं सिगरेट पीता हूँ। ब्रांकाइटिस होने के बाद डाक्टर ने सिगरेट पीना मना किया था। मैं छिपाकर पीता था। एक दिन मेरे किसी हितैषी ने भादुड़ीजी से कहा था—"उसने फिर सिगरेट शुरू किया है।" भादुड़ीजी ने पूछा—"छोड़ा था क्या ?···मैं तो बराबर उसके मुँह से 'अब्दुला सिगरेट' की महक पाता रहा हूँ।···सिगरेट छोड़ देने से शायद पार्टीवाले उसे पार्टी से निकाल दें, इसी डर से शायद वह सिगरेट नहीं छोड़ पा रहा है।···सिगरेट नहीं पीने से गरम राजनैतिक बहस करना थोड़े ही सम्भव है ?"

एक दिन मुझसे बोले—"तुम अपने 'सण्ड्रीज-अलावेन्स' के पैसे से क्या मँगाते

1. माइकेल मधुसूदन दत्त के 'मेघनाथ बध', जो मुक्त छन्द में लिखी बंगला की श्रेष्ठ काव्य-कृतियों में एक है, की प्रसिद्ध पंक्ति, जिसका अर्थ है—'कहो राजा राघव ! किस कारण या लोभ से इस देश में आये हो।' —सम्पादक

हो ?···देखो, इस समय सोवियत साहित्य के नाम पर जो किताबें, पानी के दाम पर बिक रही हैं, बाद में शायद बाजार में नहीं भी मिल सकती हैं। और उन पुस्तकों को 'सेन्सर' नहीं रोकते।···व्यक्तिगत सत्याग्रह के समय हजारीबाग जेल में जो पुस्तकें 'अवैध' थीं, अब वही सबसे पहले 'सेन्सर्ड एवं पास्ड' होती हैं। इसीलिए बोल रहा था···अमुक प्रसाद ने शायद इयार्डले-लेवेण्डर मँगवाया है अपने 'सण्ड्रीज अलावेन्स' से ?"

मैं सिगरेट, सिगार, पाइप, तम्बाकू इत्यादि अपने अलावेन्स के पैसे से मँगवाता था। इसके बाद से किताब छोड़कर और कुछ मँगवाया था— याद नहीं।

भादुड़ीजी को बीच-बीच में रामबहादुर बाबू पान लगाकर खिलाते थे। देखता था—भादुड़ीजी उनके जर्दे के डिब्बे से तीन-चार दाना जर्दा लेकर हथेली पर रखकर एक नजर देखकर मुँह में डालते थे। और, किसी-किसी दिन एक मैथिल बाबाजी के अपने हाथों से बनाया हुआ—चोग डाला हुआ—नस, एक चुटकी-भर माँगकर नाक में डालते थे। इससे उनका चेहरा लाल हो जाता था। समझ गया था कि यह उनके सिरदर्द या सरदी की दवा है।

जेल की एक और घटना याद है। उस वक्त मैं नया गोल वार्ड में था। छब्बीस जनवरी के दिन का हम पालन नहीं कर पाये थे। जेल का कर्तृपक्ष सात दिन पहले से ही सतर्क था। पहले ही दिन हमारे सारे वार्ड को पूरी तरह 'सर्च' करके जातीय पताका, कलर बक्स, लाल स्याही, लाल एवं हरे रंग के कागज आदि हमसे छीन लिये गये थे। छब्बीस जनवरी के दिन हमें दिन-भर 'लॉक-अप' करने की व्यवस्था हुई थी। वार्ड के भीतर भी किस किस्म के गोलमाल या हल्ला-गुल्ला करने पर लाठीचार्ज किया जायेगा—ऐसी धमकी दी गयी थी। ज्यादातर गाँधीवादी नेता वार्ड के भीतर किसी भी कार्यक्रम-पालन के विरुद्ध थे। उनका कहना था : हमें लॉक-अप में बन्द कर दिया गया है। हम निरुपाय हैं। इसलिए दिन-भर बन्द रहना ही हमारी ओर से छब्बीस जनवरी का पालन होगा।

इस मामले में हमारे बीच दो दल हो जाने की खबर जेल के अधिकारीगण (साहब लोग) भी पा चुके थे। इसलिए लाठीधारी वार्डर लोग लगातार पैरेड करते-करते सुबह से ही कई राउण्ड लगा चुके थे। हम अपने कार्यक्रम पूरा करने के जुगाड़ में व्यस्त रहे। शुरू में हमने लाइन में खड़े होकर कई 'स्लोगन' लगाये। उसके बाद 'बन्देमातरम्' गाना शुरू किया। हमारी पहली जय-ध्वनि सुनकर वार्ड के बाहर आफीसरों ने वार्डरों को विकट चीत्कार के साथ कोई आर्डर दिया।। गाँधीवादी नेता जमीन पर कम्बल बिछाकर चरखा चला रहे थे। वार्डरों का 'क्वीक मार्च'··· (बूटों की आवाज) हमारे वार्ड के बाहर सुनायी दे रहा था। ठीक उसी समय भादुड़ीजी लिखने के टेबुल से उठकर सीधे हमारी पहली पंक्ति में खड़े हो गये थे।···पूर्णिया जेल के लाठी-चार्ज से भादुड़ीजी जख्मी हुए थे। गर्दन के पास उस आघात का काला दाग बहुत दिनों तक था। उस 'बन्देमातरम्' करने के समय उनके बदन के पीछे वह दाग देखकर मैं सोच

रहा था···क्या इस बार भी लाठी का आघात उसी दाग पर पड़ेगा।

जेल में रहते हुए मैंने 'जागरी' के बारे में कुछ भी किसी 'गप्प-गोष्ठी' में नहीं कहा था। फिर भी बहुतों को भादुड़ीजी की किताब के बारे में पता चल चुका था। लेकिन जहाँ तक मैं जानता हूँ—'जागरी की पाण्डुलिपि किसी ने भी नहीं पढ़ी थी। कभी-कभी मुझे बहुत हँसी आती थी। अनेक व्यक्तियों को देखकर मैं सोचता रहता था···आपका 'स्केच' 'जागरी' में अंकित हो चुका है—निखूँत ढंग से।

हाँ, एक दिन 'जागरी' के 'औरत-कित्ता'···माँ-अध्याय के बारे में मैंने विज्ञ-जैसा मन्तव्य दिया था—"ओइ चैप्टर टा सर्वश्रेष्ठ···"

भादुड़ीजी ने कहा था—"अन्य पाठकों को कोई दूसरा अध्याय भी सर्वश्रेष्ठ लग सकता है।"

'किन्तु, मैं ही प्रथम पाठक हूँ···। मेरे मतामत का भी मूल्य है।' मेरा साहस या लड़कपन देखकर शायद वे आश्चर्यचकित हुए थे।

और भी एक बात है। मैंने दो महीने में जेल में जितनी बातें की थीं, भादुड़ीजी तीन साल में उससे अवश्य ही कम बोले थे।

जेल के बाहर···!

जेल से छुटकारा पाकर—भादुड़ीजी से भेंट करने गया तो दूर से देखा, भट्टा बाजार* मोड़ के नजदीक ही सी. आई. डी. इन्सपेक्टर मोंछवाला शुक्ला खड़ा है। मकान तक पहुँचने के पहले और भी एक पुलिस के आदमी को सादा लिबास में साइकिल पर चक्कर लगाते देखा। पूर्णिया ज़िले में उस वक्त भी दुर्द्धर्ष 'आज़ाद दस्ता' सक्रिय था। बीच-बीच में उन लोगों द्वारा सी. आई. डी. वालों की हत्या की खबर एवं पुलिस के साथ 'इनकाउण्टर' की खबर मिलती थी। लेकिन भादुड़ीजी तो खाँटी अहिंसा में विश्वास करनेवाले व्यक्ति ?···किन्तु नहीं—जेल में वे ही एकमात्र गाँधीवादी 'डिटेन्यू' थे, जिनको उग्रपन्थियों जैसे 'एक्स' वर्ग में चिह्नित किया गया था—तत्कालीन सी. आई. डी. विभाग द्वारा।···गाँधी-वादी 'डिटेन्यू' पर चार्ज था—'दैट ही वाज़ ट्राइंग टू ओवर थ्रो दि गोवर्नमेण्ट।' और वामपन्थियों पर—'दैट ही वाज़ ट्राइंग टू ओवर थ्रो दि गोवर्नमेण्ट बाई मीन्स ऑफ टेररिस्ट एक्ट एण्ड वॉयलेन्स···' गाँधीवादियों को 'वाई' वर्ग में अर्थात् 'लेस-डेन्ज़रस' एवं जिन लोगों को 'एक्स' मार्क दिया हुआ था उन लोगों को 'भीषण सांघातिक' माना जाता था।···उसी 'एक्स' का प्रभाव जेल के बाहर

* भट्टा बाजार—पूर्णिया शहर का प्रसिद्ध मोहल्ला, जहाँ भादुड़ीजी का जन्म हुआ एवं इसी मोहल्ले में अब तक उनका मकान है।

—सम्पादक

भी चल रहा है—समझ गया।

भादुड़ीजी के घर जाकर मामला और ठीक से समझ पाया। 'आजाद दस्ता' के दलपति कुलदीप झा गत रात को भादुड़ीजी से भेंट करने आये थे और रात को लौट नहीं पाये थे। उनके मकान के भीतर एक कमरे में मच्छरदानी लगाकर सो रहे थे। भादुड़ीजी को गुप्तचर पुलिस की व्यस्तता के बारे में बोलने पर किसी किस्म का उद्वेग व्यक्त नहीं किया। बोले—"वह कुछ नहीं है। वे लोग रोज़ इस मोहल्ले में चक्कर लगाते हैं।"

कांग्रेस उस वक्त भी अवैध संस्था थी, इसलिए कस्तूरबा मेमोरियल फण्ड की मीटिंग के लिए ज़िले के कांग्रेस-कर्मी इकट्ठा होते थे। पहली बैठक भादुड़ीजी के घर में ही हुई थी। उसी बैठक में कई कांग्रेस कार्यकर्त्ताओं ने 'आज़ाद दस्ता' के लोगों के विरुद्ध लूट एवं छीनताई के अभियोग लगाकर प्रस्ताव किया था कि हमारी अर्थात् कांग्रेस-कर्मियों की तरफ़ से उन लोगों के विरुद्ध एक परचा छपवाकर जनता को होशियार किया जाये।

भादुड़ीजी ने इस प्रस्ताव को हास्यास्पद समझा था एवं उन्होंने इसका विरोध किया था—"यदि अभियोग सच भी है, तो हम किस अधिकार से एवं क्यों उनके विरुद्ध लिखने जायें। इससे किसका लाभ है पुलिस के अलावा?···असल में, प्रस्तावक बन्धुवर्ग खुद पुलिस की निगाह में अच्छा बने रहना चाहते हैं। उनका भय पुलिस···।"

मैं उस दिन प्रस्तावकों के 'चेहरे' की ओर ताककर 'पेट-भर' हँसा था। पकड़े जाने के बाद चोरों का चेहरा जैसा हो जाता है—वैसा 'चेहरा'।

दो-तीन महीने बाद की घटना।

उस वक्त सारे ज़िले में 'नेशनल वार-फण्ड' के लिए ज़ोर देकर रुपया वसूल किया जा रहा था। डी. एम., एस. डी. ओ., एस. पी. ने—अपना-अपना दल लेकर गाँव-गाँव में कैम्प लगाया था। बड़े-बड़े किसान से लेकर छोटे दुकानदारों तक एक सरकारी परवाना भेजा जाता था—"एक हजार···दो हजार··· देना ही होगा। आपने 'आज़ाद दस्ता' वालों को कितना चन्दा दिया?···और, 'आज़ाद दस्ता' आपका भगिना रहता है न···?"

इसके बाद रुपया नहीं देने के सिवा और कौन उपाय था? घर के गहना-जेवर, बर-बासन, गोरू-बाछू-बैल, ज़र-ज़मीन बेचकर वार-फण्ड का चन्दा निर्दिष्ट तिथि के भीतर ही देना होगा।···कांग्रेस बाबू लोग क्या करेंगे? वे लोग तो अभी जेल से निकलकर आये हैं—अभी ही क्यों झमेले में पड़ने जायें! सारे ज़िले में चल रहा है—'ज़ोर-ज़बर्दस्ती' और अत्याचार। चारों ओर दबे क्रन्दन का हाहाकार।

ठीक उसी समय—एक दिन 'सर्च लाइट' में (जहाँ तक याद है, कलकत्ता के बड़े-बड़े दैनिकों में भी) 'लेटर टू दी एडीटर' कॉलम में इसके प्रतिवाद में एक

चिट्ठी प्रकाशित हुई। अति सौम्य मुद्रा में सभ्य भाषा में लिखी हुई चिट्ठी—'सटायर' या व्यंग्य भी उचित मात्रा में था—"ऐसी ज़ोर-जबर्दस्ती से रुपये जमा करने को दिन-दोपहर डकैती क्यों न बोला जाये ?…"

डिस्ट्रिक्ट मजिस्ट्रेट चिट्ठी पढ़कर खीझ गया—"यह आदमी कौन है ? उसे अभी नोटिस दो। 'शो-कॉज' नोटिस…!" 'सो-काउज़' नोटिस जिस वक्त तामील किया जा रहा था—मैं भी भादुड़ीजी के घर पर उपस्थित था। 'सो-काउज़' नोटिस पढ़कर हम बहुत देर तक हँसे थे। 'सो-काउज़' की हिन्दी क्या होगी, इस बात पर हम कुछ क्षणों के लिए 'वर्ड मेकिंग' खेल रहे थे। 'कारण बताओ' ना 'दिखाओ वजह'…'कारण दिखलाओ'…कि सरकार एवं युद्ध-विरोधी चिट्ठी लिखकर छपवाने के लिए तुमको डी. आई. रूल में गिरफ्तार क्यों नहीं किया जाये ? भादुड़ीजी 'सो-काउज़' नोटिस के जवाब का एक मसौदा तैयार किये थे। लेकिन, अचानक एक दिन डी. एम. साहब खुद आकर उपस्थित हुए—"प्लीज़ एक्सक्यूज़ मी…।"

सुना कि पटना से बिहार सरकार के ज्युडिसियल सेक्रेटरी बहुत कड़ी चिट्ठी लिखकर डी. एम. को वह नोटिस तथा उसकी प्रोसिडिंग उठा लेने के लिए बोले थे और उसके बाद ही सारे ज़िले में जोर देकर 'वार-फण्ड' वसूल करना बन्द हो गया था।

कांग्रेस प्रतिबन्ध मुक्त हुआ। राजेन्द्र बाबू पूरे बिहार के दौरे पर निकले हैं—पीड़ित राजनैतिक कोष के रुपये जुटाने के लिए। पूर्णिया में उनके रहने की व्यवस्था भादुड़ीजी के मकान में की गयी थी। इसलिए उस दिन सुबह से ही भादुड़ीजी के मकान के बड़े कम्पाउण्ड तथा बगीचे में जनारण्य की स्थिति थी। दोपहर को एक घण्टा समय निर्दिष्ट किया गया था—साक्षात्कारियों के लिए। इसके लिए पहले से ही नाम लिखवाने की व्यवस्था थी।

उस भीड़ में एक ग्रामीण वृद्धा इधर-उधर अपना नाम लिखाने की चेष्टा में घूम रही थी। उसको पगली समझकर फाटक के बाहर भगा रहे हैं स्वयंसेवक—भादुड़ीजी की नजर पड़ी। वे खुद जाकर उस महिला को ले आये—"इनका नाम लिख लेना…।"

ज़िले के भूमिहार-राजपूत कांग्रेस लीडरों के चेला-चामुण्डे दौड़कर आये—"क्या कर रहे हैं ? उसको पहचानते हैं ? वो है नछत्तर की माँ। उसे आप राजेन्द्र बाबू के पास ले जा रहे हैं ?"

नछत्तर मालाकार 'आज़ाद दस्ता' के एक ऐसे सदस्य थे, जिनके नाम से गोरा-पलटन भी काँपती थी। पार्टी की अन्दरूनी दलबन्दी के चलते एक दल ने उसे पार्टी से निष्कासित तथा 'क्रिमनल डाकू' घोषित किया था—वह अभी और 'पॉलिटिकल डाकू' नहीं !

भादुड़ीजी नछत्तर की माँ को सीधे राजेन्द्र बाबू के पास ले गये थे।

ग्रामीण भाषा में बोले थे—"जो बोलने को है, खुलकर बोलिए—अपनी बोली में बोलिए। राजेन्द्र बाबू को कोई तकलीफ नहीं होगी समझने में।"

'जागरी' प्रकाशित हुआ है। आलोचना चल रही है। प्राइज़ मिल रहा है। लेकिन वे उस समय गाँव-गाँव में घूम रहे थे—बँटाईदारों के दरख्वास्त पर इनक्वायरी करवाने के लिए। 1947 में कांग्रेस से त्यागपत्र देकर ऑफिस से लौट रहे थे। एक पुराने ग्रामीण कांग्रेस कर्मी ने पूछा था—"क्यों भादुड़ीजी, कांग्रेस क्यों छोड़ रहे हैं?" हँसकर बोले थे—"कांग्रेस का काम था स्वाधीनता-लाभ। वह तो हो चुका। अब 'राज-काज' छोड़कर और कोई काम नहीं रहा!"

कांग्रेस छोड़ने के बाद बहुत दिनों तक किसी पार्टी में योगदान नहीं दिया था। हम सब चुपचाप थे—देखें क्या करते हैं? हमारी पार्टी के (सी. एस. पी.) स्थानीय नेता नरसिंह, कुलदीप झा मुझसे बार-बार कहते थे—भादुड़ीजी को अपनी पार्टी में लाने की कोशिश करो—किन्तु, भादुड़ीजी क्या किसी की कोशिश पर किसी पार्टी में योग देनेवाले व्यक्ति थे?

तीन-चार महीने बाद अचानक हमारे ऑफिस में हाजिर हुए। शायद मुझे कुछ बोलने को आये हैं। मुझे देखकर बोले—"कहाँ, तुम्हारा 'प्लॅज़' देखें।" 'प्लॅज़' लेकर शुरू से अन्त तक पढ़ा, पाकेट से कलम निकाला और हस्ताक्षर करने के बाद बोले—"तुम प्रस्तावक की जगह पर 'साइन' करोगे?"

फिर एक सौभाग्य—भादुड़ीजी का नाम प्रस्ताव करने का···!

लेकिन पार्टी में ज्यादा दिनों तक वे नहीं रह सके। कांग्रेस के जितने गुण-दुर्गुण थे—सब हमारी पार्टी में भी आ चुके थे। ज़िले के श्रेष्ठ जमीदारों के लड़के पार्टी में घुस गये थे। वे नहीं चाहते थे कि पार्टी में ऐसा कोई व्यक्ति आये जो साधारण किसान-मजदूरों की समस्या लेकर आन्दोलन की शुरुआत करे।

अनेक राजनैतिक घटनाएँ यहाँ छोड़नी पड़ रही हैं। भादुड़ीजी के पार्टी छोड़ने से स्थानीय जमींदार पुत्रगण आनन्दित हुए थे। और मैं भी उसी समय पार्टी से निकल आया था। यहाँ पर एक मजेदार घटना का उल्लेख किये बिना नहीं रह सकता। पार्टी के काम से हम भादुड़ीजी के साथ बैलगाड़ी पर एक गाँव से दूसरे गाँव जा रहे थे। रात को जिनके घर रहना था, वे 'कॉमरेड' भी साथ थे। दिन रहते-रहते 'परमान नदी' के घाट पर अगर पहुँच पाये तो कॉमरेड हमारे लिए मछली जुगाड़ कर पायेंगे—यह उद्देश्य लेकर वे घाट से बहुत दूर से ही मल्लाहों के नाम लेकर चिल्लाने लगे। लेकिन, आश्चर्य की बात! मल्लाह सब अपनी-अपनी टोकरी लेकर इधर-उधर भागने लगे।···कॉमरेड का 'चीत्कार' और बढ़ गया।···बात क्या है? भादुड़ीजी हँसकर कॉमरेड से बोले—"आ-रे! पहले तुम अपनी लाल टोपी उतारो, उसके बाद चिल्लाना। वे लोग तो तुमको पुलिस समझ रहे हैं!"

(उस वक्त सोशलिस्ट कार्यकर्त्ताओं में बहुतों ने लाल टोपी पहनना शुरू किया था—बेचारे मल्लाहों को मालूम नहीं था !)

'अब लिखने का काम शुरू करो ! जो देखे हो, यथेष्ठ है। लग जाओ···!''—भादुड़ीजी ने मुझसे कहा था।

शुरू में मैंने जिस गुप्त 'मैं' के बारे में कहा है, उस 'मैं' के साथ परिचय भी उन्होंने ही कराया था—''हम जब कुछ बोलते हैं, बहुत बातें भीतर ही रह जाती हैं। अनुच्चारित रह जाते हैं अनेक शब्द···और बातें! वे शब्द, जो भीतर में गूँजते रहते हैं, वही है तुम्हारा गुप्त 'मैं'। उसको यतन से पकड़ने की चेष्टा किया करो। वही है तुम्हारा असल 'मैं', तुम्हारे काम का मनुष्य !'' बोलने की जरूरत नहीं कि उस गुप्त 'मैं' को अब तक पकड़ रखे हूँ।

मेरी आधा दर्जन छोटी कहानियाँ, कलकत्ता के साप्ताहिक 'विश्वमित्र' पत्रिका में प्रकाशित हो चुकी थीं। वे मेरी प्रत्येक रचना पढ़कर आलोचना करते थे। उपन्यास लिखने का साहस उस समय तक नहीं हो पाया था। वे बोले—''तुम ठीक पारबेन !''

'मैला आँचल' लिखकर समाप्त किया है। खुद ही छपाने की व्यवस्था की है—जानकर श्री आशु बन्धोपाध्याय के नाम पर स्वयं एक चिट्ठी लिख दी—पुस्तक के गेट-अप के लिए।

पुस्तक पाकर वे इतना खुश हुए थे कि बोलते-बोलते उस दिन उनकी आँखों की पलकें भींग गयी थीं। मेरी पुस्तक प्रशंसा पा रही है—सुनकर और प्रसन्न होकर मुझको बार-बार 'साबाश' कहते थे। उस समय स्थानीय हिन्दी लेखकों के एक दल ने प्रचार किया कि 'मैला आँचल' भादुड़ीजी की किताब 'ढोंढाइ चरित मानस' का अनुवाद है।

राजकमल प्रकाशन के (तत्कालीन) मालिक ओंप्रकाश ने उनसे पत्र लिखकर जानना चाहा—असली बात क्या है? भादुड़ीजी ने जवाब दिया था—''रेणुर 'मैला आँचल' आमार 'ढोंढाइचरितेर' अनुबाद बा चुरि नॅय। आशा कोरि हिन्दी लेखकदेर मध्ये भालो बांग्ला जानेन एमन लोग निश्चय आच्छेन। ओदेर पॅड़िए जानते पारिबे जे अभियोग टा कॅतो मिथ्या।'' (रेणु का 'मैला आँचल' मेरे 'ढोंढाइ चरित' का अनुवाद या चोरी नहीं है। आशा करता हूँ कि लेखकों के बीच अच्छी तरह बंगला जाननेवाले अवश्य हैं। वे पढ़कर जान सकते सकते हैं कि यह अभियोग कितना गलत है। सं.)

बाद में मुझसे बोले थे—''वाह रे ! हठात् प्रतिष्ठा पाये हो ! 'ऑल हिन्दी फीगर' बने हो ! लोग तुमसे ईर्ष्या भी नहीं करेंगे ?···अब सिर्फ लिखते जाना। किसी की किसी भी बात के उत्तर देने की क्या दरकार है।''

मेरा दूसरा उपन्यास 'परती-परिकथा' प्रकाशित हुआ है। दिल्ली से किताब

भेज दी। सात दिनों के बाद आकर देखा—वे लाल पेन्सिल से दाग देकर 'परती-परिकथा' पढ़ चुके थे।

'तीसरी कसम' के मुहूर्त पर पूर्णिया आये थे—बासुदेव भट्टाचार्य एवं बासुदेव चटर्जी। उनका विशेष आग्रह था कि भादुड़ीजी इस मुहूर्त में 'क्लैप' दें। मैं राजी नहीं हुआ। बाद में, वे स्वयं भादुड़ीजी से अनेक बातें करने के पश्चात् समझ पाये थे कि वे एकदम ही दूसरे ढंग के मनुष्य हैं। बासुदेव भट्टाचार्य उस वक्त खूब 'तड़बड़' करके बड़ी-बड़ी बातें करते थे। भादुड़ीजी ने सब सुनकर कहा था—"सुनने में अच्छी लगती हैं आपकी बातें···।"

इतना लिखने के बावजूद भी देख रहा हूँ कि उनके बारे में कुछ भी नहीं लिख सका। सम्भव नहीं है, मात्र एक रचना में उनके बारे में सब-कुछ लिखना।

उनकी पुस्तकों के चरित्रों को देखा है, उनकी बातों का साक्षी रहा हूँ—एक साथ अनेक दुख-सुख झेले हैं। बहुत घूमा हूँ उनके साथ। पूरे जिले के गाँव-गाँव में उनके कितने चरित्र बिखरे हुए हैं—जानता हूँ—उनका बागवानी का नशा···उनका कुत्ता पालने का शौक···उनके बचपन के दोस्तों की बातें···। उनको अनेक हिन्दी पुस्तकें पढ़कर सुनायी हैं। उनसे अनेक फ्रेन्च-अंग्रेजी कहानियाँ सुनी हैं, आलोचना की है—मुझको सब-कुछ लिखना होगा—नहीं लिखने पर मैं खुद को कभी क्षमा नहीं कर पाऊँगा। उनकी मृत्यु के बाद उनके सहकर्मी वैद्यनाथ प्रसाद चौधरी ने सर्वोदय सम्मेलन के उपलक्ष्य में 'रानीयात्रा' के सभास्थल का नाम रखा था—'सतीनाथ भादुड़ी नगर'।

मेरा प्रस्ताव—अन्ततः 'भट्टा बाज़ार' का नाम बदलकर भादुड़ीजी के नाम पर रखा जाये—'भादुड़ी नगर' या 'सतीनाथपुर'! प्रस्ताव करके फिर सोचना पड़ रहा है; क्या वे पसन्द करेंगे कि उनके नाम से कोई नामकरण···?···किन्तु, 'भादुड़ी भोग' आम का नाम तो उनको अच्छा ही लगा था!

[सुबल गांगुली द्वारा सम्पादित—'सतीनाथ-स्मरणे' पुस्तक में संकलित। 1972।]

बंगला से हिन्दी में अनुवाद—अमल सेनगुप्त एवं भारत यायावर

मन के पर्दे पर

स्टिल लाइफ

अस्पताल में दाखिल होते ही आपका नाम बदल जाता है। आप अपना नाम खोकर किसी नम्बर के नाम से मशहूर हो जाते हैं। बेड नम्बर 5 को 'सीपी डायट' चलेगा, नम्बर 3 को 'एनिमा' देना है, नम्बर 12 का 'ब्लड' लेना है। नम्बर 6 को 'बैक रेस्ट' लगा दो।

माँ-बाप का दिया हुआ, राशिचक्र और भृगुसंहिता द्वारा प्रमाणित आपका नाम अथवा आपका प्यारा साहित्यिक नाम-उपनाम यहाँ नहीं चलेगा।

मैं बेड नम्बर 1 था। लगातार चौदह महीने तक अस्पताल में पड़े रहने के कारण मेरा यह नाम 'परमानेण्ट'-सा हो गया था। आज भी कभी किसी काम से अस्पताल जाता हूँ, तो वार्ड-कुली हँसकर सलाम करते हुए कहता है—बहुत दिनों के बाद इधर आना हुआ—एक नम्बर बाबू !

और जब-जब अस्पताल जाता हूँ, मुझे बेड नम्बर 4 की याद आ जाती है। दीवाल पर अंकित अक्षर को ध्यान से देखता हूँ—बेड न. 4 !

चौदह महीने में बहुत से रोगी आये, अपना नाम खोकर किसी बेड नम्बर से पुकारे गये। आराम होकर घर गये अथवा···। बेड नम्बर 4 पर भी बहुत-से रोगी आये, आकर चले गये। लेकिन, उस बार 4 नम्बर बेड पर एक ऐसा रोगी आकर अपनी याद छोड़ गया—जिसे अभी तक भूल नहीं सका हूँ।

'आउटडोर' से स्ट्रेचर पर लेटकर आया, कुलियों ने बेड पर लिटा दिया और वार्ड-नर्स ने बुखार जाँचकर 98.5 पर एक गोल बिन्दी लगा दी। 98.5 एक स्वस्थ शरीर का तापमान !

वार्ड में दाखिल होते ही नये रोगियों की चीख-पुकार तेज हो जाती है, रोना-धोना बढ़ जाता है। नये वातावरण की प्रतिक्रिया बहुत तेजी से होती है। बुखार तेज हो जाता है, दिल की धड़कन बढ़ जाती है और आँखों की रोशनी कुछ ऐसी हो जाती है कि हर आदमी की सूरत भयावनी मालूम पड़ती है। यह अवस्था

प्राय: चौबीस घण्टे तक रहती है। अस्पताल की भयावनी रातों में कभी पूर्णिमा का चाँद नहीं आता। बारहो-महीने—तीसों-रात अमावस्या की अँधियारी छायी रहती है!

दिन के उजाले में, जब वार्ड का कोई नम्बर मरता है, उसके रोनेवाले सगे-सम्बन्धियों को वार्ड के डॉक्टर से लेकर कुली तक डाँटकर चुप कर देते हैं—बाहर जाकर रोना-पीटना करो। हल्ला नहीं! ऐ बूढ़ी, छाती क्यों पीटती है जोर-जोर से।

किन्तु, रात में तो सारे अस्पताल में मरनेवालों की संख्या का अनुमान बेड पर पड़े-पड़े ही लगाया जा सकता है! यह आवाज 'बेबी वार्ड' की ओर से आ रही है। किसी का फूल जैसा सुकुमार बच्चा चल बसा। माँ छाती पीट-पीटकर रो रही है—तोता रे तोता! लाली-लाली ओठ तेरे काले क्यों पड़ गये रे बेटा-आ-आ-आ! अरे कोई मेरे तोते को पकड़कर ला दे रे दैबा-आ-आ!!

दाहिनी ओर टी. बी. वार्ड में भी रोना-पीटना चल रहा है—खून की कै करता हुआ कोई जर्जर शरीर ठण्डा हो गया—अच्छा हुआ, आखिर आदमी खून-कै करता हुआ कब तक जिन्दा रहने की कोशिश करेगा?

और यह पतली तीखी आवाज 'विमेन्स हॉस्पिटल' से आ रही है। लेबर रूम में ही प्रसव-पीड़ा से छटपटाती हुई, कोई होनेवाली माँ मर गयी, शायद!···

ऐसी मनहूस रातें जिसने करवटें लेकर काट दीं—बस समझिए कि उसका दिल मजबूत हो गया। सुबह को उसकी हालत 'नार्मल' हो जायेगी। और तभी रोग का निदान भी सही हो सकता है, इलाज भी कारगर साबित हो सकता है।

लेकिन, बेड नम्बर 4 को लाकर 'आउट डोर' के कुलियों ने जिस तरह लिटा दिया—लेटा रहा! न रोया न चिल्लाया। कराहने की आवाज भी नहीं सुनायी पड़ी उसकी!

उसके आने से वार्ड में कोई 'हड़कम्प' भी नहीं मचा।···कभी-कभी किसी रोगी के आते ही वार्ड में बड़ी सरगर्मी शुरू हो जाती है। सगे-सम्बन्धी बार-बार ड्यूटी-रूम से नर्स और डॉक्टरों को बुला ले जाते हैं। नर्स की चाल तेज हो जाती है—खुट-खुट-खुट-खुट! डाक्टरों की आवाज गम्भीर हो जाती है—सिस्टर! आइस-कैप!···कोरामिन!

रोगी के सम्बन्धी, डॉक्टर से हर पाँच मिनट के बाद जाकर पूछते हैं—डॉक्टर साहब, एक बार बड़े डॉक्टर को 'कॉल' दिया जाय···?

रोगी के दूसरे आदमी वार्ड के मेहतरों और कुलियों को धमकी देते हैं—पेशाबदानी साफ़ करके जल्दी दे जाओ।···यह मत समझो कि ऐसा-वैसा आदमी का रोगी है। ननकेसर बाबू को नहीं जानते? मिनिस्टर साहब के साले के अपने भतीजे हैं! सो समझ लो।

वार्ड-कुली बड़बड़ाता है—हाँ भाई, राज ही तुम लोगों का है।

कभी-कभी उत्पात मचानेवाले रोगी आते हैं। आते ही सबसे पहले पलँग की टूटी हुई स्प्रिग की शिकायत करते हैं, तुरत 'स्पंजिंग' माँगते हैं, गर्म पानी का थैला उठाकर फेंकते हैं—एकदम ठण्डा है! सिस्टर! यह गर्म पानी का थैला है? जरा छूकर देखिए, एकदम बर्फ की तरह ठण्डा है।

नर्स 'हॉट वाटर बैग' को छूकर देखती है--और कितना गर्म चाहते हैं आप?

इसके बाद रोगी और उसके साथ आये हुए दोस्त, न जाने क्यों, हँस पड़ते हैं एक साथ! और नर्स ड्यूटी-रूम में जाकर दूसरी नर्सों से कहती है—'अरी प्रमिला! 16 नम्बर पर एक 'पार्टी पेशेन्ट' आया है।···बड़ा कानून बघार रहा है। होशियार रहना—दिलफेंक···!' दूसरी नर्स जवाब देती है—'ये पार्टीवाले रोगी बड़े उत्पाती होते हैं, लेकिन किताबें अच्छी-अच्छी लाते हैं साथ में। फिल्म-फ़ेयर···'

बेड नम्बर 4 ने ऐसा कोई उत्पात नहीं किया। उसने डॉक्टरों को परेशान नहीं किया, नर्सों को सरपट नहीं दौड़ाया और न वार्ड के कुलियों को कॉल बुक लेकर बड़े डॉक्टरों के पास भिजवाया। 98.5 डिग्री बुखार अपने टेम्परेचर चार्ट पर लेकर वह लेटा रहा—लाल रेखा से नीचे एक काली बिन्दी!!

मैं अपना टेम्परेचर चार्ट खोलकर कभी-कभी देखता था। मिस दास हाथ से मापती थी, मानो कपड़ा माप रही हो—बाप रे, साढ़े नौ हाथ!···जन्म-पत्तरी है यह तो!

बेड नम्बर 11 का टेम्परेचर चार्ट देखकर कोई भी कह सकता है—हिमालय की ऊँची-ऊँची चोटियों का रेखांकन है। बेड नम्बर 2 के टेम्परेचर चार्ट और किसी विदेशी संगीत की सिम्फनी में क्या अन्तर है! किसी सिम्फनी आर्केस्ट्रा का कण्डक्टर इस कम्पोजिशन को सामने रखकर—फर्स्ट वायलिन ग्रुप से कहेगा—मोस्ट टेण्डर नोट···!

लाल रेखा पर तीन काली बिन्दियाँ—फिर रेखा से नीचे एक बिन्दी! फिर लाल रेखा से ऊपर दो बिन्दियाँ!!

बेड नम्बर 4 के टेम्परेचर चार्ट पर सिर्फ एक काली बिन्दी पड़ी हुई है। लाल रेखा से नीचे एक काली बिन्दी।···वार्ड में घूमते हुए डॉक्टरों की आँखें, लाल रेखा से नीचे पड़ी हुई बिन्दी को देखकर जरा भी चंचल नहीं होतीं कभी—नॉट सिरियस!

चार घण्टे के बाद, डायरेक्शन बुक हाथ में लेकर वार्ड-नर्स कोई टेबलेट बाँटने आयी। टेबलेट और दवा बाँटने के समय, नर्स की पगध्वनि छन्द और ताल में बँधी हुई सुनायी पड़ती है—खुट-खुट, खुट-खुट—बेड नम्बर दो···मुँह खोलो—आँ करो···निगल जाओ···ठीक है···खुट-खुट, खुट-खुट—बेड नम्बर 3···मुँह खोलो—आँ करो···। बारी-बारी से एक-एक रोगी का मुँह

खुलवाती है—मुँह खोलो। रोगी चित लेटा हुआ चिड़ियों की तरह मुँह खोल देता है। मिस साहिबा, मुँह में टेबलेट देकर, छोटे गिलास से एक घूँट पानी डाल देती है—निगल जाओ। फिर—ठीक है—के बाद—खुट-खुट, खुट-खुट !

छन्द भंग हुआ ! ···बेड नम्बर 4 ! अजी ओ···उट्ठो ! मुँह खोलो···बेड नम्बर 4 ?

बेड नम्बर 4 न हिला, न डुला। चुपचाप लेटा रहा। मिस साहिबा विरक्त हुईं।···ललाट पर रेखाएँ खिंच आती हैं जब इस नर्स के···बड़ी भली दिखायी पड़ती है···अरे ओ सोनेवाले !

मिस साहिबा ने टेम्परेचर चार्ट पर नजर डाली—नॉर्मल तो है बुखार !

फिर उसने बेड नम्बर 4 के मुँह पर से कपड़ा हटा दिया—घोड़ा बेचकर सोया है ! मिस साहिबा ने पलँग के पाँव में अपनी जूती का ठोकर दिया—बेड नम्बर 4 !

और अन्त में उसने कलाई पकड़ी। छूते ही न जाने क्यों, नर्स के ललाट पर खिंची हुई रेखाएँ बिला गयीं। उसने नाक के पास हाथ रखकर परीक्षा की, छाती पर तलहथी डालकर देखा—'अरे, एक्सपायर्ड ?'

खुट-खुट, खुट-खुट, खुट-खुट,···मिस साहिबा ड्यूटी रूम की ओर तेजी से दौड़ी—अरे बाबूलाल, 'ओ. डी.' ऑफिस जाते हो ? ज़रा एक स्लिप लेते जाओ। बेड नम्बर चार एक्सपायर्ड कर गया।···अभी नहीं सर्टिफाई करेंगे तो फिर चार घण्टे लग जायेंगे···!

ऑफिस ऑन ड्यूटी—ओ. डी. आये। स्टेथ्स्कोप की थुथनी को छाती पर लगाया। फिर कान से निकेल के 'एयरपीस' को निकालते हुए नर्स की किताब पर कुछ लिख दिया !

बेड नम्बर 4—एक्सपायर्ड ! ···मर गया 4 नम्बर ! वह सिर्फ मर गया। किसी का सुहाग नहीं लुटा और न किसी की आँख का तारा ही टूटा। उसके मरने के बाद किसी प्रकार के सामूहिक रुदन का भी कोई आयोजन नहीं हुआ। वह सिर्फ मर गया। ··सिर्फ मरने में अन्तर है।

अस्पताल के नियमानुसार उसका 'बेड-हेड टिकट' और टेम्परेचर चार्ट बना दिया गया था। उसने अपनी ओर से कोई प्रार्थना नहीं की थी। न दवा के लिए रोया-रिरियाया, न ही फल के लिए वार्ड-कुली से झगड़ा, न दूध का गिलास बढ़ाते हुए बोला—जरा लगा के देना, बाबूलाल भाई ! और न मेम साहब से पलँग के खटमलों की शिकायत की।···ठण्डे होते हुए 'हॉट वाटर बैग' की तरह धीरे-धीरे वह ठण्डा हो गया !

अस्पताल में दाखिल हुआ—इनडोर रोगियों के रजिस्टर के एक कोष्ठ को भरने के लिए एक बूँद रोशनाई खर्च हुई। वार्ड में आया—टेम्परेचर चार्ट पर रोशनाई की दूसरी बूँद खर्च हुई। वह मर गया, मरे हुए रोगियों के रजिस्टर की

खानापूर्ति में तीसरी बूँद···

बर्फ-घर के कुलियों का जत्था आया—मेम साहब ! लीजिए 'साइन' कर दीजिए काग़ज पर जल्दी से ।···बड़े साहब बैठे हैं। इम्तहान चल रहा है ।

दूसरे ने कहा—बहुत मार्के से ताज़ा 'डेड बॉडी' मिल गया । क्यों नन्दू ?

स्ट्रेचर को उठाते हुए नन्दू नाम के कुली ने रसिकता की—चल भैया कदम-कदम बढ़ा के । हटो भाई, ज़रा निकलने दो—'सेकेण्ड पाट' के बाबू लोगों का 'कोस-चैन' जा रहा है ।

एक मेडिकल स्टुडेण्ट हड़बड़ाता हुआ आया और वार्ड-नर्स से पूछने लगा—'मिस दास ! ···प्लीज ! बेड नम्बर 4 का 'बेड हेड टिकट' जरा दिखलाइयेगा··· क्या केस था, कह सकती हैं ?' नर्स मिस दास अपनी मुस्कुराहट को रोककर बेड हेड टिकट और टेम्परेचर चार्ट निकालने लगी ।···तीन-चार और परीक्षार्थी आये । कम-से-कम केस की हिस्ट्री मिल जाये तो समझो पोस्टमार्टम में··· ।

मेडिकल स्टुडेण्टों ने 'बेड हेड टिकट' को इधर-उधर उलटाकर देखा—रोगी के नाम की जगह लिखा था—एक रोगी—अचैतन्यावस्था में । पता—लावारिश ! ···टेम्परेचर चार्ट पर, लाल रेखा के नीचे एक काली बिन्दी पड़ी हुई थी ।

सबों ने एक साथ हँसकर कहा—धत्तेरे की जय हो !

खुट-खुट, खुट-खुट । मिस साहिबा मुस्कुराकर मिक्सचर बाँटने चलीं !

और मैंने करवट लेकर दीवार पर अंकित अपने नम्बर को देखा, बेड हेड टिकट मेरा काफी मोटा हो गया है—पचासों किस्म की रिपोर्ट···!

तकिये पर अजाने ही दो-तीन बूँद आँख का पानी गिर गया—बेवजह, बेकार, जिसका कोई अर्थ नहीं !

[निकष/जनवरी 1957]

ईश्वर रे, मेरे बेचारे···!

अपने सम्बन्ध में कुछ लिखने की बात मन में आते ही मन के पर्दे पर एक ही छवि 'फेड इन' हो जाया करती है : एक महान् महीरुह···एक विशाल वट-वृक्ष··· ऋषि तुल्य, विराट् वनस्पति ! फिर, इस छवि के ऊपर 'सुपर इम्पोज' होती है दूसरी तस्वीर : जटाजूटधारी बाबाजी की गोद में किलकता एक नन्हा शिशु ! ! और तब अपने बारे में कुछ लिखने की बात मन से दूर हो जाती है। क्योंकि इस वृक्ष को बाद देकर अपनी कहानी लिख पाना मेरे लिए असम्भव है।

अतः जब लिखने बैठा हूँ, शुरू में ही कबूल कर लेना ठीक है कि मैं कुसंस्कारों में पला अन्धविश्वासी हूँ। जन्मान्धविश्वासी ? इसके अलावा क्या हो सकता था मैं ? मेरे गाँव के लोग, परिवार के लोग एक पेड़ को पूजते थे। गाँव का प्रत्येक बच्चा उस 'पेड़-देवता' की कृपा से जीता था, उसके कोप से मरता था। ···छह महीने की मेरी काया को (सुना है !) अमावस्या की एक रात—उस पेड़ के नीचे धरती पर सुलाकर मेरी दादी ने 'दण्ड-प्रणाम' करके मनौती मानी थी—'ले जाना है, तो अभी ही ले जाओ। रखना है तो 'राजी-खुशी' से रखो !'

इतने दिनों तक 'राजी-खुशी' रहने के बाद, अपने मुँह अपनी जीवन-यात्रा की कहानी कहने के पहले अपने 'बट बाबा' का 'सुमिरन' करता हूँ···।

गाँव के उत्तर, सड़क के किनारे पल्लवित-घनश्याम शाखाओं को आकाश में छत्राकार ताने, जटाजूट लटकाये उस 'योगी-वृक्ष' को सबसे पहले नमस्कार !

सारे गाँव के लोग, गाँव से बाहर जाते और लौटते समय कोई नया काम शुरू करने के पहले इस पेड़ को शीश नवाकर दण्डवत् करना नहीं भूलते थे।

'बट बाबा' को हमने पेड़ नहीं समझा—'देव' ही समझा सदा। ठीक उसी तरह मैलेरिया को सिर्फ बुखार नहीं—'पिशाच' मानता रहा। जूड़ी-ताप-तिल्ली की एक मशहूर पेटेण्ट दवा के विज्ञापन में 'मैलेरिया पिशाच' की तस्वीर छपी रहती थी—पाँच मुँहवाला, विकराल पिशाच—अट्टहास करता हुआ, चारों ओर अस्थिपंजर, मुण्ड और हड्डियों के ढेर बिखरे हुए।···

तीस-चालीस साल पहले तक अपने इलाके में फैले मैलेरिया और काला आजार के भीषण प्रकोपों को याद करके आज भी देह काँपने लग जाती है। कभी-कभी तो स्मरण-मात्र से ही शीत ज्वर चढ़ जाता है, जो कम-से-कम ढाई दिनों तक देह की हड्डियों के जोड़-जोड़ को निर्ममता से तोड़-मरोड़-झकझोरकर ही विदा लेता है। उन दिनों, कहते हैं, हमारे यहाँ के कौओं को भी मैलेरिया बुखार होता था।

कौओं की नहीं, अपनी बात कहता हूँ। मैलेरिया की मुझ पर विशेष कृपा थी। हर साल, हर किस्म के ज्वर-ताप में यह काया तपती थी। मैलेरिया के किस्म? जाड़ा देकर आनेवाला—जड़ैया। एक दिन बाद देकर आनेवाला—एकैया। दो दिन बाद देकर चढ़नेवाला—तीहिया। और 'तुरत-फुरत' प्राण-पखेरू को झपट्टा मारकर उड़ जानेवाला—बाई जड़ैया। अर्थात्, 'पर्निसस- मैलेरिया—' बुखार के साथ पेट चलना शुरू होता है। हैजा के सारे लक्षण प्रकट होते और एक-दो घण्टे में पहलवान-पट्ठा आदमी चल बसता।···ॐ सर्वविघ्नान्-उत्सारह हूँ-फट् स्वाहा!!

हर साल, आसिन-कातिक में गाँवों में मैलेरिया महामारी का रूप धारण करता। कभी-कभी तो अगहन में 'धनकट्टी' के समय मजदूरों के अभाव में बड़े किसानों के धान खेतों में ही झर जाते थे।···माघ की सर्दी से उबरकर, फागुन की हवा पीकर तनिक स्वस्थ शरीर लेकर जब हम पाठशाला पहुँचते, तब मालूम होता कि हमारे बहुत-से प्यारे सहपाठी मैलेरिया के गाल में समा गये। हर वर्ष आसिन-कातिक अर्थात् दुर्गापूजा के पहले ही सारे गाँव में एक आतंक छा जाया करता : पता नहीं, इस बार किस-किसकी बारी है।···पता नहीं, इस बार क्या हो।···इस बार कातिक सकुशल कटे, मन-ही-मन यही कामना करते सभी। और, मेरा अनुमान है कि मन-ही-मन मनौती मानते समय सभी के हाथ स्वयं ही जुड़ जाते होंगे, सिर झुक जाते होंगे और मुँह से एक कातर-स्फुट गुहार—'दुहाई बट बाबा! रच्छा करना साईं!'

मन-पसन्द मनौती (या उत्कोच?) और 'चढ़ौआ' के लोभ में अथवा अपने औघड़पन में—बाबा 'रच्छा' किया करते थे।···सन् 1929-30 ई. की बात। लगातार तीन महीने तक कुनैन की गोलियाँ निगलने और 'डी. गुप्ता' तथा 'एडवर्ड टॉनिक' जैसी जहरीली, पेटेण्ट दवाओं का कड़वा घूँट पीने के बाद, कुनैन की सुई दी जाने लगी। किन्तु, ठीक समय पर—मानो, घड़ी देखकर रोज आनेवाला ज्वर कभी नहीं रुकता। आ ही जाता। और, जब आता तो 105 डिग्री से भी ऊपर की ओर—उसके साथ प्रलाप···।

तब मेरी दादी ने एक बार फिर ढाई दिनों का निर्जला-उपवास किया। दवा और सुई बन्द कर दी गयी। बट बाबा के 'शरणागत' की तैयारी होने लगी। दादी जब 'दण्ड प्रणाम' करके बट बाबा को मनौती मानकर मेरे पास आयी, मैं ज्वर की ज्वाला में झुलस रहा था। सिर से बर्फ की थैली को सरकाकर, पान-

फूल मेरे माथे से छुआकर दादी बैठ गयी। दादी की हथेली के स्पर्श की याद मुझे है···चोआ-चन्दन की भीनी गन्ध और शीतल-कंचन हथेली!

इसके बाद, एक स्वप्न। मैंने देखा, बरगद की हर डाली नवपल्लवों से ढक गयी है। ललछौंह-कोंपल, कोमल-चिकने नये 'पात' बरगद के—हवा में काँपते-नाचते।···धीरे-धीरे नवपल्लव झरने लगे। पत्तों के गिरने के मृदु शब्द और उनके 'परस' की याद मुझे अब भी है। झरते हुए नये पत्तों से मेरी देह ढक गयी। सिर, मुँह, छाती, पेट, दोनों पैर, तलुवे और दोनों हाथ की हथेलियाँ नवपल्लवपुंज से आवृत्त। तन का ताप क्रमशः कम होने का सुख? इन पंक्तियों को लिखते समय मेरे रोम रह-रहकर पुलकित हो उठते हैं। मेरी सारी देह में आनन्द की एक अपूर्व गुदगुदी-सी लग रही थी। मैंने कहा था, "दादी! पत्तों को अब परे हटा दो। ठण्ड लग रही है।"

सिरहाने में बैठी दादी बोली थी, "कैसे पत्ते? कहाँ हैं पत्ते बेटा?"

"बट बाबा के पत्ते। मेरी देह बरगद की कोमल पत्तियों से ढकी हुई है. न?"

मैंने आँख खोलकर देखा—दादी का प्रसन्न मुखमण्डल और आँगन के उत्तर आकाश में बरगद की फुनगी पर बैठी हरबोला—चिरैया का स्वर—'शिव-शिव कहो।'

इसके बाद फिर कभी मैलेरिया से आक्रान्त हुआ, याद नहीं।

गाँव से उत्तर, सड़क के किनारे, विशाल तरुवर के तले राही-बटोही और 'बनिजारे' गाड़ीवानों के दल सदा सुस्ताते। कभी विवाह और गौना की बरात गुजरती। दुलहिन की पालकी बरगद के नीचे रुकती। सारा गाँव उमड़ पड़ता। लाल-लाल डोली से 'लाली-लाली दुलहिनियाँ' निकलकर, धरती पर माथा टेक-कर दण्डवत करती। पालकी जब उठने लगती, गाँव के बच्चे तालियाँ बजाकर एक स्वर से गाने लगते—'लाली-लाली डोलिया में लाली रे दुलहिनियाँ···।'

नन्ही दुलहिन कुछ वर्षों के बाद गोद में एक नवजात 'लड़िकनवाँ' लेकर लौटती। तब, एक बार फिर बट बाबा के पास टप्परवाली गाड़ी रुकती। छाती से अपने कलेजे के टुकड़े को सटाये, नयी-नयी हुई अल्हड़-सी माँ गाड़ी से उतरती—'दुहाय बट बाबा!' बरगद पर बैठी 'खोंपावाली-चिड़िया' किलक उठती—'चुम्मा दे दे!'···

चिड़ियों की नाना जाति, रंग, वर्ण के परिचय और उनके नाम, स्वभाव, आने-जाने का मौसम, उनकी बोलियों के मतलब—दादी ही मुझे सुनाती-समझाती। कहना नहीं होगा कि बरगद की डालियों पर सदा दुनिया-भर की चिड़ियों का कलकूजन होता रहता। किन्तु, कभी गिद्ध या बगुले को बैठते किसी ने नहीं देखा, न सुना कभी। कभी-कभी कोटरों में विषधर सर्प दिखलायी पड़ते। दादी कहती—'देवहा पेड़ पर साँप तो रहेगा ही।···गिद्ध या बगुला देवहा पेड़ पर नहीं बैठता।'

याद आती है नवान्न के दिन की !

नया चूड़ा और दही, नया गुड़ का अनुच्छिष्ट-प्रसाद केले के पत्ते में लेकर घर-घर की गृहिणियाँ पेड़ के पास आतीं, और नवान्न के दिन सूर्योदय के पहले से ही, न जाने कहाँ से उतने काग जमा हो जाते थे ! कहते हैं, सभी काग नदी, पोखरे या जलाशय में नहाकर प्रसाद पाने के लिए जुटते थे। बरगद की फुनगी पर—पात-पात पर बैठे हजारों-हजारों, काग—कलरव करते हुए। केले के पत्ते में प्रसाद लेकर गृहिणी पुकारती—'आ ! आ-आ-आ !!'

प्रत्युत्तर में सैकड़ों काग एक स्वर में—'का ! का-आ-आ-आ'—कहकर पंख फड़फड़ाते, उड़ते, ज़मीन पर बैठते, और प्रसाद पाते, फिर उड़ते। बच्चे पुकारते—'खा ! खा-आ-आ-आ-आ !'

दिन के तीसरे पहर तक बरगद के नीचे 'कागभोजन' का आयोजन चलता रहता—'आ ! आ-आ-आ !! ···का ! का-आ-आ-आ !! ···खा ! खा-आ-आ-आ !!'

दिन-भर बोलने-कूकनेवाली चिड़ियों की टोलियाँ सूर्यास्त के बाद कुछ क्षणों तक अन्तिम कलरव-कूजन करके चुप हो जातीं—सो जातीं। इसके बाद शुरू होता निशिचर पंछियों का 'शिफ्ट'—'रतजगा' करनेवाली चिड़ियों की बारी रात के आठ बजे के बाद से···।

करकरा या कर्रा नामक काली और लम्बी टाँगवाली मौसमी चिड़ियों की टोली जिस पेड़ पर बैठती है, रात में उस पेड़ के नीचे से बिल्ली भी गुजरे, तो करकरा की टोली एक साथ कर्कश सुर में किलकिलाने लगती है—'कर्र-कर्र-काँ-हाँ-स। कर्र-कर्र···।'

हर तीन घण्टे पर अचानक एक मनहूस आवाज वातावरण में सिहरन की सृष्टि करती—'घुघ्घू-घू-ऊ-ऊ'—बड़ा उल्लू, अर्थात् घुघ्घू—सदा मँडरानेवाली मौत की पगध्वनि को सबसे पहले घुघ्घू ही सुनता है और तब यह पेड़ की डालियों पर बोलने लगता है। इसकी बोली सुनकर जगे हुए लोग अपने इष्टदेव का नाम सुमरते हैं। यह पंछी 'टाइम कीपर' का भी काम करता है। रात के प्रत्येक पहर में यह नियमपूर्वक बोल उठता है। बरगद पर रहनेवाले घुघ्घुओं में एक 'पेंचक' ऐसा है, जो रात में अनैतिक काम करनेवालों को कड़ी सजा देता है।···एक बार एक ठग 'ओझा' (तान्त्रिक) गाँव से बाहर 'चौबटिया' पर 'चक्र' पूजकर एक कुमारी कन्या पर बलात्कार करना चाहता था। उस पेंचक ने तान्त्रिक के गाल का मांस नोच लिया था। और, एक बार एक कटहल चुरानेवाले के ब्रह्मतालु पर चोंच मारकर गहरा छेद कर दिया था। दोनों की मृत्यु तत्काल ही हो गयी थी।

पेंचकों (उल्लू, घुघ्घू तथा मुआ) के अलावा बरगद पर 'दुदुमा' नामक पखेरू का जोड़ा भी रहता था। 'दुदुमा' को कभी किसी ने देखा नहीं। मेरी दादी ने भी नहीं। दादी कहती—'सुना है इसके दो दुम होती हैं और दस कोस में सिर्फ एक ही जोड़ा रहता है कहीं।'

रात गहरी होने के बाद अक्सर नर और मादा का सवाल-जवाब सुनायी पड़ता। नर की आवाज कुछ इस तेवर के साथ कि वह नींद में सोयी हुई मादा को जगा रहा हो—'एँ-हें-एँ ?'···अर्थात्—'जगी हो ?'

जवाब में एक कुनमुनायी-सी नींद से माती हुई आवाज़—'एह। ऐंहें-ऐंहें-ऐंहें'—अर्थात् 'ओह ! जगी ही तो हूँ। क्यों बेकार···' और तब, नर दुदुमा एक बार फिर बोलता—'ऐंहें-ऐंहें !' अर्थात्, 'हाँ, जगी रहो।'

एक चिड़िया होती है—कूँखनी। इसकी बोली, गोद के बच्चों के लिए, अशुभ और अमंगलकारी समझी जाती है। कूँखनी की बोली कराहते हुए रोगी शिशु की आवाज जैसी सुनायी पड़ती है। इसकी बोली को सुनते ही सन्तानवती माताएँ अपने शिशुओं को छातियों से चिपका लेती हैं और तब कुँखनी-चिरैया को एक अश्लील गाली देकर उसकी बोली के 'दोख' को काटती हैं—'चूप छिनाल ! यहाँ कहाँ···आयी है ? कहीं और जाके···।'

निशिचर पंछियों के अलावा रात में बरगद की डालियों से एक साथ कई खड़खड़ाती हुई आवाज आतीं—उड़नबेंगों की। पेड़ पर रहनेवाले—कलमेघों का।···यहाँ लोग मुझे 'गप्पी' (झूठी बात हाँकनेवाला) कह बैठेंगे, मैं जानता हूँ। हमारे गाँव में एक कहावत है—'लुच्चा मारलक बेंग, दू पसेरी के एक्के टाँग।' सो, कहनेवाले मुझे लुच्चा कह लें। किन्तु, पेड़ की डालियों से चिपके इन हरे रंग के मेढ़कों को मैंने (रात में) देखा है। इन्हें बोलते सुना है। इनके पैर, पानी में और मिट्टी पर रहनेवाले मेढ़कों से तनिक भिन्न, लम्बे होते हैं, उँगलियाँ झिल्लीदार। एक डाल से दूसरी डाल पर कूदकर चिपक जानेवाले इस मेढ़क को 'उड़नबेंग' भी कहते हैं। इसकी बोली फटे हुए बाँस की 'फराठी' की तरह सुनायी पड़ती है—'पड़र्र-र्र-! पड़र्र-र्र-र्र !'

इन प्राणियों के अलावा कभी-कभी एक शब्द सुनायी पड़ता है—एक लम्बी साँस की तरह। यह आवाज़ बरगद की यानी 'बट बाबा' के साँस लेने की आवाज़ होती।

दस वर्ष की उम्र से ही मुझे रात में देर तक जगने का रोग है। रात के दो-ढाई बजे तक नींद नहीं आती। दवादारू, झाड़-फूँक और टोटका-टोना करके भी कोई लाभ नहीं हुआ। बिछाबन पर बिना नींद के चुपचाप लेटे रहना कभी-कभी इतना बुरा लगता कि मैं रो पड़ता। दादी पीठ पर हाथ फेरती हुई कहती—'आँख मूँदकर फूले हुए कास के गुच्छों को देखो। नींद आ जायेगी।' कई बार अफीम घोलकर चटाया गया। किन्तु, नींद तीन बजे के बाद ही आती।

अन्त में, जब तक नींद नहीं आती, लेटे-लेटे बरगद की डालियों से लटकती हुई जटाओं के झूले पर—मन को बैठाकर झुलाता। गुनगुनाता—'झूला लगे कदम की डाली, झूले किसुन कन्हाई जी···!'

इन्हीं दिनों बरगद से मेरी आत्मीयता घनिष्ठ हुई। सारा गाँव सोया रहता। परिवार का हर प्राणी नींद में खोया रहता। अकेला जगा हुआ मैं—खिड़की से

बाहर बरगद की फुनगी की ओर ताकता रहता। लाखों जुगनुओं से जगमग करती हुई छत्राकार डालियाँ। कभी घुघ्घुओं की मनहूस बोली सुनकर डर जाता तो लगता, कोई ठठाकर हँस पड़ता है —'अरे ! चिरई-चुरमुन की बोली सुनकर भी डरता है रे ?'

एक बार बरगद की ऐसी ही चुनौती-भरी हँसी को सुनकर बिछावन छोड़कर उठा और अन्धकार में चुपचाप बरगद की ओर जानेवाली पगडण्डी पकड़ ली। बरगद के नीचे पहुँचकर—जोर-जोर से पाँव पटक-पटककर परिक्रमा करते हुए कहने लगा— 'मैं नहीं डरता। मैं किसी से नहीं डरता। मैं डरपोक नहीं। कायर नहीं हूँ मैं···।'

दूसरे दिन सुबह, शहर से एक नामी होमियोपैथ को बुलाया गया। उन्होंने कहा—'नींद में चलना-फिरना, यह एक रोग है।' किन्तु, उनकी दवा से रोग दूर नहीं हुआ।

पिताजी 'सत्यार्थप्रकाश' पढ़कर, आर्यसमाजी प्रचारकों के उत्तेजक भाषण सुनकर 'दयानन्दी' हो गये। घर के 'देवगण' भागकर बरगद पर चले गये। अकेली दादी कहाँ तक उन्हें भरोसा देकर घर में रख सकती थी भला ? घर का बच्चा-बच्चा 'दयानन्दी' बोली और 'अरियासमाजी' कीर्तन सीख चुका था।

एक बार पिताजी के साथ एक प्रचारक भी आये। गाँवों में ढोल बजाकर खबर फैला दी गयी—'आज शाम से बरगद के तले 'अरियासमाजी कीर्त्तन' होगा···।'

प्रचारकजी के कीर्तन से पहले 'हवन' करके, सड़े हुए सनातनी वातावरण के 'शुद्धि संस्कार' का पवित्र आयोजन किया गया। हवन की आग सुलगते ही गोरैया का एक बच्चा पंख फड़फड़ाता हुआ उड़ा और सीधे हवनकुण्ड में जा गिरा।···यज्ञ भ्रष्ट हो गया। कीर्तन नहीं हो सका।

प्रचारकजी तथा पिताजी स्तब्ध रह गये। उन्होंने 'संयोग' कहकर इस घटना को भुलाने की चेष्टा की। किन्तु, दादी का विश्वास दृढ़ था कि 'बट बाबा' की इस चेतावनी के बाद भी यदि यहाँ 'अरियासमाजी' कीर्त्तन किया गया, तो फिर शुरू होगी बाबा की 'कोप-लीला'···!

दादी ने मुझे अपने पक्ष में करने के लिए, धीरे से मुझे समझाया था—'बेटा! और देवी-देवता की बात नही करती। लेकिन, यह 'बट बाबा' साक्षात् देवता हैं —जाग्रत देवता। इनसे कभी रार मत करना। इन पर कभी 'ना-परतीत' मत करना। इनसे कभी मसखरी मत करना···। तुम्हारे पितामह के पितामह से भी बड़े हैं तुम्हारे बट बाबा।'

साढ़े तीन साल की नजरबन्दी के बाद (सन् 1945 ई. में) भागलपुर सेन्ट्रल जेल से रिहा होकर गाँव लौट रहा था। सिमराहा स्टेशन से घर आते समय रह-रहकर लगता कि न जाने किस गाँव में जा रहा हूँ, पता नहीं, कहाँ जा रहा हूँ। कहाँ है

अपना गाँव ? किधर गया अपना गाँव 'औराही-हिंगना' ? दिग्भ्रान्त होकर किसी अन्य दिशा की पगडण्डी तो नहीं पकड़ ली ?···पछियारी टोले का अकेला ताड़ का पेड़ ? हाँ, है ताड़ का पेड़। लेकिन, गाँव का आकाश कहाँ है ?···आकाश ···स्काइलाइन···अपने गाँव का क्या हुआ ?

अचानक कलेजा धक् ! बट बाबा कहाँ हैं ? गाँव के उत्तर, सड़क के किनारे विशाल वट-वृक्ष नहीं है। और वट-वृक्ष के बिना सारा गाँव नंग-धड़ंग···श्रीहीन छूँछा···अजनबी-सा लग रहा था। अपने गाँव की ऐसी कुरूप छवि की झाँकी पहली बार देखकर मेरे पैर डगमगाये थे और खेत की मेंड़ से नीचे फिसल गये थे।

गाँव पहुँचकर विस्तारपूर्वक बट बाबा के तिरोधान की कहानियाँ सुनता रहा।···पिछले साल एक रात के दूसरे पहर में बिना किसी आँधी-तूफान अथवा 'हवा बतास' के ही बट बाबा जड़ से उखड़कर भूलुण्ठित हो गये !···गगनभेदी धमाका···हल्का भूकम्प, और फिर आर्तनाद, कोलाहल, कलरव ! सारा गाँव जग पड़ा और सभी एक सुर में रो पड़े—औरत-मर्द, बच्चे-बूढ़े-जवान; कुत्ते, गाय, बैल, भैंस—सभी रात-भर रोते रहे थे—दुहाय बाबा ! अब हमारा क्या होगा ? कौन हमारी रच्छा करेगा···सुख-दुख में, सदा कौन पास में खड़ा होगा अब ?···दादा-परदादा से भी बड़ा, गाँव के हर परिवार का पूज्य, प्रत्येक प्राणी का अपना 'समांग'—बट बाबा !

दादी की आँखें सदा गीली रहने लगी थीं। बोली, "वैसी हालत में भी जान नहीं गयी थी।···जीवनी-शक्ति शेष थी। जड़ से उखड़ने के बावजूद, पत्ते-पत्ते पर हरियाली छायी रही। उसी अवस्था में, अर्थात् भूलुण्ठित होकर भी, पतझड़ के बाद, नवपल्लव से डालियाँ ढक गयी थीं। किन्तु, इसी को कहते हैं दुनिया !··· लड़ाई के कारण फैली हुई मँहगाई के जमाने में 'जलावन' की लकड़ी भी महँगी हो गयी थी। बट और पीपल की लकड़ी को 'जलावन' में व्यवहार करने की कल्पना भी किसी ने नहीं की होगी। लेकिन, लड़ाई का एक ठेकेदार आया और जमींदार को मुँहमाँगी कीमत देकर बट बाबा की 'काया' को खरीद लिया। सरकारी ठेकेदार बिजली से चलनेवाला 'आरा' और लकड़ी काटनेवाली मशीन लेकर आया और दो-तीन दिनों में ही बट बाबा का नाम-निशान निश्चिह्न !"

दादी का गला भर आया था, "अब तो उत्तर की ओर से आनेवाली हल्की आँधी के हल्के-से झोंके को भी गाँव के झोंपड़े नहीं सँभाल सकते। हर बार बैसाख में गाँव के दर्जनों झोंपड़े उड़ जाते हैं।"

"और, उन पंछियों-पखेरुओं और चिड़ियों-चुरमुनियों का क्या हुआ ?" मैंने सदा की भाँति दादी से पूछा था।

दादी के चेहरे पर एक उदास हँसी की रेखा देखकर जी जुड़ा गया। हँसकर बोली थी, "तू सब दिन बच्चा ही रह गया रे ! बचपन में पूछा करता था कि कोशी की बाढ़ में यदि बरगद डूब जाये, तब चिड़ियाँ सब कहाँ रहेंगी···?"

असल में, मेरे मन के पंछी को कोई ठौर-ठिकाना नहीं मिल रहा था। सूने

आकाश में हमेशा उड़ता हुआ-सा-दिन-रात भटकता रहता। नींद आती, तो बट बाबा की छाया स्पष्ट हो जाती और उसके बाद सपनों में—बचपन से लेकर किशोरावस्था और जवानी के दिनों तक की स्मृतियों की झलक : आ-आ-आ ! ···खा-खा-आ-आ ! ! दुहाय बाबा ! इस बार कातिक बिना किसी 'कलेश' के कट जाय।···खेत···खलिहान सूना न रहे, हर घर की कोठाली में अनाज भरे।··· बर-बीमारी-बिपदा-बैरी को नाश करना बाबा।···'जी-जान-देह-समांग' सब तुम्हारे हाथ !

कई सप्ताह इसी तरह बिताने के बाद, एक दिन लिखने बैठ गया। लिखने बैठ गया, कहना ठीक नहीं होगा। ऐसा लगा कि किसी ने मुझे पकड़कर बैठा दिया। सपना साकार हो गया···आकाश में विशाल बरगद की शाखाएँ तन गयीं—जटाएँ हिलने लगीं और डाल-डाल पर असंख्य पंछियों के कलरव-कूजन··· प्रशान्त मुखमण्डल पर एक प्रसन्न मुस्कान !

तन-मन हल्का हो गया—भारहीन। उस अपूर्व आनन्द के प्रथम आस्वाद को भूल नहीं पाया हूँ। अपनी ही लिखी हुई कहानी पढ़कर अचरज में पड़ गया था—मेरी लिखी कहानी !

कहानी का शीर्षक 'बट बाबा' देकर, चुपचाप साप्ताहिक 'विश्वमित्र' (कलकत्ता) के सम्पादक के नाम रजिस्टर्ड पैकेट भेज दिया—सेवा में प्रकाशनार्थ एक कहानी···!

कई सप्ताह के बाद सम्पादकजी का प्रोत्साहनपूर्ण पत्र मिला और साथ ही 'विश्वमित्र' का ताजा अंक, जिसमें मेरी पहली कहानी 'बट बाबा' छपी थी।

दौड़कर दादी के पास गया। चरण-स्पर्श कर बोला, "दादी ! तुमने हमें, बचपन से ही न जाने कितनी कहानियाँ सुनायी होंगी।···इस बार, मैं तुमको एक कहानी सुनाऊँ !"

कहानी समाप्त करके देखा, दादी की आँखों में एक अलौकिक ज्योति-सी कुछ जगमगा रही थी। उनका झुर्रीदार चेहरा अचानक दमकने लगा था। गद्गद कण्ठ से बोली थी, "बट बाबा की महिमा लिखकर तुमने—समझो कि अपने 'पुरुखों' को पानी दिया है।···तुमने सारे गाँव के लोगों की ओर से 'बट बाबा' की समाधि पर पहला फूल चढ़ाया। बाबा की कृपा बरसती रहे सदा···! !"

आज भी, सुख-दुख के झकोलों पर जब कभी दिशाहारा-सा होने लगता हूँ, अपने गाँव का आकाश अजनबी लगने लगता है, जब कभी अथवा किसी अव्यक्त व्यथा से मन भारी हो जाता है, आँखें मूँदकर गरदन झुका लेता हूँ। मन के आइने में एक तस्वीर स्पष्ट हो जाती है···एक विशाल महीरुह के नीचे खेलता हुआ एक शिशु—नन्हा-सा !···जटाजूट···बाबाजी हँसकर अलख जगाता हुआ—चिमटा खनकाता है। स्पष्ट सुनता हूँ, कोई मेरा नाम लेकर प्यार से पुकारता है। पुकारता रहता है···!

[ज्योत्स्ना/ अप्रैल 1973]

कुसुमलाल

इस बार गाँव पहुँचकर—पहुँचकर नहीं, पहुँचते-पहुँचते रास्ते में ही, जबर्दस्त खबर सुनने को मिली कि अब हमारे इलाके में भी एक पेड़ जिला-भर में प्रसिद्ध हो गया है। छः महीने बाद गाँव गया था। मेरा गाड़ीवान कुसुमलाल छः महीने की गप्प सँजोये था। ट्रेन से उतरकर उस पर नजर पड़ते ही समझ गया—गाँव-घर का समाचार शुभ है। रत्ती-भर भी अशुभ होता तो वह स्टेशन नहीं आता।

तो गाड़ी को जोड़कर, बैल को हाँकते हुए उसने अपने छः मासे गप्प का थोड़ा आभास दिया, "अब अपने इलाके में भी एक ठो देवहा पोखर हो गया है। लरैनपुर गाँव में नरहवा पोखर था न, वही।"

मैंने पूछा, "पोखर से क्या किसी देवता की मूर्ति निकली है?"

"ऊँ···ह!" वह बोला, 'पोखर के किनारे बेल का एक 'ठुठहवा' पेड़ था। कहते हैं, एक दिन एक बाबाजी उसके नीचे धूनी जोड़कर बैठ गये और बैठे-बैठे लापता हो गये। धूनी जल ही रही है। त्रिशूल-चिट्टा गड़ा हुआ है। और बाबाजी लापता! बाबाजी को देखकर गाँव का गँजेरी सब वहाँ गया था, और उन्हीं लोगों के साथ बाबाजी का गप्प-सप्प हुआ था। बाबाजी 'कामरू-कमच्छा' के थे। कहते थे कि जो कोई मंगलवार-शुक्रवार को पोखर के किनारे उनकी धूनी में लकड़ी का एक 'चैला' चढ़ावेगा, उसका रोग-शोक साफ···!"

मैं बीच में कुसुमलाल को टोकना चाह रहा था, लेकिन उसने मुझे वह मौका नहीं दिया। बैल की डोरी के साथ-साथ वह गप्प की डोरी भी थामे रहा। बोला, "सो अब हर मंगल-शुक्रवार को पोखर के किनारे मेला लग जाता है। कहते हैं कि बाबाजी ने कहा था—'हम बैसने-बैसने (बैठे-बैठे) 'अलोपित्त' हो जायेंगे, फिर वैहने (वैसे ही) बैसने-बैसने किसी दिन अपना आसनी पर लौट आयेंगे। हमरा धूनी की आग जेह दिन बुता जायेगा, समझना आर (और) हम नहीं लौटेंगे। तब ई पोखरा औ गाछो का महात्तम आलोपत्त···"

कच्ची लीक की ढलान में गाड़ी पहुँची तो टप्पर की छतरी से मेरा सिर

टकराया। मैंने हँसते हुए कहा, "ज़रा सड़क की तरफ देखकर गप्प किया करो···"

कुसुमलाल कच्ची सड़क की ढलान को पार करते समय बोला, "देखते नहीं हैं, सड़क कैसी हो गयी? हरदम गाड़ी-छकड़ा का मेला। उस दिन धान कुटवाकर और आटा पिसवाकर लौटते समय···"

मैंने पूछा, "अपने गाँव के लोग भी जाते हैं क्या?"

कुसुमलाल की गप्प ने अब रंग पकड़ा। हाथ से दुआली नचाता हुआ बोला, "जाते हैं। समूचा गाँव खाली हो जाता है। बात यह है कि वहाँ नाच-तमाशा करनेवाले भी पहुँच जाते हैं, सो गाँव के लड़के-फड़के सब जाते हैं।"

"बीमारी ठीक भी होती है, या यूँ ही?"

"ठीक होती है न तो! मैं भी गया था। देखते नहीं हैं—मेरे शरीर में अब एक जगह भी 'दिनाय' है?"

मैं आश्चर्यचकित था, उसकी पीठ देखने लगा, "सचमुच!"

कुसुमलाल तड़ातड़ गाँव के दर्जन-भर असाध्य रोगी-रोगिनियों के नाम बता गया, "ठठेरी टोला के धुत्तर दास का दम्मा, पछियारी टोलावाली मुसमात की मिरगी, पुरबारी टोला के जगेसरा की 'गर्मी'···घर चलने पर मालूम होगा।"

उसकी गप्प की अन्तिम पंक्ति और 'मुचकी' हँसी मेरी आशंका को मजबूत कर गयी। पूछा, "क्यों रे, अपने घर से भी कोई?"

कुसुमलाल अब विहँसने लगा, "सो तो घर चल ही रहे हैं, पता लगबे करेगा। अब गाँव में किसी को अधकपारी है?"

"नहीं?"

"ऊँ···हुँक।"

मन-ही-मन समझ गया—अपनी 'अन्दर-हवेली' से कौन-कौन गये होंगे। मेरे परिवार में दो व्यक्तियों को अधकपारी था। एक तो ठीक-ठाक हो गया, अब मैं ही बच रहा हूँ।

मेरे सोचने के क्रम में ताल देता कुसुमलाल उत्साहित हुआ, "मालिक, अब आप ही बच गये हैं। आपके ही बहाने मंगलवार को···"

पता नहीं क्यों, मुझे कुसुमलाल पर अचानक गुस्सा हो आया, "बार-बार कह रहा हूँ कि सड़क की तरफ देखकर गाड़ी हाँको।"

उसके बाद वह चुपचाप गाड़ी हाँकने लगा।

कितने दिन से अपने मन में जिस शुभ-संवाद को वह सँजोये हुए था—सर्व रोग-शोक-कष्ट-दुख-विनासी समाचार—जब वही 'फेल' हो गया तो आगे क्या बात बढ़े, और कैसे बढ़े? मुझे लगा, कुसुमलाल मन-ही-मन मुझसे रूठ गया है, और उस रूठनेवाली बात पर अचानक एक बात मुझे याद हो आयी।

एक बात पहले ही कह दूँ कि कुसुमलाल मेरा गाड़ीवान ही नहीं, लँगोटिया यार

भी है। हम बचपन में एक साथ खेल चुके हैं। मुझसे वह उम्र में छोटा है, इसलिए मुझे भैया कहता है। वह मुझे ही नहीं, मेरे मन को भी अच्छी तरह जानता है और मैं उसके दिल को। उससे बढ़कर मेरा भला चाहनेवाला गाँव में कोई नहीं, और सबसे बड़ी बात यह कि वह मेरे आंचलिक शब्दों (कहावतों) का एक जीता-जागता शब्दकोष है—गन्ही महतमा, जमेहरलाल, इनकिलास जिन्दाबार्घ, हेनू गिलास, भोंपा आदि शब्द मैंने उसी से प्राप्त किये हैं। पिछली बार आया तो उसने मुझे भूख-हड़ताल के लिए एक नया शब्द दिया—खटपासी !

स्टेशन के साहुजी के गुड़ के कारखाने के फाटक के सामने कई कर्मचारी अपनी माँग मनवाने के लिए उन दिनों खाट पर लेटे-लेटे भूख-हड़ताल कर रहे थे। होली का समय था और इलाके में गुड़ के कारखाने में हड़ताल—कुसुमलाल ने विरक्त होकर कहा था, "कारखाना चलेगा कैसे? फाटक पर आज दस दिन से चार-पाँच आदमी 'खटपासी' लेकर पड़े हैं…"

इसीलिए कुसुमलाल का इस तरह अचानक चुप हो जाने का मतलब था कि वह मुझसे रूठ गया है। नहीं तो, बैलों से बातें करते हुए भी वह गाँव की कोई-न-कोई खबर सुना देता है। उसके बात करने की हर टेकनीक और शिल्प को मैं जानता हूँ। मान लीजिए, गाँव में किसी का बैल किसी की बारात में गया और बारात से लौटने के बाद वह लँगड़ा हो गया, तो वह अपने बैलों को हाँकते हुए कहेगा, "अरे, तुम भी क्या फलान सिंह के बेटे की बारात में गये थे कि डेग खोलकर नहीं चलते? …" इसके बाद मेरी ओर मुखातिब होकर कहेगा, "फलान सिंह के बेटा 'फुचफुच' करके बैलगाड़ी ले गया। वहाँ ऐसा खेसारी चरा कि बैल को 'बातिस' कर दिया। बातिस आप नहीं समझा! गठिया-बात!" पा गये न एक अनमोल शब्द…बातिस !

मुझे लगा, मैंने उसके प्रथम संवाद को ही 'भेड़िया धसान' कहकर उसके दिल को दुखाकर अन्याय किया है। मैं उसके मनोरंजन का उपाय सोचने लगा। तब तक 'बँसवारी' के उस पार से एक प्रौढ़ के गले से एक पुराना गीत—बलवाही नामक गीत—निकल पड़ा—'मैं धानी कानैछें कथिलैगे—जाइब बंगाला, आनब मोहनमाला, तोहरे पिन्हावे लागे…'

आजकल गाँव-घर का चरवाहा भी 'मेरी नजर लग जायेगी' और 'मेरा मेहबूब आया है' ही गाता है। पुराना गीत सुनकर मैं उत्कर्ण और प्रसन्न हुआ, "क्यों रे कुसुम ! बलवाही के गीत अब भी गाते हैं ?"

कुसुमलाल ने कनखी नजर से मेरी ओर देखा, फिर हँस पड़ा। बोला, "कलाली बूढ़ा है। उसको बलवाही के अलावा कोई गीत आता नहीं।"

कुसुमलाल के मन की कुण्ठा दूर हो गयी। उसने ताड़ लिया कि बाकी गप्पों की मुन्नी खोलने का यही अवसर है। हमारे इलाके में परती ज़मीन पर पिछले कई वर्षों से कोसी प्रोजेक्ट की कृपा से अच्छी खेती होने लगी है। नयी किस्म की धान—आई. आर. एइट, ताइचून, सोनरा आदि। कुसुमलाल इन नामों के चक्कर

में नहीं पड़ता। सीधे शब्दों में कहता है—'बलैंकिया धान और बलैंकिया गेहूँ!' इलाके की इस सुख-समृद्धि के वर्णन के लिए जहाँ मैं पचास पंक्ति लिखकर भी अपनी पूरी बात कहने में खुद को असमर्थ पाता हूँ, वहाँ वह एक ही पंक्ति में सब-कुछ कह देता है, "ज़मीनवालों के लिए तो समझिए कि सतजुग आ गया है, और जब जमीनवालों के लिए सतजुग है, तो बेजमीनवाले भी समझए कि 'तेरता' में हैं। कलजुग में अब कोई नहीं हैं।"

कुसुमलाल ने हुलसकर बैलों को टिटकारी देते हुए कहा, "चल बेटा कदम-चाल, 'लतरल रोद' तक।"

मैंने पूछा, "लतरल रोद क्या है?"

उसने दूसरा संवाद किया, "अब अपने गाँव के बगल से भी एक सरकारी पक्की सड़क के कन्हा-ऋण पड़ गया है—लतरल रोद—डिल्ली से शुरू होकर पूरब 'कामरू-कमिच्छा-हसाम' तक।"

"ओ! लेटरल रोड!"—मैंने पुलकित होकर कहा।

मेरा पुलकित होना था कि लगा, उसके सभी शुभ-संवाद एक ही साथ निकलने के लिए पंख फड़फड़ाने लगे—गाँव में किसकी गाय-बाछा बियाई है, किसको पोता हुआ है और किसके बाग में 'बलैंकिया' पपीता हुआ है—वह सब एक-एक कर सुना गया।

गाड़ी एक 'बँसवाड़ी' की झुरमुट को पारकर जब बहुत दूर तक फैले 'वन विभाग' के साइनबोर्ड के पास आयी तो कुसुमलाल ने गाड़ी को दक्षिणवाली सड़क की ओर मोड़ा।

अचानक कुसुमलाल को एक ऐसे संवाद की याद आयी, जिसे सुनाने के लिए उसने बैलों के रास थाम लिये। बोला, "भैया, बनभाग की एक बात जानते हैं?"

उसने 'वन विभाग' के लिए एक नया शब्द दिया!

"क्या बात रे?"

"बनभाग के दखिनबारी दिस आजकल देखिएगा तो आसमान एकदम लाल टेस!"

"सो क्यों रे?"

गप्प का शीर्षक देने के बाद कुसुमलाल अब अपनी भूमिका बाँधने लगा, "बनभाग के उत्तर में तो 'नड़ेलवा गाँव' है—गाँव का बच्चा-बच्चा 'नठैत'। बनभाग में हजारों सेमर के गाछ लगाये गये थे, मगर नड़ेलवा गाँव के लोगों ने एक भी गाछ बचने नहीं दिया। सब काटकर लाठी बना लिया···मगर दखिन-बारी ओर जो गाछ बच गये हैं, सो आजकल फूले हैं। ऐसा फूला है कि देखनेवाला जो है सो देखता ही रह जाये।"

"सच्च रे···तऽ गाड़ी उसी लीक पर ले चलो। हड़बड़ क्या है? घर ही तो जाना है।"

कुसुमलाल उत्साह में गाड़ी को साबिक लीक पर ले आया। कुछ दूर जाने

के बाद कुसुमलाल ने गाड़ी को रोकते हुए मुझे दिखलाया, "है वँह ! देखिए।" सचमुच देखकर बहुत देर तक देखता ही रह गया। दिन ढलने में अभी देर है मगर आसमान लाल हो गया है। जहाँ तक दृष्टि जाती है—लाल-लाल ! फूल-फूल ! देखता ही रह गया मन्त्रमुग्ध !

कुसुमलाल ने कहा, "यदि नड़ेलवा गाँववाले उत्तरबारी और 'समापत्तन' नहीं करते तो कहिए, और कैसा शोभा धरता ?"

'शोभा' शब्द ने मुझे स्मरण दिला दिया कि ऐसे अभूतपूर्व स्वर्गीय दृश्यों को सदा बाँधने का मन्त्र भी मेरे पास है। मैंने बैग से अपना कैमरा निकालकर कल-काँटा ठीक एडजस्ट किया···व्यू-फाइण्डर···कुसुमलाल व्यू-फाइण्डर में झाँक रहा था।

मैंने कहा, "कुसुम भाई, तू उस आक की झाड़ी की तरफ जाओ तो ! ··· हूँ···और···तनिक पच्छिम···अब दाहिना तरफ···अरे, दाहिना। खानेवाले हाथ की तरफ···हूँ···ठीक ! माथे में बँधी गमछी को तनिक ठीक कर लो··· हाँ, बस···"

कुसुमलाल विहँसा। उसके दाँतों पर पड़ती सूरज की रोशनी। क्लिक !

बहुत देर तक मैं सेंवल के पेड़ों की तरफ देखता रहा। सूर्यास्त के बहुत देर बाद तक लाल आकाश ! बदलते दृश्यों को देख, बहुत देर तक सुध-बुध गायब रही।

"भैया, अब चलिए।"

"हाँ, चलो, लेकिन कल सूरज उगने के एक घण्टा पहले इस जगह आना होगा।"

कुसुमलाल मेरी तरफ प्रश्न भरी दृष्टि से देखता रहा। मैंने कहा, "हाँ कुसुम भाई, मेरी अधकपारी का यही 'टोटमा' शुभ होगा।"

कुसुमलाल ने क्या समझा, पता नहीं। लेकिन अँधेरे में उसकी हँसी गूँजती रही।

[सारिका/ अप्रैल 1979]

जाहिद अली

अंग्रेजी राज में भी इस इलाके के लोगों ने कानून की कभी परवाह नहीं की। दसगज्जा से चौदह कोस दक्षिण-उत्तर (नेपाल) पूरब-पश्चिम आज भी पुलिस विभाग के अधिकारियों के नक्शे में यह हिस्सा लाल रोशनाई से घिरा हुआ है —बदमाश इलाका ! जिसके एक ओर, यानी उत्तर की ओर नेपाल की घनी तराई, पच्छिम कल-कलकर बहती हुई कोसी नदी, पूरब और दक्षिण का हिस्सा आठ महीने पानी से घिरा रहता है। सिवा हाथी के और किसी सवारी पर सवार होकर गाँवों में निरापद नहीं पहुँचा जा सकता।

मोतीटप्पू इलाके पर असल राज—दो साल पहले तक—जाहिद अली का था। जाहिद अली का नाम सुनकर देह आज भी काँप जाती है। हमारे इलाके की माताएँ अपने रोते हुए बच्चों को चुप कराने के लिए अब भी डराती हैं—'आ रहा है जाहिद अली का सिपाही !'

जाहिद अली के सिपाही !

जाहिद अली कुल जमा बीस बीघे जोत का मामूली कास्तकार था। लेकिन उसके डेढ़ हजार सिपाही थे। सारे इलाके में किसकी ज़मीन में अच्छी फसल लगी, किसके बाग में अच्छे फल लगे हैं या किसके पास दुधार गाय-भैंस, तेज़ चलनेवाले घोड़े, गाड़ी के बैल हैं—जवान, पहलवान लड़का, तो वह जाहिद अली का ! उसके सिपाहियों में मुसलमानों से अधिक संख्या हिन्दुओं की थी और दोनों देश—हिन्दुस्तान, नेपाल—के फरार, खूँखार, ख़ूनी, डकैत, हत्यारे ! ··· जाहिद अली की खिदमत में हाज़िर होकर, ईमान खाकर सब-कुछ खुलासा बतला दो, फिर करनल-जनरल, कलक्टर-कमिश्नर, पुलिस-दरोगा, किसी का कोई डर नहीं। सब मिलाकर सौ छोटे-बड़े गाँवों के लोग जाहिद अली की मरजी से जीते थे, मरते थे।

दोनों देशों के सरकारी अफसर जाहिद अली की कदर करते थे। अपने-अपने देश-सभा की मेम्बरी मिली थी। 'खाँ बहादुरी' मिली थी। मोरंग (नेपाल)

के करनल हर बार दीवाली के समय पाँच दिनों तक जाहिद अली के साथ जुआ खेलते थे। राज बनैलीवाले जब भी शिकार के लिए आते, जाहिद अली की कदर करते। कलकत्ते की मशहूर टिम्बर कम्पनी के बड़े सेठजी जब कभी जोगबनी आते, जाहिद अली उनके सैलून में।

याद है, जब पहली बार बहुत करीब से जाहिद अली को देखा था, उस समय मैं नंगा खेला करता था। यों, हमारे गाँव के बच्चे—लड़के-लड़कियाँ—आठ-नौ साल की उम्र तक नंगे ही रहते थे। गेरुआ रंग की चपकन, गेरुआ रंग का केश और दाढ़ी, पैर में खड़ाऊँ, गोरा रंग और नीली आँखें···हमारे गाँव में एक बेवा औरत की पंचायत में दल-बल के साथ, हाथी पर सवार होकर जाहिद अली आया था। उसकी बोली आज तक याद है। आसामी मंगल सिंह को गाँव-घर की बोली में चेतावनी दी थी। लगा था, ठीक पंचानन्द झा बोल रहे हों, "एहन अनर्गल कुकर्म? हम औरतों पर कोई ज़ोर-जुल्म बर्दाश्त नहीं···"

जाहिद अली अपढ़ था, लेकिन अंग्रेजी, बंगला, नेपाली और मारवाड़ी बोलियों को सुनकर मतलब समझ लेता था।

जाहिद अली के बारे में बहुत सारी बातें कानों-कान कही-सुनी जाती हैं। बहुत लोगों का कहना है कि जाहिद अली मैथिल ब्राह्मण ही था—किसी 'बाई-जी' के पीछे फिदा होकर मुसलमान हो गया। कुछ लोगों का मत है कि वह हरिपुर कोठी के साहब का बच्चा था, जिसे एक मुसलमान फकीर ने पाल-पोसकर बड़ा किया।

जो भी हो, मोतीटप्पू तथा आसपास की सामाजिक जिन्दगी पर पिछले आठ साल से इस आदमी की अमिट छाप पड़ी है। इन गाँवों में एक भी घर ऐसा नहीं, जहाँ कोई-न-कोई अवैध काम नहीं होता हो। एक भी आदमी ऐसा नहीं जो ग़ैर-कानूनी काम में मशगूल नहीं हो। कुछ काम ऐसे हैं जिसमें कानूनी-ग़ैर-कानूनी का सवाल यहाँ के लोगों के मन में कभी उठा ही नहीं।

जैसे, 'उस पार' (नेपाल) की घनी तराई से कीमती लकड़ियाँ, बाँस काट लाना। 'इस पार' से बीड़ी के बण्डल उस पार बेच आना। उस पार से गाँजा लाकर गोदाम में जमा करना। लकड़ी, तम्बाकू, पशुधन और गाँजा के अलावा कभी-कभी लड़कियों का व्यापार—कभी उस पार की, कभी एक नम्बर पहाड़ की 'उढ़री' लड़कियाँ! 'उड़नेवाली' भगोड़ी लड़कियाँ! जो मोतीटप्पू के टोलों में 'खप' जातीं। मोतीटप्पू के मर्द के पास दो से चार तक औरतें न हों, उसे नामर्द कहा जाता था।

मेरे बाबूजी बहुत दिनों तक उस इलाके के नावल्द ही रहे। अन्त में मेरी 'बड़ी माँ' यानी मेरे बाबूजी की पहली स्त्री ने ही एक कमउम्र की 'उढ़री' को पसन्द करके जाहिद अली साहब को खबर भेज दी थी—"बघमारा के मुखिया (मेरे बाबूजी) ने अपने लिए एक पहाड़िन 'खवासिन' को पसन्द किया है। हुकुम दिया जाये···"

कहते हैं, उस शादी में जाहिद अली खुद आये थे—कपड़े और रुपये लेकर। उनके मुसाहिब-मुखिया लोगों में मेरे बाबूजी की एक खास जगह थी।

एक ही साल के बाद मेरी माँने अपनी ही सूरत का एक बच्चा दिया और छट्ठी की रात में ही बच्चे को छोड़कर भाग गयी।—पता नहीं किधर! जाहिद अली के सिपाही चारों ओर चालीस कोस तक खोज आये, कहीं नहीं मिली। कहते हैं कि छोड़कर जाने के पहले एक बार भी उसने कहीं जाने का नाम नहीं लिया। न कभी रूठी, न कभी नखरा पसारा। सदा हँसती रहती···बड़ी माँ ने उसकी नकल करके बहुत बार सुनाया था, किस तरह वह बाबूजी को मैथिली मुहावरे में जवाब देती थी—"बुढ़वा रातियो नहीं खयलक चटनियाँ बिनुना···" दाल-भात, दूध-दही के बदले वह मकई के आटे की खिचड़ी, जिसे वह अपनी भाषा में 'ढीढ़ो' कहती—प्रेम से खाती थी। मांस और 'रक्सी', यानी दारू सप्ताह में एक बार नहीं मिलने पर उसका माथा गरम हो जाता था। सो, मेरे बाबूजी और बड़ी माँ ने ऐसा मौका कभी आने ही नहीं दिया। 'रक्सी' के साथ खाने के लिए वह अपने ढंग से मांस पकाती, बड़ी माँ, बाबूजी और पास-पड़ोस के लोग नाक पर कपड़ा रखकर इधर-उधर खिसक जाते और कहते—'पहाड़िन अपना 'चाट-चखैना' तैयार कर रही है।' तैयार कर रही है, अर्थात् लकड़ी की आग पर 'झुलसा' रही है। मछली के बदले 'सूँगठी' (सूखी मछलियाँ) के लिए जान देती थी। आम छूती भी नहीं थी और रात को जामुन के पेड़ पर चढ़कर 'खोंइछा'-भर जामुन तोड़ लाती थी।

बड़ी माँ के मुँह से अपनी माँ की सैकड़ों कहानियाँ मैंने सुनी हैं।

यों हमारे टोले में 'थारू' और 'कोंच' लोग थे, जिनकी नाक चिपटी होती है। भौंह, पलक और दाढ़ी-मूँछ के नाम पर सुनहले-भूरे थोड़े-से बाल होते हैं। किन्तु मेरी चिपटी नाक की बात और थी।

बड़ी माँ ने प्यार से मेरा नाम रखा था—रामरतन। मगर, गाँव के लोगों ने 'बच्चा-किरवा' कहना शुरू किया तो यही चालू हो गया। किरवा, अर्थात् किरात, जो कभी-कभी पीठ पर डोको में पतरस, नारंगी, चिरायता तथा अन्य जड़ी-बूटियाँ लेकर दल बाँधकर गाँव में आते थे। उस दिन सभी मुझे चिढ़ाते—रे, किरवा रे! चल देख, तेरे नाना और मामा लोग आये हैं।"

मेरी माँ मुझे छोड़कर किधर गयी, यह किसी ने नहीं देखा। लेकिन माँ की बात छिड़ते ही मेरा मुँह उत्तर की ओर हो जाता। नीले रंग के पहाड़ की चोटियों पर चमकते हुए सोने-चाँदी के सैकड़ों गुम्बज···! मेरी माँ की देह पर सब मिलाकर दस भर सोने और पचीस भर चाँदी के जेवर थे। एक सूत भी अपने साथ नहीं ले गयी। पिटारी से अपना 'चोलो फरिया' (पूरे बाँह का कुर्ता और साड़ी जो पहनकर आयी थी) निकालकर पिछवाड़े में जाकर पहना और नयी साड़ी केले के पौधे पर रखकर न जाने किधर···कहाँ···?

'न जाने किधर' कहने के बावजूद बड़ी माँ का विश्वास था कि वह उत्तर

की ओर, अर्थात् अपने देश नेपाल की ओर ही गयी होगी। इसीलिए बचपन से ही मैं अपने गाँव के अन्य बच्चों की तरह कभी 'गंगामुखी' नहीं हो सका। हमारे गाँव में बच्चों को एक 'फिकरा' सुनाकर दिशा-ज्ञान कराया जाता था :

पूरुब देखे सूरजमुखी
दक्खिन गंगामुखी
उत्तर ताके भैया पहाड़
पच्छिम कोशी माई···

मेरा विश्वास है, बड़ी माँ के बदले यदि मेरे बाबूजी की मृत्यु होती, तो मैं कुछ और होता। जो भी होता, मगर 'दसगज्जा कछार का सरदार' नहीं होता। यों दसगज्जा कछार का सरदार सिर्फ तुक मिलाने को कह दिया। क्योंकि 'सरदारी' की बात यदि ली जाये तो सरदारी सिर्फ दसगज्जा के इस पार या उस पार तक ही नहीं—विराट नगर, धरान, धनकुट्टा, काठमाण्डु के अलावा कलकत्ता, बम्बई और सिंगापुर तक की है। सारी दुनिया छोड़कर अन्त में फिर उसी दसगज्जा के कछार पर मरने के लिए आना पड़ेगा, मैंने इसकी कल्पना भी नहीं की थी। आज तक मेरे कानों के पास रह-रहकर जाहिद अली के अन्तिम वाक्य गूँज जाते हैं—'कोई कहीं भी जाये, मोतीटप्पू की मिट्टी पर पैदा होनेवाला मोतीटप्पू की मिट्टी पर ही मरता है।'

बड़ी माँ यदि जीवित रहतीं तो निश्चय ही मुझे पढ़ने-लिखने नहीं देतीं। उनका विश्वास था कि पढ़नेवाला लड़का दुबला-पतला बीमार और अल्पायु होता है। सो, जब तक जीवित रहीं, मुझे खड़िया तक नहीं छूने दिया।

बड़ी माँ न बीमार हुईं, न खाट पर पड़ीं। एक दिन तनिक सिरदर्द हुआ और चल बसीं। बड़ी माँ की याद करके अठारह-बीस साल की उम्र तक मैं रो पड़ता था। किन्तु बाद में धीरे-धीरे उनकी याद धुँधली पड़ती गयी और अब तो बहुत चेष्टा करके सिर्फ नाक में लटकते हुए सोने की 'बुलाकी' की हल्की-सी झलक मात्र···

बहुत दिनों के बाद—करीब पैंतालीस वर्ष बाद—फिर इधर कई दिनों से बड़ी माँ की याद आने लगी है—'रामरतन राय, चरावे गाय—पानी पीये कोशी का, बँसरी बजाय—रामरतन राय···'

माँ को छोड़कर और किसी ने मुझे इस नाम से नहीं पुकारा। बाबूजी ने भी नहीं। वह भी किरवा, पहाड़िया, परबतिया कहते। हाँ, एक व्यक्ति और, जाहिद अली भी मुझे रामरतन कहते थे।

बड़ी माँ की मृत्यु के कुछ महीने बाद से ही मैं गाय चराने के लिए जंगलों में जाने लगा। अपने गाँव के चरवाहों के अलावा दूसरे इलाके के चरवाहे भी मेरी कम उम्र पर मुझे चिढ़ाया करते—'बाप करे सरदारी—बेटा चरवाही'।

कहते हैं, उड़ती हुई चिड़िया की बोली को भी जाहिद अली परखते थे और मोतीटप्पू के चारों ओर दस कोस में भी कोई उनके सम्बन्ध में फिसफिसाकर भी

कुछ बोले, तो बात उनके कान तक पहुँच जाती थी। बाप करे जाहिद अली की सरदारी—बेटा करे चरवाही !

जाहिद अली ने बाबूजी को बुलाकर कहा था—'क्या नाम है तुम्हारे बेटे का ?—अरे, किरवा नहीं, रामरतन कहो ! तुम अपनी गायों को चराने के लिए कोई चरवाहा रख लो। रामरतन मार्टिनगंज स्कूल में पढ़ने जायेगा। अपने चरवाहों का खर्चा तुम देना, तेरे बेटे की पढ़ाई का खर्चा मैं दूँगा। जहाँ तक पढ़ सके।'

सारे मोतीटप्पू इलाके में मैं पहला बालक था जिसे जाहिद अली ने पढ़ने का हुक्म गर्व-सहित दिया था। गाँव के अन्य लड़कों ने, चरवाहों ने, इस हुक्म के बाद मुझे दयाभरी दृष्टि से देखा था, मानो आजीवन कारावास की सजा पाये हुए कैदी को देख रहे हों और पढ़ाई मेरे लिए सचमुच···

सुना है पच्छिम में कई खूँखार और भयानक असामाजिक अपराधी जेलों की कालकोठरी में बैठकर, अपने अनुभवों की कहानियाँ लिखकर प्रसिद्धि प्राप्त कर चुके हैं। मैं अब तक किसी अपराध में पकड़ा नहीं गया हूँ और न जेल की कालकोठरी में बैठकर यह सब लिख रहा हूँ। और लिख क्यों रहा हूँ, यह भी ठीक-ठीक नहीं बता सकता। जाहिद अली ने मेरे पढ़ने-लिखने की व्यवस्था करके मुझे आजीवन सजा दी। यह सब लिखकर मैं स्वयं को सजा देने जा रहा हूँ शायद। नहीं, मैं अपने बारे में कुछ नहीं लिख रहा। असल में मैं इस दसगज्जा, यानी नो मेन्स लैण्ड के बारे में, दसगज्जा के 'इस पार' और 'उस पार' के बारे में कह रहा था। बहुत दिनों के बाद मोतीटप्पू के पास मार्टिनगंज स्कूल के शिक्षक अथवा चपरासी जो मेरे गाँव का नाम सुनते, उसके चेहरे का रंग कुछ क्षण के लिए सफेद हो जाता। फिर, मेरी सूरत को कुछ देर तक एकटक देखकर अचरज से अपने-आप पूछते, 'मोतीटप्पू में पहाड़ी लोग भी हैं ?'

बंगाली हेडमास्टर साहब ने बंगला में ही कहा था, "नाम रामरोतोन, गार्जियन जाहिद अली, चेहरा परबतिया, तुमी तो एकटा रोतोन बाबा···" ठीक उसी समय जाहिद अली ने मुस्कराते हुए दफ्तर में प्रवेश किया था, "रतन को जौहरी परखता ही नहीं, उसको तराशकर और भी कीमती बना देता है।"

हेडमास्टर साहब ही नहीं, दफ्तर में बैठे अन्य शिक्षक भी कुर्सी छोड़कर उठ खड़े हुए थे—ऐसा भव्य था जाहिद अली का व्यक्तित्व ! मेरी नाम-लिखाई की फीस के अलावा जाहिद अली ने स्कूल को एक सौ एक रुपये का चन्दा दिया था। किन्तु मोतीटप्पू के सरदार के पुत्र को कभी 'देसवाली' नहीं समझा गया। यहाँ उसका नाम पड़ा—नेपाली ! नेपलिया !

कुछ ही दिनों में मार्टिनगंज कस्बे का हर आदमी यह जान गया कि मेरी माँ नेपालिन और बाप देसवाली और गार्जियन मुसलमान है। पता नहीं, मेरी सूरत में क्या था कि लोग मुझे ठिठककर देखने लगते। कभी-कभी अकेले कोठरी में मैं स्वयं आइने में अपनी सूरत को देखता रहता—'क्यों ? मेरा चेहरा ऐसा क्यों हुआ ? मेरी भौंहों पर बाल क्यों नहीं ? मेरी नाक चपटी क्यों हुई ? मेरे

केश सुनहले क्यों हुए ? मेरा रंग हल्दी रंग का गोरा क्यों हुआ ? मेरी तरह और किसी का चेहरा क्यों नहीं ?…' और एक दिन अपनी ही सूरत के एक लड़के को देखकर अंग्रेजी फर्स्ट बुक का एक वाक्य मेरे मुँह से निकल पड़ा था, "एज आई एम, सो ही इज़…'

जाहिद अली ने चरवाहों की बात सुनकर मुझे चरवाहा से 'पढ़वा' बनाने के लिए स्कूल में भर्ती करवा दिया। बाद में पता नहीं फिर उनके कान में किसकी कौन-सी बात पड़ी कि मार्टिनगंज स्कूल से हटाकर सीधे उस पार नेपालगंज बाज़ार के राणा जंगबहादुर हाई स्कूल में दाखिल करवा दिया, जहाँ का अधिकांश विद्यार्थी मुझसे मिलता-जुलता था। [अपूर्ण]

[सारिका/ 1 अप्रैल 1979]